C.

ŒUVRES

DE M. TURGOT.

A P*A R I S,*

Chez

{
FIRMIN DIDOT, Libraire, rue de Thionville,
n°. 10;
COCHERIS, Libraire, quai Voltaire, n°. 17;
LÉOPOLD COLLIN, Libraire, rue Gît-le-Cœur;
DELANCE, Imprimeur-Libraire, rue des Ma-
thurins St.-Jacques, hôtel de Cluny.
}

ŒUVRES

DE

Mᴿ. TURGOT,

MINISTRE D'ÉTAT,

Précédées et accompagnées de MÉMOIRES et de NOTES sur sa Vie, son Administration et ses Ouvrages.

Bonum virum facilè crederes, magnum libenter.

TACITE.

TOME CINQUIÈME.

PARIS,

DE L'IMPRIMERIE DE DELANCE.

~~~~~~~~~~

1808.

TABLE DES ARTICLES

Contenus dans ce Volume.

F in de la Table.

Fautes d'impression que l'on prie le
Lecteur de corriger.

Page 7 *ligne* 10; *rayez les deux mots*, ici *et* bien.

Page 21 *ligne antépénultième :* encore devenues ; *mettez* devenues encore.

Page 40 *ligne* 18 ; *après* âge, *ajoutez* moyen.

Page 42 *ligne pénultième ; rayez* cher.

Page 53 *ligne* 6 ; *après* pouvoit, *mettez* une virgule.

Page 59 , *au commencement de la ligne* 11, *ajoutez* à. *Cette faute
n'est pas sur tous les exemplaires.*

Page 63 *ligne* 9 ; *après* ou , *ajoutez* s'il arrivoit.

Page 78 , *à la note* , *ligne pénultième; après* faire , *mettez* une
virgule ; *et après* définitif, *une autre* virgule.

— *ligne dernière ; au lieu de* LXXX , mettez LXXIX.

Page 80 *lignes pénultième et dernière;* avantageuse , *mettez* avantageux.

Page 81 *ligne* 22 , *après* entreprises ; *au lieu de* la virgule , *mettez* un point et une virgule.

Page 100 *ligne* 3 ; *après* marché , *mettez* une virgule.

— *ligne* 5 ; *après* besoins, *mettez* un point et une virgule.

Page 167 *ligne dernière ; rayez* leur.

Page 201 ligne 2 ; *pour,* mettez *sur.*

— ligne 3 ; *de ,* mettez *en.*

Page 208 *ligne* 2 ; soutenu , *mettez* souternues.

Page 222 *ligne* 4 ; gelée , *mettez* grêle.

Page 237 *ligne* 2 ; *après* 1766 , *mettez* un point et une virgule.

Page 250 *ligne* 16 ; en en , *mettez* en les.

Page 253 ligne 2 ; *pour,* mettez *sur.*

Page 270 *ligne* 3 ; Bourumil, *mettez* Bourmeuil.

Page 284 *ligne* 18 ; un point et une virgule , ces, *mettez* une virgule , les.

Page 286 *ligne dernière ;* une virgule, *mettez* un point et une virgule.

Page 292 *ligne* 13 ; *après* civile , *mettez* une virgule.

Page 310 *ligne* 21 ; et ce consentement, les conditions, *mettez* et les conditions de ce consentement.

— *ligne* 22 ; n'en ont , *mettez* n'ont.

Page 312 *ligne* 22 ; sigulier, *mettez* singulier.

Page 368 *lignes* 15 *et* 16 ; très-minutieux, *mettez* trop minutieux.

Page 371 *ligne* 10 ; sur ses , *mettez* de.

Page 384 *ligne* 10 ; du , *mettez* de.

Page 385 *ligne* 11 ; cherchent , *mettez* cherchant.

Page 387 *ligne* 11 ; Paroisse, *mettez* Province.

Page 395 *ligne* 4 ; recettes , *rayez l'*s.

Page 598 *ligne* 5 ; *après* ou , *ajoutez* de.

Page 426 *ligne* 13 ; l'Inscription , *mettez* l'Instruction.

Page 427 *ligne pénultième ;* façons, *mettez* manières.

Page 429 *ligne* 12 ; *après* et , *ajoutez* des.

Page 430 *ligne* 16 ; *rayez* y.

Page 432 *ligne première ; avant* dixmes , *ajoutez* des.

Page 442 *lignes* 16 *et* 17 *de la note ;* mombreux , *mettez* nombreux.

ŒUVRES
DE M. TURGOT.

RÉFLEXIONS
SUR LA FORMATION ET LA DISTRIBUTION
DES RICHESSES.

§. PREMIER.

Impossibilité du Commerce dans la supposition d'un partage égal des terres, où chaque homme n'auroit que ce qu'il lui faudroit pour se nourrir.

SI la terre êtoit tellement distribuée entre tous les habitans d'un pays, que chacun en eût précisément la quantité nécessaire pour le nourrir, et rien de plus; il est évident que tous étant égaux, aucun ne voudroit travailler pour autrui. Personne aussi n'auroit de quoi payer le travail d'un autre; car chacun n'ayant de terre que ce qu'il en faudroit pour produire sa subsistance, consommeroit tout ce qu'il auroit recueilli, et n'auroit rien qu'il pût échanger contre le travail des autres.

Tome V.

§. II.

L'hypothèse ci-dessus n'a jamais existé, et n'auroit pu subsister. La diversité des terrains et la multiplicité des besoins amènent l'échange des productions de la terre contre d'autres productions.

Cette hypothèse n'a jamais pu exister, parce que les terres ont été cultivées avant d'être partagées ; la culture même ayant été le seul motif du partage, et de la loi qui assure à chacun sa propriété. Or, les premiers qui ont cultivé, ont probablement cultivé autant de terrain que leurs forces le permettoient, et par conséquent plus qu'il n'en falloit pour les nourrir.

Quand cet état auroit pu exister, il n'auroit pu être durable ; chacun ne tirant de son champ que sa subsistance, et n'ayant pas de quoi payer le travail des autres, ne pourroit subvenir à ses autres besoins, du logement, du vêtement, etc. que par son propre travail; ce qui seroit à-peu-près impossible, *toute terre ne produisant pas tout* à beaucoup près.

Celui dont la terre ne seroit propre qu'au grain, et ne produiroit ni coton ni chanvre, manqueroit de toile pour s'habiller. L'autre auroit une terre propre au coton, qui ne produiroit

point de grains. Tel autre manqueroit de bois
pour se chauffer, tandis que tel autre manqueroit de grain pour se nourrir. Bientôt l'expérience apprendroit à chacun quelle est l'espèce
de production à laquelle sa terre seroit la plus
propre, et il se borneroit à la cultiver, afin de
se procurer les choses dont il manqueroit, par
la voie de l'échange avec ses voisins; qui, ayant
fait de leur côté les mêmes réflexions, auroient
cultivé la denrée la plus propre à leur champ et
abandonné la culture de toutes les autres.

§. III.

*Les productions de la terre exigent des
préparations longues et difficiles pour être
rendues propres aux besoins de l'homme.*

Les denrées que la terre produit pour satisfaire aux différens besoins de l'homme, ne peuvent y servir, pour la plus grande partie, dans
l'état où la nature les donne, elles ont besoin de
subir différens changemens, et d'être préparées
par l'art. Il faut convertir le froment en farine et
en pain ; tanner ou passer les cuirs ; filer les laines,
les cotons ; tirer la soie des cocons ; rouir, teiller
les chanvres et les lins ; en former ensuite différens tissus ; et puis les tailler, les coudre pour
en faire des vêtemens, des chaussures, etc. Si

le même homme qui fait produire à sa terre
ces différentes choses, et qui les emploie à ses
besoins, étoit obligé de leur faire subir toutes
ces préparations intermédiaires, il est certain
qu'il réussiroit fort mal. La plus grande partie
de ces préparations exige des soins, une attention, une longue expérience, qui ne s'acquiert
qu'en travaillant de suite et sur une grande
quantité de matières. Prenons pour exemple
la préparation des cuirs : quel Laboureur pourroit suivre tous les détails nécessaires pour cette
opération qui dure plusieurs mois, et quelquefois plusieurs années? S'il le pouvoit, le pour-
roit-il sur un seul cuir? Quelle perte de tems,
de place, de matières qui auroient pu servir
en même tems ou successivement à tanner une
grande quantité de cuirs! Mais quand il réussiroit a tanner un cuir tout seul; il ne lui faut
qu'une paire de souliers : que feroit-il du reste?
Tuera-t-il un bœuf pour avoir une paire de souliers? Coupera-t-il un arbre pour se faire une
paire de sabots? On peut dire la même chose
de tous les autres besoins de chaque homme,
qui, s'il étoit réduit à son champ et à son travail, consumeroit beaucoup de tems et de peines
pour être très-mal équipé à tous égards, et cul-
tiveroit très-mal son terrain.

§. I V.

La nécessité des préparations amène l'é-
change des productions contre le travail.

Le même motif qui a établi l'échange de
denrée à denrée, entre les Cultivateurs de terrains de diverse nature, a donc dû amener aussi
l'échange de la denrée contre le travail entre
les Cultivateurs et une autre partie de la Société, qui aura préféré l'occupation de préparer et de mettre en œuvre les productions de
la terre à celle de les faire naître.

Tout le monde gagnoit à cet arrangement,
car chacun en se livrant à un seul genre de
travail y réussissoit beaucoup mieux. Le Laboureur tiroit de son champ la plus grande
quantité de productions possibles, et se pro-
curoit bien plus facilement tous ses autres
besoins par l'échange de son superflu, qu'il
ne l'eût fait par son travail. Le Cordonnier,
en faisant des souliers pour le Laboureur,
s'approprioit une partie de la récolte de celui-
ci. Chaque ouvrier travailloit pour les besoins
des ouvriers de tous les autres genres, qui, de
leur côté, travailloient tous pour lui.

§. V.

Prééminence du Laboureur qui produit sur
l'Artisan qui prépare. Le Laboureur est
le premier mobile de la circulation des
travaux ; c'est lui qui fait produire à la
terre le salaire de tous les Artisans.

Il faut cependant observer que le Laboureur
fournissant à tous l'objet le plus important et
le plus considérable de leur consommation,
(je veux dire leurs alimens, et de plus la matière de presque tous les ouvrages), a l'avantage d'une plus grande indépendance. Son travail, dans l'ordre des travaux partagés entre
les différens membres de la Société, conserve
la même primauté, la même prééminence qu'a-
voit, entre les différens travaux qu'il étoit obligé
dans l'état solitaire de consacrer à ses besoins
de toute espèce, le travail qui subvenoit à sa
nourriture. Ce n'est pas ici une primauté d'honneur ou de dignité ; elle est de *nécessité phy-*
sique. Le Laboureur peut absolument parlant
se passer du travail des autres ouvriers, mais
aucun ouvrier ne peut travailler si le Laboureur ne le fait vivre. Dans cette circulation, qui,
par l'échange des objets de besoin, rend les
hommes nécessaires les uns aux autres, et forme

le lien de la Société, c'est donc le travail du Laboureur qui donne le premier mouvement. Ce que son travail fait produire à la terre au-delà de ses besoins personnels, est l'unique fonds des salaires que reçoivent tous les autres membres de la Société en échange de leur travail. Ceux-ci, en se servant du prix de cet échange pour acheter à leur tour les denrées du Laboureur, ne lui rendent exactement que ce qu'ils en ont reçu. C'est ici une différence bien essentielle entre ces deux genres de travaux, sur laquelle il est nécessaire d'appuyer pour en bien sentir l'évidence, avant de se livrer aux conséquences sans nombre qui en découlent.

§. VI.

Le salaire de l'Ouvrier est borné, par la concurrence entre les Ouvriers, à sa subsistance. Il ne gagne que sa vie.

Le simple ouvrier, qui n'a que ses bras et son industrie, n'a rien qu'autant qu'il parvient à vendre à d'autres sa peine. Il la vend plus ou moins cher; mais ce prix plus ou moins haut ne dépend pas de lui seul; il résulte de l'accord qu'il fait avec celui qui paie son travail. Celui-ci le paie le moins cher qu'il peut; comme il

a le choix entre un grand nombre d'ouvriers,
il préfère celui qui travaille au meilleur marché. Les ouvriers sont donc obligés de baisser
le prix à l'envi les uns des autres. En tout genre
de travail il doit arriver, et il arrive en effet,
que le salaire de l'ouvrier se borne à ce qui lui
est nécessaire pour lui procurer sa subsistance.

§. VII.

*Le Laboureur est le seul dont le travail pro-
duise au-delà du salaire du travail. Il est
donc l'unique source de toute richesse.*

La position du Laboureur est bien différente.
La terre, indépendamment de tout autre homme
et de toute convention, lui paie immédiatement le prix de son travail. La Nature ne marchande point avec lui pour l'obliger à se contenter du nécessaire absolu. Ce qu'elle donne
n'est proportionné ni à ses besoins, ni à une
évaluation conventionnelle du prix de ses journées. C'est le résultat physique de la fertilité du
sol, et de la justesse, bien plus que de la difficulté des moyens qu'il a employés pour le rendre
fécond. Dès que le travail du Laboureur produit au-delà de ses besoins, il peut, avec ce
superflu que la Nature lui accorde en pur don,

au-delà du salaire de ses peines, acheter le travail des autres membres de la société. Ceux-ci en le lui vendant ne gagnent que leur vie, mais le Laboureur recueille, outre sa subsistance, une richesse indépendante et disponible, qu'il n'a point achetée et qu'il vend. Il est donc l'unique source des richesses, qui, par leur circulation, animent tous les travaux de la Société ; parce qu'il est le seul dont le travail produise au-delà du salaire du travail.

§. VIII.

Première division de la Société en deux classes : l'une PRODUCTRICE, *ou classe des Cultivateurs ; l'autre* STIPENDIÉE, *ou classe des Artisans.*

Voilà donc toute la Société partagée, par une nécessité fondée sur la nature des choses, en deux classes, toutes deux laborieuses ; mais dont l'une par son travail produit ou plutôt tire de la terre des richesses continuellement renaissantes, qui fournissent à toute la Société la subsistance et la matière de tous les besoins. L'autre, occupée à donner aux matières produites les préparations et les formes qui les rendent propres à l'usage des hommes, vend à la première son travail, et en reçoit en échange la subsistance; la première peut s'appeler classe *productrice*, et la seconde classe *stipendiée*.

§. I X.

Dans les premiers tems le Propriétaire n'a pas dû étre distingué du Cultivateur.

Jusqu'ici nous n'avons point encore distingué le laboureur du propriétaire des terres; et dans la première origine ils n'étoient point en effet distingués. C'est par le travail de ceux qui ont les premiers labouré des champs, et qui les ont enclos pour s'en assurer la récolte que toutes les terres ont cessé d'être communes à tous, et que les propriétés foncières se sont établies. Jusqu'à ce que les sociétés aient été affermies, et que la force publique, ou la loi devenue supérieure à la force particulière, ait pu garantir à chacun la possession tranquille de sa propriété, contre toute invasion étrangère, on ne pouvoit conserver la propriété d'un champ que comme on l'avoit acquise, et en continuant de le cultiver. Il n'auroit point été sûr de faire labourer son champ par un autre, qui ayant pris toute la peine, n'auroit pas facilement compris que toute la récolte ne lui appartenoit pas. D'ailleurs, dans ce premier tems, tout homme laborieux trouvant autant de terre qu'il en vouloit, ne pouvoit être tenté de labourer pour autrui. Il falloit que tout propriétaire cultivât son champ ou l'abandonnât entièrement.

§. X.

Progrès de la Société; toutes les terres ont un maître.

La terre se peuploit, et on la défrichoit de plus en plus. Les meilleures terres se trouvèrent à la longue toutes occupées. Il ne resta plus pour les derniers venus que des terreins stériles, rebutés par les premiers. Mais à la fin toute terre trouva son maître, et ceux qui ne purent avoir des propriétés, n'eurent d'abord d'autre ressource que celle d'échanger le travail de leurs bras dans les emplois de la classe *stipendiée*, contre le superflu des denrées du propriétaire cultivateur.

§. X I.

Les Propriétaires commencent à pouvoir se décharger du travail de la culture sur des Cultivateurs salariés.

Cependant puisque la terre rendoit au maître qui la cultivoit non-seulement sa subsistance, non-seulement de quoi se procurer, par la voie de l'échange, le moyen de satisfaire à ses autres besoins, mais encore un superflu considérable, il put, avec ce superflu, payer des hommes pour cultiver sa terre; et pour des hommes qui vivent de salaires, autant valoit les gagner à ce métier qu'à tout autre. La propriété put donc être séparée du travail de la culture, et bientôt elle le fut.

§. XII.

Inégalité dans le partage des propriétés : causes qui la rendent inévitable.

Les premiers propriétaires occupèrent d'abord, comme on l'a déjà dit, autant de terrein que leurs forces leur permettoient d'en cultiver avec leur famille. Un homme plus fort, plus laborieux, plus inquiet de l'avenir, en prit d'avantage qu'un homme d'un caractère opposé. Celui dont la famille étoit plus nombreuse, ayant plus de besoins et plus de bras, étendit davantage ses possessions; c'étoit déjà une première inégalité.

Tous les terreins ne sont pas également fertiles; deux hommes, avec la même étendue de terrain et le même travail, peuvent en tirer un produit fort différent : seconde source d'inégalité.

Les propriétés en passant des pères aux enfans, se partagent en portions plus ou moins petites, suivant que les familles sont plus ou moins
nombreuses. A mesure que les générations se
succèdent, tantôt les héritages se subdivisent
encore, tantôt ils se réunissent de nouveau par
l'extinction des branches : troisième source d'inégalité.

Le contraste de l'intelligence, de l'activité et
surtout de l'économie des uns, avec l'indolence,
l'inaction et la dissipation des autres, fut un quatrième principe d'inégalité, et le plus puissant de
tous. — Le propriétaire négligent et sans prévoyance, qui cultive mal, qui dans les années
abondantes consume en choses frivoles la totalité de son superflu, se trouve réduit, au
moindre accident, à demander du secours à son
voisin plus sage, et à vivre d'emprunt. Si par
de nouveaux accidens, ou par la continuation
de sa négligence, il se trouve hors d'état de rendre, s'il est obligé de faire de nouveaux emprunts, il n'aura enfin d'autre ressource que
d'abandonner une partie ou même la totalité de
son fonds à son créancier, qui la prendra en équivalent, ou de la céder à un autre, en échange
d'autres valeurs, avec lesquelles il s'acquittera
vis-à-vis de son créancier.

§. XIII.

Suite de l'inégalité. Le Cultivateur distingué du Propriétaire.

Voilà les fonds de terre dans le commerce, achetés, vendus. La portion du propriétaire dissipateur ou malheureux tourne à l'accroissement de celle du propriétaire plus heureux ou plus sage; et dans cette inégalité de possessions variées à l'infini, il est impossible qu'un grand nombre de propriétaires n'en aient plus qu'ils n'en peuvent cultiver. D'ailleurs il est assez naturel qu'un homme désire de jouir tranquillement de sa richesse, et qu'au lieu d'employer tout son tems à des travaux pénibles, il préfère de donner une partie de son superflu à des gens qui travaillent pour lui.

§. XIV.

Partage des produits entre le Cultivateur et le Propriétaire. PRODUIT NET OU REVENU.

Par cet arrangement, le produit de la terre se divise en deux parts. L'une comprend la subsistance et les profits du laboureur, qui sont la récompense de son travail et la condition sous laquelle il se charge de cultiver le champ du

propriétaire. Ce qui reste est cette partie indépendante et disponible que la terre donne en pur
don à celui qui la cultive au-delà de ses avances
et du salaire de ses peines; et c'est la part du
propriétaire ou le *revenu* avec lequel celui-ci
peut vivre sans travail, et qu'il porte où il veut.

§. XV.

*Nouvelle division de la Société en trois clas-
ses, des CULTIVATEURS, des ARTISANS
et des PROPRIÉTAIRES, ou classe PRO-
DUCTRICE, classe STIPENDIÉE, et classe
DISPONIBLE.*

Voilà maintenant la Société partagée en trois
classes; la classe des laboureurs, à laquelle on
peut conserver le nom de *classe productrice ;*
la classe des artisans et autres *stipendiés* des
produits de la terre; et la classe des *propriétaires,*
la seule qui n'étant point attachée par le besoin
de la subsistance à un travail particulier, puisse
être employée aux besoins généraux de la Société, comme la guerre et l'administration de
la justice, soit par un service personnel, soit
par le paiement d'une partie de ses revenus avec
laquelle l'Etat ou la Société soudoie des hommes
pour remplir ces fonctions. Le nom qui lui con-

vient le mieux par cette raison, est celui de *classe disponible.*

§. X V I.

Ressemblance entre les deux classes labo-rieuses ou non disponibles.

Les deux classes des cultivateurs et des arti-sans se ressemblent par bien des rapports, et surtout en ce que ceux qui les composent ne possèdent aucun revenu et vivent également de salaires qui leur sont payés sur les produits de la terre. Les uns et les autres ont encore cela de commun qu'ils ne gagnent que le prix de leur travail et de leurs avances, et ce prix est à-peu-près le même dans les deux classes. Le proprié-taire marchande avec ceux qui cultivent la terre pour leur abandonner la moindre part possible des produits, de la même manière qu'il dispute avec son cordonnier, pour acheter ses souliers le moins cher qu'il est possible. En un mot le cultivateur et l'artisan n'ont tous deux que la rétribution de leur travail.

§. X V I I.

Différence essentielle entre les deux classes laborieuses.

Mais il y a cette différence entre les deux genres

genres de travaux, que le cultivateur produit son propre salaire, et en outre le revenu qui sert à salarier toute la classe des artisans et autres stipendiés; au lieu que les artisans reçoivent simplement leur salaire; c'est-à-dire leur part de la production des terres en échange de leur travail et ne produisent aucun revenu. Le propriétaire n'a rien que par le travail du cultivateur; il reçoit de lui sa subsistance et ce avec quoi il paye les travaux des autres stipendiés. Il a besoin du cultivateur par la nécessité de l'ordre physique, en vertu duquel la terre ne produit point sans travail; mais le cultivateur n'a besoin du propriétaire qu'en vertu des conventions et des loix qui ont dû garantir aux premiers cultivateurs et à leurs héritiers la propriété des terrains qu'ils avoient occupés, lors même qu'ils cesseroient de les cultiver, et cela pour prix des *avances foncières* par lesquelles ils ont mis ces terrains en état d'être cultivés, et qui se sont pour ainsi dire incorporées au sol même. Mais ces loix n'ont pu garantir à l'homme oisif que la partie de la production que la terre donne au-delà de la rétribution due aux cultivateurs. Le propriétaire est forcé d'abandonner celle-ci à peine de tout perdre.

Le cultivateur, tout borné qu'il est à la rétri-

Tome V.   2

bution de son travail, conserve donc cette primauté naturelle et physique qui le rend le premier moteur de toute la machine de la société, qui fait dépendre de son travail seul, et sa subsistance, et la richesse du propriétaire, et le salaire de tous les autres travaux.

L'artisan, au contraire, reçoit son salaire, soit du propriétaire, soit du cultivateur, et ne leur donne, pour l'échange de son travail, que l'équivalent de ce salaire : rien de plus.

Ainsi, quoique le cultivateur et l'artisan ne gagnent l'un et l'autre que la rétribution de leur travail, le cultivateur fait naître au-delà de cette rétribution le revenu du propriétaire ; et l'artisan ne fait naître aucun revenu, ni pour lui, ni pour d'autres.

§. XVIII.

Cette différence autorise leur distinction en classe productrice et classe stérile.

On peut donc distinguer les deux classes non disponibles en classe *productrice* qui est celle des cultivateurs, et classe *stérile* qui comprend tous les autres membres stipendiés de la société.

§. XIX.

Comment les Propriétaires peuvent tirer le
REVENU de leurs terres.

Les propriétaires qui ne travaillent pas eux-
mêmes leurs terres, peuvent s'y prendre de différentes manières pour les faire cultiver, ou faire
différens arrangemens avec ceux qui les cultivent.

§. XX.

Première manière : culture par des hommes
salariés.

Ils peuvent premièrement payer des hommes
à la journée, ou à l'année, pour labourer leur
champ, et se réserver la totalité des produits ;
ce qui suppose que le Propriétaire fasse l'avance
et des semences et du salaire des ouvriers jusqu'après la récolte.

Mais cette première manière a l'inconvénient
d'exiger beaucoup de travail et d'assiduité de
la part du Propriétaire, qui seul peut conduire
les ouvriers dans leurs travaux, veiller sur
l'emploi de leur tems et sur leur fidélité à ne
rien détourner des produits.

Il est vrai qu'il peut aussi salarier un homme
plus intelligent et dont il connoisse la fidélité,

qui en qualité de Régisseur ou de Conducteur, dirige les ouvriers et fasse le compte des
produits; mais il sera toujours exposé à être
trompé.

D'ailleurs cette méthode est extrêmement
dispendieuse, à moins qu'une grande population et le défaut d'emploi dans les autres genres
de travail, ne force les ouvriers à se contenter
de salaires très-bas.

§. XXI.

Seconde manière : culture par Esclaves.

Dans les tems voisins de l'origine des Sociétés, il étoit à peu près impossible de trouver
des hommes qui voulussent travailler le terrain d'autrui, parce que tous les terrains n'é-
tant pas encore occupés, ceux qui veulent travailler préfèrent de défricher de nouvelles
terres et de les cultiver pour leur propre
compte. — Aussi n'est-ce pas dans l'origine des
Sociétés que les Propriétaires peuvent cesser
d'être Cultivateurs; c'est comme nous l'avons
fait voir plus haut (§. XI *et suivans*), seulement lorsque les progrès de la Société et de la
culture ont fait naître et bien distinguer la
classe stipendiée.

Mais lors des premiers tems d'ignorance et de férocité, il y a eu beaucoup d'occasions de querelles entre les hommes mal armés, timides, éprouvant des besoins, n'ayant pas de subsistance bien assurée, et par conséquent très-susceptibles d'appréhension et de haine réciproque; car il est d'expérience qu'on ne se bat presque jamais que par foiblesse, par inquiétude, par la crainte bien ou mal fondée d'une privation ou d'un malheur qu'on regarde comme certains et auxquels on préfère le hazard du combat. — On a long-tems massacré les vaincus sans pitié, comme font encore quelques Sauvages d'Amérique.

L'introduction de la culture adoucit un peu les mœurs sans les corriger entièrement, et d'une manière qui rendit la dépravation moins cruelle, mais plus universelle, et ainsi plus réellement dangereuse pour l'humanité en général. — Les plus forts pensèrent qu'au lieu de tuer les plus foibles, on trouveroit du profit à se les approprier et à leur faire travailler la terre comme esclaves.

Dès que cette abominable coutume a été établie, les guerres sont encore devenues plus fréquentes. Avant cette époque elles n'arrivoient que par accident; depuis on les a entre-

prises précisément dans la vue de faire des esclaves, que les vainqueurs forçoient de travailler
pour leur compte ou qu'ils vendoient à d'autres.
Tel a été le principal objet des guerres que les
anciens Peuples se faisoient; et ce brigandage,
et ce commerce règnent encore dans toute leur
horreur sur les côtes de Guinée, où les Européens le fomentent en allant acheter des Noirs
pour la culture des Colonies d'Amérique.

§. XXII.

Portion que la Nature assure aux Cultiva-
teurs, même Esclaves, sur le produit de
leurs travaux.

Les Esclaves n'ont aucune *justice* à réclamer
utilement vis-à-vis de gens qui n'ont pu les
réduire en esclavage sans violer toutes les loix
de l'ordre et de la morale, et tous les droits
de l'humanité.

Cependant la loi physique de la Nature
leur assure encore une part aux productions
qu'ils font naître; car il faut bien que le maître
les nourrisse pour profiter de leur travail.
Mais cette espèce de salaire est bornée au plus
étroit nécessaire, et à leur subsistance.

§. XXIII.

Combien la culture exécutée par les Esclaves est peu profitable et chère pour le maître et pour l'humanité.

Les Esclaves n'ont aucun motif pour s'acquitter des travaux auxquels on les contraint, avec l'intelligence et les soins qui pourroient en assurer le succès; d'où suit que ces travaux produisent très-peu.

Les Maîtres avides ne savent autre chose pour suppléer à ce défaut de production , qui résulte nécessairement de la culture par Esclaves , que de forcer ceux-ci à des travaux encore plus rudes, plus continus et plus violens. Ces travaux excessifs en font périr beaucoup; et il faut, pour entretenir toujours le nombre nécessaire à la culture , que le commerce en fournisse chaque année une très-grande quantité, que les Maîtres sont obligés de racheter. Ainsi ils ne donnent point de salaires à leur Esclaves, mais ils paient un capital considérable pour se procurer ces mauvais ouvriers ; et comme c'est toujours la guerre qui fait les premiers fonds de ce commerce, il est évident qu'il ne peut subsister que par une énorme destruction d'hommes ; et qu'autant qu'ils sont divisés en Nations très-petites, qui se déchirent sans cesse, et que chaque bourgade fait la guerre à sa voisine. Que l'Angleterre, la France et l'Espagne se fassent la guerre la plus acharnée, les frontières seules de chaque État seront entamées, et cela par un petit nombre de points seulement ; tout le reste du pays sera tranquille ; et le peu de prisonniers qu'on pourroit faire de part et d'autre, seroit une bien foible ressource pour la culture de chacune des trois Nations.

§. XXIV.

La culture par Esclaves ne peut subsister dans les grandes Sociétés.

Lorsque les hommes se rassemblent en grandes sociétés, les recrues d'Esclaves cessent d'être assez abondantes pour subvenir à la consommation qui s'en fait par la culture. Et quoiqu'on supplée au travail des hommes par celui des bestiaux, il vient un tems où les terres ne peuvent plus être travaillées par des Esclaves. L'usage ne s'en conserve que pour le service de l'intérieur des maisons; et à la longue il s'anéantit, parce qu'à mesure que les Nations se policent, elles font entre elles des conventions pour l'échange des prisonniers de guerre. Ces conventions se font d'autant plus facilement, que chaque particulier est très-intéressé à écarter de lui le danger de tomber dans l'esclavage.

§. XXV.

L'esclavage de la glèbe succède à l'esclavage proprement dit.

Les descendans des premiers Esclaves attachés d'abord à la culture des terres, changent eux-mêmes de condition. La paix entre les Nations ne laissant plus au commerce de quoi fournir à une très-grande consommation d'Esclaves, les Maîtres sont obligés de les ménager davantage.

Ceux qui sont nés dans la maison, accoutumés dès l'enfance à leur état, en sont moins révoltés, et les Maîtres ont moins besoin d'employer la rigueur pour les contenir. Peu à peu la glèbe qu'ils cultivent devient leur patrie. Ils n'ont d'autre langue que celle de leurs Maîtres; ils deviennent partie de la nation; la familiarité s'établit, et à sa suite la confiance et l'humanité de la part des Maîtres.

§. XXVI.

Le vasselage succède à l'esclavage de la glèbe, et l'Esclave devient propriétaire. Troisième manière; aliénation du fonds à la charge d'une redevance.

L'administration d'un bien cultivé par des Esclaves, exige des soins pénibles et une résidence gênante. Le Maître s'assure une jouissance plus libre, plus facile et plus sûre, en intéressant les Esclaves à la culture, et en leur abandonnant à chacun une certaine étendue de terrain, à condition de lui rendre une portion des fruits. Les uns ont fait ce marché pour un tems, et n'ont laissé à leurs *Serfs* qu'une possession précaire et révocable. D'autres ont abandonné le fonds à perpétuité, en se réservant une rente annuelle, payable en denrées ou en argent, et exigeant des possesseurs certains devoirs. Ceux qui recevoient ces terres sous la condition prescrite, devenoient propriétaires et libres, sous le nom de *Tenanciers* ou de *Vassaux;* et les anciens Propriétaires, sous le nom de *Seigneurs,* conservoient seulement le droit d'exiger le paiement de la rente et les autres devoirs convenus. C'est ainsi que les choses se sont passées dans la plus grande partie de l'Europe.

§. XXVII.

Quatrième manière : colonage partiaire.

Ces fonds devenus libres à la charge de la rente, peuvent encore changer de Propriétaires, se diviser et se réunir par la voie des successions et des ventes; et tel *Vassal* peut à son tour avoir plus de terre qu'il ne peut en cultiver lui-même. Le plus souvent la rente à laquelle les fonds sont assujettis n'est pas assez forte, pour qu'en cultivant bien, l'on ne puisse encore se procurer, au-delà des avances des frais et de la subsistance du Cultivateur, une surabondance de producions qui forme un revenu : dès-lors le *Vassal* propriétaire doit aussi désirer de jouir sans peine de ce revenu, et de faire cultiver son fonds par d'autres. D'un autre côté, le plus grand nombre des Seigneurs n'aliènent que les parties de leurs possessions les moins à leur portée, et gardent celles qu'ils peuvent faire cultiver à moins de frais. La culture par Esclaves n'étant plus praticable, le premier moyen qui s'offrit, et le plus simple pour engager les hommes libres à cultiver des fonds qui ne leur appartenoient pas, fut de leur abandonner une portion des fruits; ce qui les engageoit à mieux cultiver que ne le feroient des ouvriers aux-

quels on donneroit un salaire fixe. Le partage
le plus commun a été de faire deux parts égales,
dont l'une appartenoit au Colon, et l'autre au
Propriétaire. C'est ce qui a donné lieu au nom
de *Métayer* (*Medietarius*), ou Colon à moitié
fruits. Selon les arrangemens de ce genre, qui
ont lieu dans la plus grande partie de la France,
le Propriétaire fait toutes les avances de la culture, c'est-à-dire qu'il fournit à ses dépens les
bestiaux de labour, les charrues et autres outils
aratoires, la semence, et la nourriture du Colon
et de sa famille, depuis l'instant où celui-ci
entre dans la métairie, jusqu'à la première récolte.

§. XXVIII.

Cinquième manière. Fermage ou louage des terres.

Des Cultivateurs intelligens et riches, qui sa-
voient à quel point une culture active et bien diri-
gée, pour laquelle on n'épargneroit ni travaux, ni
dépenses, pourroit porter la fécondité des terres,
jugèrent avec raison qu'ils gagneroient davantage si le Propriétaire consentoit à leur abandonner pendant un certain nombre d'années la
totalité des récoltes, à la charge de lui payer

chaque année un revenu constant, et de faire toutes les avances de la culture. Par là ils s'assuroient que l'accroissement de productions que feroient naître leurs dépenses et leur travail leur appartiendroit en entier. Le Propriétaire de son côté y gagnoit une jouissance plus tranquille de son revenu, puisqu'il étoit débarrassé du soin de faire des avances, et de compter des produits ; plus égale, puisqu'il recevoit chaque année le même prix de sa ferme ; et plus certaine, parce qu'il ne couroit jamais le risque de perdre ses avances, et que les bestiaux et autres effets, dont les Fermiers avoient meublé sa ferme, devenoient un gage qui l'assuroit du paiement. D'ailleurs le bail n'étant que pour un petit nombre d'années, si son Fermier avoit donné de ses terres un prix trop bas, il pouvoit l'augmenter à la fin du bail.

§. XXIX.

Cette dernière méthode est la plus avantageuse de toutes, mais elle suppose un pays déjà riche.

Cette méthode d'affermer les terres est de toutes la plus avantageuse aux Propriétaires et aux Cultivateurs ; elle s'établit partout où il y

a des Cultivateurs riches en état de faire les
avances de la culture; et comme des Cultivateurs riches peuvent donner bien plus de labours et d'engrais à la terre, il en résulte une
prodigieuse augmentation dans les productions
et dans le revenu des biens-fonds.

Dans la Picardie, la Normandie, les environs
de Paris, et dans la pluspart des Provinces du
nord de la France, les terres sont cultivées par
des Fermiers. Dans les Provinces du midi elles
le sont par des Métayers; aussi les Provinces
du nord de la France sont-elles incomparablement plus riches et mieux cultivées que celles
du midi.

§. X X X.

*Récapitulation des différentes manières de
faire valoir les terres.*

Je viens de compter cinq manières différentes
dont les Propriétaires ont pu, en s'exemptant
du travail de la culture, faire valoir leurs fonds
par les mains d'autrui. — La première, par des
Ouvriers payés à salaire fixe. — La seconde,
par des Esclaves. — La troisième, en abandonnant le fonds moyennant une rente. — La quatrième, en abandonnant au Cultivateur une
portion déterminée et le plus communément la

moitié des fruits, le Propriétaire se chargeant
de faire les avances de la culture. — La cinquième, en louant la terre à des Fermiers qui
se chargent de faire toutes les avances de la
culture, et qui s'engagent à donner au Propriétaire, pendant le nombre d'années convenu,
un revenu toujours égal.

De ces cinq manières, la première trop dispendieuse est très-rarement mise en usage ; la
seconde ne peut avoir lieu que dans des pays
encore ignorans et barbares ; la troisième est
moins une manière de faire valoir sa propriété,
qu'un abandon de la propriété pour une créance
sur le fonds. L'ancien Propriétaire n'est plus, à
proprement parler, qu'un créancier du nouveau.

Les deux dernières méthodes de culture sont
le plus généralement en usage : savoir la culture
des Métayers dans les pays pauvres, et la culture des Fermiers dans les pays les plus riches.

§. XXXI.

Des capitaux en général, et du revenu de l'argent.

Il y a un autre moyen d'être riche sans travailler et sans posséder des terres, dont je n'ai
pas encore parlé. Il est nécessaire d'en expliquer

l'origine et la liaison avec le reste du systême
de la distribution des richesses dans la Société,
dont je viens de crayonner l'ébauche. Ce moyen
consiste à vivre de son capital, ou plutôt de l'intérêt qu'on en tire en le prêtant. — C'est une chose
à laquelle l'usage de l'or et de l'argent aide beaucoup, en facilitant les petites économies.

§. XXXII.

De l'usage de l'or et de l'argent dans le commerce.

L'argent et l'or sont deux marchandises
comme les autres, et moins précieuses que
beaucoup d'autres, puisqu'elles ne sont d'aucun usage pour les véritables besoins de la vie.
Afin d'expliquer comment ces deux métaux sont
devenus le gage représentatif de toute espèce de
richesses, comment ils influent dans la marche
du commerce, et comment ils entrent dans la
composition des fortunes; il faut remonter un
peu haut et revenir sur nos pas.

§. XXXIII.

Naissance du Commerce. Principe de l'éva-luation des choses commerciales.

Le besoin réciproque a introduit l'échange
de

de ce qu'on avoit contre ce qu'on n'avoit pas. On échangea une denrée contre une autre, les denrées contre le travail. — Pour ces échanges il falloit que les deux parties convinssent de la qualité et de la quantité de chacune des choses échangées. — Dans cette convention il est naturel que chacun désire recevoir le plus, et donner le moins qu'il peut. — Et tous deux étant également maîtres de ce qu'ils ont à livrer en échange, c'est à chacun d'eux à balancer l'attachement qu'il a pour la denrée qu'il offre avec son désir de la denrée qu'il veut acquérir, et à fixer en conséquence la quantité des choses échangées. — S'ils ne sont pas d'accord, il faudra qu'ils se rapprochent en cédant un peu de part et d'autre, en offrant plus et se contentant de moins. — Je suppose que l'un ait besoin de bled et l'autre de vin, et qu'ils s'accordent à échanger *un boisseau de bled* contre *six pintes de vin*. Il est évident que pour chacun d'eux *un boisseau de bled* et *six pintes de vin* sont regardés comme exactement équivalens, et que dans cet échange particulier le prix d'*un boisseau* de bled est *six pintes* de vin, et le prix de *six pintes* de vin est *un boisseau* de bled. Mais dans un autre échange entre d'autres hommes, le prix sera différent, suivant que l'un d'eux aura un

Tome V.

besoin plus ou moins pressant de la denrée de
l'autre ; et *un boisseau* de bled pourra être
échangé contre *huit pintes de vin,* tandis
qu'*un* autre *boisseau* sera échangé contre *quatre
pintes* seulement. Or il est évident qu'aucun de
ces trois prix ne sauroit être regardé plustôt que
l'autre comme le véritable prix du boisseau de
bled ; car pour chacun des contractans, le vin
qu'il a reçu étoit l'équivalent du bled qu'il a
donné : en un mot, tant que l'on considère chaque échange comme isolé et en particulier, la
valeur de chacune des choses échangées n'a
d'autre mesure que le besoin ou le désir et les
moyens des contractans balancés de part et
d'autre, et n'est fixé que par l'accord de leur
volonté.

§. XXXIV.

Comment s'établit la valeur courante dans l'échange des marchandises.

Cependant il se trouve que plusieurs Particuliers ont du vin à offrir à celui qui a du bled :
si l'un n'a voulu donner que *quatre pintes*
pour *un boisseau,* le Propriétaire du bled ne
lui donnera pas son bled, lorsqu'il saura qu'un
autre lui donnera *six pintes* ou *huit* pour le
même boisseau. Si le premier veut avoir du

bled, il sera obligé de hausser le prix au niveau de celui qui offre davantage. Les vendeurs de vin profitent de leur côté de la concurrence entre les vendeurs de bled : chacun ne se dé- termine à céder sa denrée qu'après avoir comparé les différentes offres qu'on lui fait de la denrée dont il a besoin, et donne la préfé- rence à l'offre la plus forte. La valeur du bled et du vin n'est plus débattue entre deux seuls Particuliers relativement à leurs besoins et à leurs facultés réciproques ; elle se fixe par la balance des besoins et des facultés de la totalité des vendeurs de bled avec ceux de la totalité des vendeurs de vin. Car tel qui donneroit volontiers *huit pintes* de vin pour *un bois- seau* de bled, n'en donnera que *quatre* lors- qu'il saura qu'un Propriétaire de bled consent à donner *deux boisseaux* de bled pour *huit* pintes. Le prix mitoyen entre les différentes offres et les différentes demandes deviendra le prix courant auquel tous les acheteurs et les vendeurs se conformeront dans leurs échanges ; et il sera vrai de dire que *six pintes* de vin seront pour tout le monde l'équivalent d'*un boisseau* de bled, si c'est là le prix mitoyen, jusqu'à ce que la diminution de l'offre d'un

côté, ou de la demande de l'autre, fasse changer cette évaluation.

§. X X X V.

Le Commerce donne à chaque marchandise
une valeur courante relativement à chaque
autre marchandise ; d'où il suit que toute
marchandise est l'équivalent d'une cer-
taine quantité de toute autre marchandise,
et peut être regardée comme un gage qui
la représente.

Le bled ne s'échange pas seulement contre le
vin, mais contre tous les autres objets dont
peuvent avoir besoin les Propriétaires de bled ;
contre le bois, le cuir, la laine, le coton, etc.;
il en est de même du vin et de chaque denrée
en particulier. Si *un boisseau* de bled est l'é-
quivalent de *six pintes* de vin, et qu'*un mou-*
ton soit l'équivalent de *trois boisseaux* de
bled, ce mouton sera l'équivalent de *dix-huit*
pintes de vin. Celui qui ayant du bled, auroit
besoin de vin, pourroit, sans inconvénient,
échanger son bled contre un mouton, afin de
pouvoir ensuite échanger ce mouton contre le
vin dont il a besoin.

§. XXXVI.

Chaque marchandise peut servir d'échelle ou de mesure commune pour y comparer la valeur de toutes les autres.

Il suit de là que dans un pays où le commerce est fort animé, où il y a beaucoup de productions et beaucoup de consommation, où il y a beaucoup d'offres et de demandes de toutes sortes de denrées, chaque espèce aura au prix courant relativement à chaque autre espèce; c'est-à-dire, qu'une certaine quantité de l'une équivaudra à une certaine quantité de chacune des autres. Ainsi la même quantité de bled, qui vaudra *dix-huit pintes* de vin, vaudra aussi *un mouton, une pièce de cuir* préparé, *une* certaine *quantité de fer;* et toutes ces choses auront dans le commerce une valeur égale.

Pour exprimer et faire connoître la valeur d'une chose en particulier, il est évident qu'il suffit d'énoncer la quantité d'une autre denrée connue qui en seroit regardée comme l'équivalent. Ainsi pour faire connoître ce que vaut une pièce de cuir d'une certaine grandeur, on peut dire indifféremment qu'elle vaut *trois boisseaux de bled,* ou *dix-huit pintes de vin.* On peut de même exprimer la valeur d'une certaine quantité de vin par le nombre *des moutons* ou *des boisseaux de bled* qu'elle vaut dans le commerce.

On voit par là que toutes les espèces de denrées qui peuvent être l'objet du commerce se mesurent, pour ainsi dire, les unes les autres; que chacune peut servir de mesure commune ou d'échelle de comparaison pour y rapporter les valeurs de toutes·les autres. Et pareillement chaque marchandise devient, entre les mains de celui qui la possède, un moyen de se procurer toutes les autres : une espèce de gage universel.

§. XXXVII.

Toute marchandise ne présente pas une échelle des valeurs également commode. On a dû préférer dans l'usage celles qui n'étant pas susceptibles d'une grande différence dans la qualité, ont une valeur principalement relative au nombre ou à la quantité.

Mais quoique toutes les marchandises aient essentiellement cette propriété de représenter toutes les autres, de pouvoir servir de commune mesure pour exprimer leur valeur, et de gage universel pour se les procurer toutes par la voie de l'échange, toutes ne peuvent pas être employées avec la même facilité à ces deux usages.

Plus une marchandise est susceptible de changer de valeur à raison de sa qualité, plus il est difficile de la faire servir d'échelle pour y rapporter la valeur des autres marchandises.

Par exemple, si *dix - huit pintes* de vin d'*Anjou* sont l'équivalent d'un mouton, *dix-huit pintes* de vin *du Cap* seront l'équivalent de dix-huit moutons. Ainsi celui qui pour faire connoître la valeur d'un mouton, diroit qu'il vaut dix-huit pintes de vin, emploieroit un langage équivoque, et qui ne donneroit aucune idée précise, à moins qu'il n'ajoutât beaucoup d'explications, ce qui seroit très-incommode.

On a donc dû choisir par préférence pour échelle de comparaison, des denrées qui étant d'un usage plus commun, et par là d'une valeur plus connue, étoient plus semblables les unes aux autres, et dont par conséquent la valeur étoit plus relative au nombre ou à la quantité qu'à la qualité.

§. XXXVIII.

Au défaut de l'exacte correspondance entre la valeur et le nombre ou la quantité, on y supplée par une évaluation moyenne qui devient une espèce de monnoie idéale.

Dans un pays où il n'y a qu'une race de moutons, on peut facilement prendre la valeur d'une toison ou celle d'un mouton pour la mesure commune des valeurs, et l'on dira qu'*une barrique de vin* ou *une pièce d'étoffe* valent un certain nombre de *toisons* ou de *moutons.* — A la vérité il y a entre les moutons quelque inégalité; mais quand il s'agit de vendre des moutons, on a soin d'évaluer cette inégalité, et de compter, par exemple, deux agneaux pour un mouton. Lorsqu'il s'agit d'évaluer toute autre marchandise, on prend pour unité la valeur commune d'un mouton d'un âge et d'une force moyenne.

De cette sorte, l'énonciation des valeurs *en moutons* devient comme un langage de convention, et ce mot, *un mouton,* dans les habitudes du commerce, ne signifie plus qu'une certaine valeur, qui, dans l'esprit de ceux qui l'entendent, porte l'idée non-seulement d'*un mouton,* mais d'une certaine quantité de cha-

cune des denrées les plus communes, qui sont
regardées comme l'équivalent de cette valeur;
et cette expression finira si bien par s'appliquer
à une valeur fictive et abstraite, plustôt qu'à
un mouton réel, que si par hazard il arrive
une mortalité sur les moutons, et que, pour en
avoir un il faille donner *le double de bled* ou
de vin, qu'on donnoit auparavant; on dira
qu'*un mouton* vaut *deux moutons*, plustôt que
de changer l'expression à laquelle on est ac-
coutumé pour toutes les autres valeurs.

§. XXXIX.

*Exemples de ces évaluations moyennes qui
deviennent une expression idéale des valeurs.*

On connoît dans le commerce de toutes les
Nations, plusieurs exemples de ces évaluations
fictives en marchandises, qui ne sont pour ainsi
dire qu'un langage de convention, pour exprimer leur valeur.

Ainsi les Rotisseurs de Paris, les Marchands
de poisson, qui fournissent de grandes maisons, font ordinairement leurs marchés *à la
pièce*. Une poularde grasse est comptée pour

une pièce ; un poulet pour une demi - pièce,
plus ou moins suivant la saison, et ainsi du
reste. — Dans le commerce des Nègres vendus
aux Colonies d'Amérique, on vend une cargai-
son de Nègres, à raison de tant par tête de
Nègre *pièce d'Inde.* Les femmes et les enfans
s'évaluent: en sorte, par exemple, que trois enfans, ou bien une femme et un enfant sont
comptés pour une tête de Nègre. On augmente
ou on diminue l'évaluation à raison de la vi-
gueur ou des autres qualités des Esclaves ; en
sorte que tel Esclave peut être compté pour
deux têtes de Nègre.

Les Nègres *Mandigos,* qui font le commerce
de la poudre d'or avec les marchands Arabes,
rapportent toutes les denrées à une échelle fictive dont les parties s'appellent *macutes,* en
sorte qu'ils disent aux Marchands qu'ils leur
donnent tant de *macutes* en or. Ils évaluent
aussi en *macutes* les marchandises qu'ils reçoivent, et se débattent avec les Marchands
sur cette évaluation.

C'est ainsi qu'on compte en Hollande par
florins de banque, qui ne sont qu'une monnoie
fictive, et qui dans le commerce s'évaluent tantôt
plus cher, tantôt moins que la monnoie qu'on
appelle *florins.*

§. X L.

Toute marchandise est un gage représentatif de tous les objets de commerce ; mais plus ou moins commode dans l'usage , suivant qu'elle est plus ou moins facile à transporter et à conserver sans altération.

La variation dans la qualité des marchandises, et dans leur prix à raison de cette qualité , qui les rend plus ou moins propres que d'autres à servir de commune mesure, s'oppose aussi plus ou moins à ce qu'elles soient un gage représentatif de toute autre marchandise de pareille valeur.

Cependant il y a , quant à cette dernière propriété, une très-grande différence entre les différentes espèces de marchandises.

Il est évident, par exemple, qu'un homme qui a chez lui une pièce de toile, est bien plus sûr de se procurer quand il voudra une certaine quantité de bled de pareille valeur qu'un autre homme qui a une pièce de vin : le vin étant sujet à une infinité d'accidens qui peuvent en un instant lui faire perdre tout son prix.

§. X L I.

Toute marchandise a les deux propriétés
essentielles de la monnoie, de mesurer,
et de représenter toute valeur : et dans ce
sens, toute marchandise est monnoie.

Ces deux propriétés de servir de commune
mesure de toutes les valeurs, et d'être un gage
représentatif de toute marchandise de pareille
valeur, renferme tout ce qui constitue l'essence
et l'utilité de ce qu'on appelle monnoie ; et il
suit des détails dans lesquels je viens d'entrer,
que toutes les marchandises sont à quelques
égards *monnoie* et participent à ces deux propriétés essentielles, plus ou moins à raison de
leur nature particulière. — Toutes sont plus ou
moins propres à servir de commune mesure à
raison de ce qu'elles sont d'un usage plus général, d'une qualité plus semblable, et plus
faciles à se diviser en parties d'une valeur
égale.—Toutes sont plus ou moins propres à être
un gage universel des échanges, à raison de ce
qu'elles sont moins susceptibles de déchet et
d'altération dans leur quantité ou dans leur
qualité.

§. XLII.

*Réciproquement toute monnoie est essen-
tiellement marchandise.*

On ne peut prendre pour commune mesure
des valeurs, que ce qui a une valeur, ce qui
est reçu dans le commerce en échange des autres
valeurs; et il n'y a de gage universellement représentatif d'une valeur qu'une autre valeur
égale. — Une monnoie de pure convention est
donc une chose impossible.

§. XLIII.

*Différentes matières ont pu servir ou ont
servi de monnoie usuelle.*

Plusieurs Nations ont adopté dans leur langage et dans leur commerce, pour commune
mesure de valeurs, différentes matières plus ou
moins précieuses ; il y a encore aujourd'hui
quelques Peuples barbares qui se servent d'une
espèce de petits coquillages appellés *cauris,*
qui servent à faire des bracelets et des colliers
pour la parure de leurs femmes. Je me souviens d'avoir vu au Collège des noyaux d'abri-
cots échangés et troqués comme une espèce de
monnoie entre les Écoliers, qui s'en servoient

pour jouer à différens jeux. — J'ai déjà parlé
de l'évaluation par tête de bétail. On en trouve
des vestiges dans les loix des anciennes Nations
Germaniques qui détruisirent l'Empire Romain.
Les premiers Romains, ou du moins les Latins
leurs ancêtres, s'en étoient aussi servis. On prétend que les premières monnoies qu'on frappa
en cuivre, représentoient la valeur d'un mouton, et portoient l'empreinte de cet animal, et
que c'est de là qu'est venu le mot *pecunia*, de
pecus. Cette conjecture a beaucoup de vraisemblance.

§. XLIV.

Les métaux, et surtout l'or et l'argent, y
sont plus propres qu'aucune autre subs-
tance; et pourquoi.

Nous voici arrivés à l'introduction des métaux
précieux dans le commerce. Tous les métaux, à
mesure qu'ils ont été découverts, ont été admis
dans les échanges à raison de leur utilité réelle;
leur brillant les a fait rechercher pour servir
de parure; leur ductilité et leur solidité les ont
rendus propres à faire des vases plus durables
et plus légers que ceux d'argile. Mais ces subs-
tances ne purent entrer dans le commerce sans

devenir presque aussitôt la monnoie universelle. Un morceau de quelque métal que ce soit,
a exactement les mêmes qualités qu'un autre
morceau du même métal, pourvû qu'il soit également pur. Or la facilité qu'on a de séparer,
par différentes opérations de chimie, un métal
des autres métaux avec lesquels il seroit allié,
fait qu'on peut toujours les réduire au degré de
pureté, ou, comme on s'exprime, au titre qu'on
veut : alors la valeur du métal ne peut plus
différer que par son poids. En exprimant la
valeur de chaque marchandise par le poids du
métal qu'on donne en échange, on aura donc
l'expression de toutes les valeurs la plus claire,
la plus commode et la plus susceptible de précision : et dès-lors il est impossible que dans
l'usage on ne la préfère pas à toute autre. Les
métaux ne sont pas moins propres à devenir
le gage universel de toutes les valeurs qu'ils
peuvent mesurer: comme ils sont susceptibles
de toutes les divisions imaginables, il n'y a aucun objet dans le commerce dont la valeur,
petite ou grande, ne puisse être exactement
payée par une certaine quantité de métal. A
cet avantage de se prêter à toutes sortes de
divisions, ils joignent celui d'être inaltérables ;
et ceux qui sont rares, comme l'argent et l'or,

ont une très-grande valeur sous un poids et un volume très-peu considérable.

Ces deux métaux sont donc de toutes les marchandises les plus faciles à vérifier pour leur qualité, à diviser pour leur quantité, à conserver éternellement sans altération, et à transporter en tous lieux aux moindres fraix. Tout homme qui a une denrée superflue, et qui n'a pas dans le moment besoin d'une autre denrée d'usage, s'empressera donc de l'échanger contre de l'argent, avec lequel il est plus sûr, qu'avec toute autre chose, de se procurer la denrée qu'il voudra au moment du besoin.

§. XLV.

L'or et l'argent sont constitués, par la nature des choses, monnoie et monnoie universelle, indépendamment de toute convention et de toute loi.

Voilà donc l'or et l'argent constitués monnoie et monnoie universelle, et cela sans aucune convention arbitraire des hommes, sans l'intervention d'aucune loi, mais par la nature des choses. Ils ne sont point, comme bien des gens l'ont imaginé, des signes de valeurs; ils ont eux-mêmes une valeur. S'ils sont susceptibles

tibles d'être la mesure et le gage des autres valeurs. Cette propriété leur est commune avec tous les autres objets qui ont une valeur dans le commerce.

Ils n'en diffèrent que parce qu'étant à la fois plus divisibles, plus inaltérables, et plus faciles à transporter que les autres marchandises, il est plus commode de les employer à mesurer et à représenter les valeurs.

§. XLVI.

Les autres métaux ne sont employés à ces usages que subsidiairement.

Tous les métaux seroient susceptibles d'être employés comme monnoie.

Mais ceux qui sont fort communs ont trop peu de valeur sous un trop grand volume pour être employés dans les échanges courans du commerce. Le cuivre, l'argent et l'or sont les seuls dont on ait fait un usage habituel.

Et même à l'exception de quelques Peuples auxquels ni les mines, ni le commerce n'avoient point encore pu fournir une quantité suffisante d'or et d'argent, le cuivre n'a jamais servi que dans les échanges des plus petites valeurs.

Tome V. 4

§. XLVII.

*L'usage de l'or et de l'argent comme mon-
noie en a augmenté la valeur comme
matière.*

Il est impossible que l'empressement avec
lequel chacun a cherché à échanger ses denrées
superflues contre l'or ou l'argent, plustôt que
contre aucune autre marchandise, n'ait pas beaucoup augmenté la valeur de ces deux métaux
dans le commerce. Ils n'en sont devenus que
plus commodes pour l'emploi de gage et de
commune mesure.

§. XLVIII.

*Variations dans la valeur de l'or et de
l'argent comparés avec les autres objets
du commerce, et entre eux.*

Cette valeur est susceptible de changement
et change en effet continuellement; en sorte
que la même quantité de métal qui répondoit
à une certaine quantité de telle ou telle denrée
cesse d'y répondre, et qu'il faut plus ou moins
d'argent pour représenter la même denrée.
Lorsqu'il en faut plus, on dit que la denrée
est plus chère, et lorsqu'il en faut moins, on
dit qu'elle est à meilleur marché; mais on pour-

roit dire tout aussi bien que c'est l'argent qui est à meilleur marché dans le premier cas, et plus cher dans le second.

Non-seulement l'argent et l'or varient de prix, comparés avec toutes les denrées : mais ils varient de prix entre eux à raison de ce qu'ils sont plus ou moins abondans. Il est notoire qu'on donne aujourd'hui, en Europe, de *quatorze à quinze onces d'argent* pour *une once d'or*, et que dans des tems plus anciens on ne donnoit que *dix à onze onces d'argent* pour *une once d'or*.

Encore aujourd'hui, à la Chine, on ne donne guères qu'environ *douze onces d'argent* pour avoir *une once d'or*; en sorte qu'il y a un très-grand avantage à porter de l'argent à la Chine pour l'échanger contre de l'or que l'on rapporte en Europe. Il est visible qu'à la longue ce commerce doit rendre l'or plus commun en Europe, et plus rare à la Chine, et que la valeur de ces deux métaux doit enfin se ramener partout à la même proportion.

Mille causes différentes concourent à fixer dans chaque moment et à faire varier sans cesse la valeur des denrées comparées, soit les unes avec les autres, soit avec l'argent. Les mêmes causes fixent et font varier la valeur de l'argent, comparé, soit à la valeur de chaque denrée en particulier, soit à la totalité des autres valeurs qui sont actuellement dans le commerce. Il ne seroit pas possible de démêler ces différentes causes, et de développer leurs effets sans se livrer à des détails très-étendus et très - difficiles, et je m'abstiendrai d'entrer dans cette discussion.

§. XLIX.

L'usage des paiemens en argent a donné lieu à la distinction entre le Vendeur et l'Acheteur.

A mesure que les hommes se sont familiarisés avec l'habitude de tout évaluer en argent, d'échanger tout leur superflu contre de l'argent, et de n'échanger l'argent que contre les choses qui leur étoient utiles ou agréables pour le moment, ils se sont accoutumés à considérer les échanges du commerce sous un nouveau point de vue.

Ils y ont distingué deux personnes, le Vendeur et l'Acheteur. — Le Vendeur étoit celui qui donnoit la denrée pour de l'argent, et l'Acheteur celui qui donnoit l'argent pour avoir la denrée.

§. L.

L'usage de l'argent a beaucoup facilité la séparation des divers travaux entre les différens Membres de la Société.

Plus l'argent tenoit lieu de tout, plus chacun pouvoit en se livrant uniquement à l'espèce de culture ou d'industrie qu'il avoit choisie, se débarrasser de tout soin pour subvenir à ses autres besoins, et ne penser qu'à se procurer le plus d'argent qu'il pourroit par la vente de ses fruits ou de son travail : bien sûr, avec cet argent, d'avoir tout le reste. C'est ainsi que l'usage de l'argent a prodigieusement hâté les progrès de la Société.

§. L I.

De la réserve des produits annuels, accumulés pour former des capitaux.

Aussitôt qu'il s'est trouvé des hommes à qui la propriété des terres assuroit un revenu annuel plus que suffisant pour satisfaire à tous leurs besoins, il dut se trouver des hommes, ou inquiets de l'avenir, ou simplement prudens, qui mirent en réserve une partie de ce qu'ils recueilloient chaque année ; soit pour subvenir aux accidens possibles, soit pour augmenter

leur aisance. Lorsque les denrées qu'ils recueilloient étoient difficiles à conserver, ils durent
chercher à se procurer en échange des objets
d'une nature plus durable et auxquels le tems
ne feroit pas perdre leur valeur; ou qui pouvoient être employés de façon à procurer des
profits qui en répareroient avec avantage le
dépérissement.

§. L I I.

Richesses mobiliaires. Amas d'argent.

Ce genre de possessions résultantes de l'accumulation des produits aunuels non-consom-
més, est connu sous le nom de *Richesses mobiliaires.* Les meubles, la vaisselle, les marchandises enmagasinées, les outils de chaque
métier, les bestiaux, appartiennent à ce genre
de richesses. Il est évident que l'on s'étoit fortement appliqué à se procurer le plus qu'on
avoit pu de ces richesses, avant de connoître
l'argent; mais il n'est pas moins sensible que
dès qu'il fut connu, dès qu'il fut constaté que
c'étoit le plus inaltérable de tous les objets de
commerce, et le plus facile à conserver sans
embarras, il dût être principalement recherché
par quiconque voulut amasser. Ce ne furent
pas seulement les Propriétaires des terres qui

accumulèrent ainsi de leur superflu. Quoique
les profits de l'industrie ne soient pas, comme
les revenus de la terre, un don de la Nature,
et que l'homme industrieux ne retire de son
travail que le prix que lui en donne celui qui
lui paie son salaire; quoique ce dernier écono-
mise le plus qu'il peut sur ce salaire, et que la
concurrence oblige l'homme industrieux à se
contenter d'un prix moindre qu'il ne voudroit,
il est certain cependant que cette concurrence
n'a jamais été assez nombreuse, assez animée
dans tous les genres de travaux, pour qu'un
homme plus adroit, plus actif, et surtout plus
économe que les autres pour sa consommation
personnelle, n'ait pu, dans tous les tems, gagner un peu plus qu'il ne faut pour le faire
subsister lui et sa famille, et réserver ce surplus
pour s'en faire un petit pécule (1).

---

(1) L'avantage principal de l'or et de l'argent pour la
formation des capitaux a été de favoriser les plus petites
économies, et de les *capitaliser* de façon qu'elles devins-
sent au bout d'un certain tems applicables à des acquisitions de meubles et de vêtemens d'un usage durable, ou
même à solder des travaux utiles. — Avant l'introduction de ces métaux dans le commerce, un homme ne
pouvait se former de capital que par la multiplication
de ses bestiaux, ou l'emploi de son travail qui n'était pas
absolument nécessaire à sa subsistance, à se fabriquer
des choses durables qui fussent à son usage, ou qui
pussent être vendues. (*Note de l'Éditeur.*)

§. LIII.

Les richesses mobiliaires sont un préalable indispensable pour tous les travaux lucratifs.

Il est même nécessaire que dans chaque métier, les Ouvriers, ou les Entrepreneurs qui les font travailler, aient un certain fonds de richesses mobiliaires amassées d'avance. Nous sommes encore ici obligés de revenir sur nos pas pour rappeller plusieurs choses qui n'ont été d'abord qu'indiquées en passant, quand on a parlé du partage des différentes professions et des différens moyens par lesquels les Propriétaires peuvent faire valoir leurs fonds, parce qu'alors on n'auroit pu les bien expliquer sans interrompre le fil des idées.

§. LIV.

Nécessité des avances pour la culture.

Tous les genres de travaux de la culture, de l'industrie, du commerce, exigent des avances. Quand on laboureroit la terre avec les mains, il faudroit semer avant de recueillir: il faudroit vivre jusqu'après la récolte. Plus la culture se

perfectionne et s'anime, plus les avances sont
fortes. Il faut des bestiaux, des outils aratoires;
des bâtimens pour loger les bestiaux, pour serrer
les récoltes; il faut payer et faire subsister jusqu'à la récolte un nombre de personnes proportionné à l'étendue de l'exploitation. Ce n'est
que par de fortes avances qu'on obtient de riches
produits, et que les terres donnent beaucoup
de revenu. Dans quelque métier que ce soit,
il faut d'avance que l'ouvrier ait des outils,
qu'il ait une suffisante quantité des matières
qui sont l'objet de son travail; il faut qu'il subsiste en attendant la vente de ses ouvrages.

§. L V.

Premières avances fournies par la terre en-
core inculte.

C'est toujours la terre qui est la première et
l'unique source de toute richesse; c'est elle qui
par la culture produit tout le revenu; c'est elle
aussi qui a donné le premier fonds des avances
antérieures à toute culture. Le premier cultivateur a pris les graines qu'il a semées sur des
plantes que la terre avoit produites d'elle-même;
en attendant la récolte, il a vécu de chasse, de
pêche, de fruits sauvages; ses outils ont été des

branches d'arbres arrachées dans les forêts, tail-
lées avec des pierres tranchantes aiguisées contre
d'autres pierres; il a pris lui-même à la course,
ou fait tomber dans ses piéges, les animaux errans
dans les bois, il les a soumis, apprivoisés; il
s'en est servi d'abord pour sa nourriture, ensuite pour l'aider dans son travail. Ce premier
fonds s'est accru peu à peu; les bestiaux surtout
furent, de toutes les richesses mobiliaires, la
plus recherchée dans ces premiers tems, et celle
qu'il fut le plus facile d'accumuler: ils périssent,
mais ils se reproduisent, et la richesse en est en
quelque sorte impérissable: elle s'augmente par
la seule voie de la génération, et les bestiaux
donnent de plus un produit annuel, soit en lai-
tages, soit en laines, en cuirs et autres matières
qui, avec le bois pris dans les forêts, ont été le
premier fonds des ouvrages d'industrie.

§. L V I.

Bestiaux, richesse mobiliaire antérieure même à la culture des terres.

Dans un tems où il y avoit encore une grande
quantité de terres incultes, et qui n'appartenoient
à personne, on put avoir des bestiaux sans être
Propriétaire de terres. Il est même probable

que les hommes ont presque partout commencé
à rassembler des troupeaux, et à vivre de leur
produit avant de se livrer au travail plus pénible de la culture.

Il paroît que les Nations qui ont le plus anciennement cultivé la terre, sont celles qui ont
trouvé dans leur pays des espèces d'animaux
plus susceptibles d'être apprivoisés, et qui par
là ont été conduits de la vie errante et agitée
des Peuples qui vivent de chasse et de pêche,
la vie plus tranquille des Peuples pasteurs.

La vie pastorale fait séjourner plus long-tems
dans un même lieu ; elle donne plus de loisir,
plus d'occasions d'étudier la différence des terrains, d'observer la marche de la Nature dans
la production des plantes qui servent à la
nourriture des bestiaux. Peut-être est-ce par
cette raison que les Nations Asiatiques ont
cultivé la terre les premières, et que les Peuples
de l'Amérique sont restés si long-temps dans
l'état de sauvages.

§. LVII.

Les richesses mobiliaires ont une valeur
échangeable contre la terre elle-même.

Ceux qui avoient beaucoup de richesses
mobiliaires pouvoient les employer non-seule-

ment à la culture des terres, mais encore aux
différens travaux de l'industrie. La facilité d'accumuler ces richesses et d'en faire usage même
indépendamment des terres, fit qu'on put évaluer les terres elles-mêmes, et comparer leur
valeur à celle des richesses mobiliaires.

Un homme qui auroit eu une grande quantité
de terres sans bestiaux ni instrumens, ou sans
une quantité suffisante de bestiaux et d'instrumens, auroit certainement fait un marché avantageux en cédant une partie de ses terres à un
homme qui lui auroit donné en échange des
bestiaux et des instrumens pour cultiver le reste.
C'est par là principalement que les fonds de terre
eux-mêmes entrèrent dans le commerce et eurent
une valeur comparable à celle de toutes les autres
denrées. Si *quatre boisseaux* de bled, produit
net d'un arpent de terre, valoient *six moutons,*
l'arpent lui-même qui les produisoit auroit pu
être donné pour une certaine valeur, plus grande
à la vérité, mais toujours facile à déterminer de
la même manière que le prix de toutes les
autres marchandises; c'est-à-dire, d'abord par le
débat entre les deux contractans, et ensuite d'a-
près le prix courant établi par le concours de
ceux qui veulent échanger des terres contre
des bestiaux, et de ceux qui veulent donner

des bestiaux pour avoir des terres. C'est d'après ce prix courant qu'on évalue les terres, lorsqu'un débiteur, poursuivi par son créancier, est obligé de lui céder son fonds.

§. L V I I I.

Évaluation des terres par la proportion du revenu avec la somme des richesses mobiliaires, ou la valeur contre laquelle elles sont échangées : cette proportion est ce qu'on appelle le DENIER du prix des terres.

Il est évident que si une terre qui produit un revenu équivalant à *six moutons*, peut être vendue pour une certaine valeur qu'on peut toujours exprimer par un nombre de moutons équivalant à cette valeur, ce nombre aura une proportion déterminée avec celui de *six*, et le contiendra un certain nombre de fois. Le prix d'un fonds ne sera donc qu'un certain nombre de fois son revenu; *vingt fois* si le prix est *cent-vingt* moutons, trente fois si c'est *cent quatre-vingt* moutons. Le prix courant des terres se règle ainsi par la proportion de la valeur du fonds avec la valeur du revenu, et le nombre de fois que le prix du fonds contient le revenu, s'appelle le *denier du prix des terres*. Elles se vendent le *denier vingt*, le *denier trente*, *quarante*, etc., lorsque l'on paie pour les avoir, vingt, trente ou quarante fois leur revenu. Il est encore évident que ce prix, ou ce *denier*, doit varier suivant qu'il y a plus ou moins de gens qui veulent vendre ou acheter des terres; ainsi que le prix de toutes les autres marchandises varie à raison de la différente proportion entre l'offre et la demande.

§. LIX.

Tout capital en argent, ou toute somme de valeur quelconque, est l'équivalent d'une terre produisant un revenu égal à une portion déterminée de cette somme. Premier emploi des capitaux. Achat d'un fonds de terre.

Replaçons-nous maintenant à l'époque postérieure à l'introduction de l'argent : la facilité de l'accumuler en a bientôt fait la plus recherchée des richesses mobiliaires, et a donné les moyens d'en augmenter sans cesse la quantité par la simple voie de l'économie. Quiconque, soit par le revenu de sa terre, soit par les salaires de son travail ou de son industrie, reçoit chaque année plus de valeurs qu'il n'a besoin d'en dépenser, peut mettre en réserve ce superflu et l'accumuler: ces valeurs accumulées sont ce qu'on appelle *un capital*. L'avare pusillanime qui n'amasse l'argent que pour rassurer son imagination contre la crainte de manquer des choses nécessaires à la vie dans un avenir incertain, garde son argent en masse. Si les dangers qu'il a prévus se réalisoient, et s'il êtoit réduit par la pauvreté à vivre chaque année sur son trésor, ou qu'un héritier prodigue le dépensât en détail, ce trésor se seroit bientôt épuisé, et le capital entièrement perdu pour le possesseur: celui-ci peut en tirer un parti plus avantageux. Puisqu'un fonds de terre d'un certain revenu n'est que l'équivalent d'une somme de valeur égale à ce revenu répété un certain nombre de fois, il s'ensuit qu'une somme quelconque de valeurs est l'équivalent d'un fonds de terre produisant un revenu égal à une portion déterminée de cette somme: il est absolument indifférent que cette somme de valeurs ou ce capital consiste en une masse de métal ou en toute autre chose, puisque l'argent représente toute espèce de valeur, comme toute espèce de valeur représente l'argent. Le possesseur d'un *capital* peut donc d'abord l'employer à acheter des terres; mais il a encore d'autres ressources.

§. LX.

Autre emploi de l'argent en avances pour des entreprises de fabrication et d'industrie.

J'ai déjà remarqué que tous les travaux, soit de la culture, soit de l'industrie, exigent des avances; et j'ai montré comment la terre, par les fruits et les herbes qu'elle produit d'elle-même pour la nourriture des hommes et des bestiaux, et les arbres dont les hommes ont formé leurs premiers outils, avoit fourni les premières avances de la culture, et même des premiers ouvrages manuels que chaque homme peut faire pour son usage. Par exemple, c'est la terre qui a fourni la pierre, l'argile et le bois dont on a construit les premières maisons, et avant la séparation des professions, lorsque le même homme qui cultivoit la terre pourvoyoit à ses autres besoins par son travail, il ne falloit pas d'autres avances : mais lorsqu'une grande partie de la société n'eut que ses bras pour vivre, il fallut que ceux qui vivoient ainsi de salaires commençassent par avoir quelque chose d'avance, soit pour se procurer les matières sur lesquelles ils travailloient, soit pour vivre en attendant le paiement de leur salaire.

§. LXI.

§. L X I.

Développemens sur l'usage des avances de capitaux dans les entreprises d'industrie, sur leur rentrée, et sur le profit qu'elles doivent donner.

Dans les premiers tems, celui qui faisoit travailler, fournissoit lui-même la matière, et payoit jour par jour le salaire de l'ouvrier. Le Cultivateur ou le Propriétaire remettoit lui-même à la fileuse le chanvre qu'il avoit recueilli, et la nourrissoit pendant qu'elle travailloit; il passoit ensuite le fil au tisserand, auquel il donnoit chaque jour le salaire convenu; mais ces avances légères et journalières ne peuvent suffire que pour des travaux d'une manœuvre grossière. Un grand nombre d'arts, et même des arts à l'usage des membres les plus pauvres de la Société, exigent que la même matière soit ouvrée par une foule de mains différentes, et subisse très-long-tems des préparations aussi difficiles que variées. — J'ai cité déjà la préparation des cuirs dont on fait des souliers : quiconque a vu l'atelier d'un Tanneur, sent l'impossibilité absolue qu'un homme, ou même plusieurs hommes pauvres s'approvisionnent de cuirs, de chaux, de tan, d'outils, etc., fassent élever les bâtimens nécessaires pour monter une tannerie, et vivent pendant plusieurs mois jusqu'à ce que les cuirs soient vendus. Dans cet art et dans beaucoup d'autres, ne faut-il pas que ceux qui travaillent aient appris le métier avant d'ôser toucher la matière, qu'ils gâteroient dans leurs premiers essais? Voilà encore une nouvelle avance indispensable. Qui donc rassemblera les matières du travail, les ingrédiens et les outils nécessaires à la préparation? Qui fera construire des canaux, des halles, des bâtimens de toute espèce? Qui fera vivre jusqu'à la vente des cuirs ce grand nombre d'ouvriers dont aucun ne pourroit seul préparer un seul cuir, et dont le profit sur la vente d'un seul cuir ne pourroit faire subsister un seul? Qui subviendra aux fraix de l'instruction des élèves et des apprentifs? Qui leur procurera de quoi subsister jusqu'à ce qu'ils soient instruits en les faisant passer par degrés d'un travail facile et proportionné à leur âge, jusqu'aux travaux qui demandent le plus de force et d'habileté? Ce sera un de ces possesseurs de *capitaux* ou de valeurs mobiliaires accumulées qui les emploiera, partie aux avances de la construction et des achats de matières, partie aux salaires des ouvriers qui travaillent à leur préparation. C'est lui qui attendra que la vente des cuirs lui rende non-seulement toutes ses avances, mais encore un profit suffisant pour le dédommager de ce que lui auroit valu son argent s'il l'avoit employé en acquisition de fonds: et de plus, du salaire dû à ses travaux, à ses soins, à ses risques, à son habileté même; car sans doute, à profit égal, il auroit préféré vivre, sans aucune peine, du revenu d'une terre qu'il auroit pu acquérir avec le même capital. A mesure que ce capital lui rentre par la vente des ouvrages, il l'emploie à de nouveaux achats pour alimenter et soutenir sa fabrique par cette circulation continuelle: sur ses profits, il vit et met en réserve ce qu'il peut épargner pour accroître son capital et le verser dans son entreprise en augmentant la masse de ses avances, afin d'augmenter encore ses profits.

§. LXII.

Subdivision de la classe stipendiée industrieuse, en Entrepreneurs capitalistes et simples Ouvriers.

Toute la classe occupée à fournir aux différens besoins de la Société l'immense variété des ouvrages de l'industrie, se trouve donc, pour ainsi dire, subdivisée en deux ordres : le premier, celui des Entrepreneurs-manufacturiers, Maîtres-fabricans, tous possesseurs de gros capitaux qu'ils font valoir en faisant travailler, par le moyen de leurs avances ; et le second qui est composé de simples Artisans, lesquels n'ont d'autre bien que leurs bras, qui n'avancent que leur travail journalier et n'ont de profit que leurs salaires.

§. LXIII.

Autre emploi des capitaux en avances des entreprises d'Agriculture. Développemens sur l'usage, la rentrée et les profits indispensables des capitaux dans les entreprises d'agriculture.

En parlant d'abord de l'emploi des capitaux dans les entreprises de fabrique, j'ai eu pour but de présenter un exemple plus sensible de la nécessité et de l'effet des grosses avances et de la marche de leur circulation ; mais j'ai un peu renversé l'ordre naturel, qui auroit demandé que j'eusse commencé par parler des entreprises de culture, qui ne se font aussi, ne s'étendent et ne deviennent profitables que par de grandes avances. — Ce sont des possesseurs de capitaux considérables qui, pour les faire

valoir dans des entreprises d'agriculture, af-
ferment les terres et en paient aux Propriétaires
de gros loyers, en se chargeant de faire toutes
les avances de la culture. — Leur sort doit être le
même que celui des Entrepreneurs de fabriques:
comme eux ils doivent faire les premières avances de l'entreprise, se fournir de bestiaux, de
chevaux, d'outils aratoires, acheter les premières semences ; comme eux ils doivent entretenir et nourrir les ouvriers de toute espèce,
charretiers, moissonneurs, batteurs, domestiques, qui n'ont que leurs bras, n'avancent
que leur travail et ne gagnent que leurs salaires : comme eux ils doivent recueillir outre
la rentrée de leurs capitaux, c'est-à-dire, de
toutes leurs avances, 1°. un profit égal au
revenu qu'ils pourroient acquérir avec leur
capital sans aucun travail; 2°. le salaire et le
prix de leur travail, de leurs risques, de leur
industrie; 3°. de quoi entretenir leur capital ou
le fonds de leurs avances primitives, en rem-
plaçant annuellement le dépérissement des effets
employés dans leur entreprise, les bestiaux qui
meurent, les outils qui s'usent, etc.

Tout cela doit être prélevé sur le prix des
productions de la terre; le surplus sert au Cul-

tivateur à payer au Propriétaire la permission
que celui-ci lui a donnée de se servir de son
champ pour y établir son entreprise. C'est le
prix du fermage, le revenu du Propriétaire,
le *produit net,* car tout ce que la terre produit jusqu'à la concurrence de la rentrée des
avances de toute espèce et des profits de celui
qui les fait, ne peut être regardé comme un
revenu, mais seulement comme *rentrée des
fraix de culture,* attendu que si le Cultivateur
ne les retiroit pas, il se garderoit bien d'employer ses richesses et sa peine à cultiver le
champ d'autrui.

§. LXIV.

*La concurrence des Capitalistes entrepre-
neurs de culture établit le prix courant
des fermages et la grande culture.*

La concurrence des riches Entrepreneurs de
culture établit le prix courant des fermages à
raison de la fertilité de la terre et du prix auquel se vendent ses productions, toujours d'a-
près le calcul que les fermiers font de leurs
fraix et des profits qu'ils doivent retirer de leurs
avances : ils ne peuvent rendre au Propriétaire
que le surplus.

Mais lorsque la concurrence entre eux est fort animée, ils lui rendent tout ce surplus, le Propriétaire ne donnant sa terre qu'à celui qui lui offre un loyer plus fort.

§. L X V.

Le défaut de Capitalistes, entrepreneurs de culture, borne l'exploitation des terres à la petite culture.

Lorsqu'au contraire il n'y a point d'hommes riches qui aient de gros capitaux à mettre dans les entreprises d'agriculture ; lorsque, par le bas prix des productions de la terre ou par toute autre cause, les récoltes ne suffisent pas pour assurer aux Entrepreneurs, outre la rentrée de leurs fonds, des profits égaux au moins à ceux qu'ils tireroient de leur argent en l'employant de toute autre manière, on ne trouve point de Fermiers qui veuillent louer les terres.

Les Propriétaires sont forcés de les faire cultiver par des Colons ou Métayers hors d'état de faire aucunes avances et de bien cultiver.

Le Propriétaire alors fait lui-même des avances médiocres qui lui produisent un très-médiocre revenu : si la terre appartient à un Propriétaire

pauvre ou négligent, à une Veuve, à un Mi-
neur, elle reste inculte.

Tel est le vrai principe de la différence
que j'ai déjà remarquée entre les Provinces où
la terre est cultivée par des Fermiers riches,
comme la Normandie et l'Isle-de-France, et
celles où elle n'est cultivée que par de pauvres
Métayers, comme le Limousin, l'Angoumois, le
Bourbonnois et beaucoup d'autres.

§. LXVI.

*Subdivision de la classe des Cultivateurs en
Entrepreneurs ou Fermiers, et simples
Salariés, Valets ou Journaliers.*

Il suit de là que la classe des Cultivateurs se
partage comme celle des Fabriquants en deux
ordres d'hommes, celui des Entrepreneurs ou
Capitalistes qui font toutes les avances, et celui
de simples Ouvriers salariés. On voit encore
que ce sont les capitaux seuls qui forment et
soutiennent les grandes entreprises d'agriculture; qui donnent aux terre une valeur loca-
tive constante, si j'ôse ainsi parler; qui assurent
aux Propriétaires un revenu toujours égal et le
plus grand qu'il soit possible.

§. LXVII.

Quatrième emploi des capitaux en avances pour des entreprises de commerce. Nécessité de l'interposition des Marchands proprement dits entre les Producteurs de la denrée et les Consommateurs.

Les Entrepreneurs, soit de culture, soit de manufacures, ne retirent leurs avances et leurs profits que par la vente des fruits de la terre ou des ouvrages fabriqués.

Ce sont toujours les besoins et les facultés du consommateur qui mettent le prix à la vente; mais le consommateur n'a pas toujours besoin de la chose fabriquée ou produite au moment de la récolte ou de l'achèvement des ouvrages.

Cependant les Entrepreneurs ont besoin que leurs fonds leur rentrent immédiatement et régulièrement pour les reverser dans leurs entreprises. Il faut que les labours et la semence succèdent immédiatement à la récolte. Il faut occuper sans cesse les ouvriers d'une manufacture, commencer de nouveaux ouvrages à mesure que les premiers finissent, remplacer les matières à mesure qu'elles sont consommées.

On n'interromproit pas impunément les travaux
d'une entreprise montée, et on ne les repren-
droit pas quand on le voudroit.

L'Entrepreneur a donc le plus grand intérêt
de faire rentrer très-promptement ses fonds,
par la vente de ses récoltes ou de ses ouvrages.
D'un autre côté, le consommateur a intérêt de
trouver quand il veut, et où il veut, les choses
dont il a besoin ; il lui seroit fort incommode
d'être obligé d'acheter, au moment de la récolte,
sa provision de toute une année.

Parmi les objets de la consommation habi-
tuelle, il y en a beaucoup qui exigent des travaux longs et dispendieux, des travaux qui ne
peuvent être entrepris avec profit que sur une
très-grande quantité de matière, et telle que la
consommation d'un petit nombre d'hommes,
ou d'un canton borné, ne peut suffire au débit
des ouvrages d'une seule manufacture.

Les entreprises de ce genre d'ouvrages sont
donc nécessairement en petit nombre, à une
distance considérable les unes des autres, et par
conséquent fort loin du domicile du plus grand
nombre des consommateurs : il n'y a point
d'homme au-dessus de l'extrême misère qui ne

soit dans le cas de consommer plusieurs choses qui ne se recueillent ainsi, ou ne se fabriquent, que dans des lieux très-éloignés de chez lui, et non moins éloignés les uns des autres. Un homme qui ne pourroit se procurer les objets de sa consommation qu'en les achetant immédiatement de la main de celui qui les recueille ou qui les fabrique, se passeroit de bien des choses ou emploieroit sa vie à voyager.

Ce double intérêt qu'ont le producteur et le consommateur, le premier de trouver à vendre, l'autre de trouver à acheter, et cependant de ne pas perdre un tems précieux à attendre l'acheteur ou à chercher le vendeur, a dû faire imaginer à des tiers de s'entremettre entre l'un et l'autre. — C'est l'objet de la profession des Marchands, qui achettent la denrée de la main du producteur pour en faire des amas ou des magasins, dans lesquels le consommateur vient se pourvoir.

Par ce moyen l'entrepreneur assuré de la vente et de la rentrée de ses fonds, s'occupe sans inquiétude et sans relâche à de nouvelles productions, et le consommateur trouve à sa portée et dans tous les momens les choses dont il a besoin.

§. LXVIII.

Différens ordres de Marchands. Tous ont cela de commun, qu'ils achettent pour revendre ; et que leur trafic roule sur des avances qui doivent rentrer avec profit pour être de nouveau versées dans l'entreprise.

Depuis la Revendeuse qui étale des herbes au marché, jusqu'à l'Armateur de Nantes ou de Cadix, qui étend ses ventes et ses achats dans l'Inde et dans l'Amérique, la profession de Marchand, ou le commerce proprement dit, se divise en une infinité de branches, et pour ainsi dire de degrés. Tel Marchand se borne à s'approvisionner d'une ou de plusieurs sortes de denrées qu'il vend dans sa boutique à tous ceux qui se présentent. Tel autre va vendre certaines denrées dans le lieu où elles manquent, pour en rapporter les denrées qui y croissent et qui manquent dans le lieu d'où il est parti. L'un fait ses échanges de proche en proche, et par lui-même ; l'autre par le moyen de ses Correspondans, et par le ministère des Voituriers qu'il paie, envoie et fait venir d'une Province dans une autre, d'un Royaume dans un autre Royaume, d'Europe en Asie, d'Asie en Europe. L'un vend ses marchandises par petites parties à chacun de ceux qui les consomment; l'autre ne vend que de grosses quantités à la fois à d'autres Marchands qui les revendent en détail aux Consommateurs ; mais tous ont cela de commun qu'ils *achettent pour revendre*, et que leurs premiers achats sont une avance qui ne leur rentre qu'avec le tems. Elle doit leur rentrer comme celle des Entrepreneurs de culture et de fabrique, non-seulement toute entière dans un certain terme pour être reversée dans de nouveaux achats, mais encore, 1°. avec un profit égal au revenu qu'ils pourroient acquérir avec leur capital sans aucun travail; 2°. avec le salaire et le prix de leur travail, de leurs risques, de leur industrie. Sans l'extrême vraisemblance de cette rentrée et de ces profits indispensables, aucun Marchand n'entreprendroit le commerce; sans sa réalisation aucun ne pourroit le continuer : c'est d'après ce point de vue qu'il se règle dans ses achats, sur le calcul de la quantité et du prix des choses qu'il peut espérer de vendre dans un certain tems. Le Détailleur apprend par l'expérience, par l'événement d'essais bornés faits avec précaution, quelle est à peu près la quantité des besoins des consommateurs qu'il est à portée de fournir. Le

Négociant s'instruit par ses Correspondans de
l'abondance ou de la rareté et du prix des marchandises dans les différentes contrées où il
étend son commerce : il dirige ses spéculations
en conséquence ; il envoie les marchandises du
lieu où elles sont à bas prix dans ceux où elles
se vendent plus cher, bien entendu que les frais
de la voiture entrent dans le calcul des avances
qui doivent lui rentrer (2).

---

(2) M. *Turgot* a peint dans ce paragraphe et dans le
précédent avec une extrême justesse, la manière dont le
commerce des Marchands et des Négocians s'est établi,
et l'impossibilité où l'on était alors qu'il eût lieu sans
que les Négocians et les Marchands fissent l'avance de
très - gros capitaux qui leur étaient nécessaires pour
acheter au comptant les denrées des Cultivateurs ou les
ouvrages des Manufacturiers.

Mais quand les profits même de ces entreprises les
ont mis à portée d'avoir des richesses ostensibles qui
ont répondu de leurs engagemens, et une renommée
qui a étendu la confiance en leurs promesses, ils ont pu
acheter à la première main, en ne donnant que de faibles
à-comptes, et ne remettant aux vendeurs pour le surplus que leurs promesses de payer, leurs billets exigibles
à terme convenu. — Ils ont même quelquefois acheté,
sans débourser d'argent, sur de simples promesses emportant un délai suffisant pour qu'ils pussent y satisfaire après le débit définitif avec l'argent du consommateur. (*Voyez ci-dessous l'article* LXXX.)

Puisque le commerce est nécessaire, et qu'il est impossible d'entreprendre aucun commerce

Alors les Négocians et les Marchands n'ont plus eu besoin de capitaux que pour acquitter les frais de voiture et de magasinage, ainsi que leur dépense personnelle et celle de leurs agens, durant l'espace de tems qui doit s'écouler entre le premier achat et la dernière vente.

Les autres capitaux dont les Négocians n'avaient d'abord pu se passer sont devenus libres. Ils ont pu être employés directement par leurs possesseurs, ou prêtés pour d'autres usages. Ils ont fait baisser l'intérêt de l'argent, ce qui a facilité toutes les entreprises de culture, de manufactures, et beaucoup étendu celles de commerce. Ils se sont répandus sur ces entreprises intéressantes. Ils ont multiplié les travaux *productifs*, et les travaux *conservateurs* ou *accumulateurs* de richesses et *formateurs* de nouveaux capitaux.

Ainsi l'introduction des billets de commerce, au moyen desquels il arrive en dernier résultat que ce sont les fabricans et les producteurs qui font aux consommateurs, ou plustôt à la consommation, de grands et longs crédits sous la caution intermédiaire des Négocians, a naturellement imprimé à tous les travaux utiles une activité, à la progression de l'accroissement des richesses une rapidité, dont on n'aurait pas pu dans les premiers tems concevoir l'espérance, ni même l'idée.

Cet usage a fait naître divers autres emplois de capitaux; celui de l'escompte des billets de commerce, qui donne aux vendeurs la facilité de réaliser avant l'échéance la valeur des promesses qu'on leur a faites; celui des

sans des avances proportionnées à son étendue, voilà encore un emploi de richesses mobiliaires, un nouvel usage que le possesseur d'une masse de valeurs mises en réserve et accumulée, d'une somme d'argent, d'un capital en un mot, peut en faire pour en tirer avantage, pour se procurer la subsistance, pour augmenter s'il le peut ses richesses.

§. LXIX.

Véritable notion de la circulation de l'argent.

On voit, par ce qui vient d'être dit, comment la culture des terres, les fabriques de tout genre, et toutes les branches de commerce rou-

---

banques, qui fournissent aux Négocians les moyens de soutenir, d'étendre, de prolonger leurs crédits ; celui des assurances, qui diminuent les dangers en les appréciant, et en y donnant garantie.

Ce n'est pas que les crédits n'entraînent toujours quelques risques. Mais on les évalue, et l'intérêt que chacun a d'examiner et de calculer la solvabilité de ceux auxquels il confie sa propriété, fait que les accidens qui résultent de cet ordre de choses, sont toujours et en masse beaucoup moins nuisibles, que le versement des capitaux sur l'agriculture, sur les manufactures et sur de nouvelles branches de commerce n'est avantageuse au genre-humain. (*Note de l'Éditeur.*)

lent

lent sur une masse de *capitaux* ou de richesses mobiliaires accumulées, qui ayant été d'abord avancées par les Entrepreneurs, dans chacune de ces différentes classes de travaux, doivent leur rentrer chaque année avec un profit constant; savoir le capital pour être reversé et avancé de nouveau dans la continuation des mêmes entreprises, et le profit pour la subsistance plus ou moins aisée des Entrepreneurs. C'est cette avance et cette rentrée continuelle des capitaux qui constituent ce *qu'on doit appeller la circulation de l'argent:* cette circulation utile et féconde qui anime tous les travaux de la Société, qui entretient le mouvement et la vie dans le corps politique, et qu'on a grande raison de comparer à la circulation du sang dans le corps animal. Car si par un dérangement quelconque dans l'ordre des dépenses des différentes classes de la Société, les Entrepreneurs cessent de retirer leurs avances avec le profit qu'ils ont droit d'en attendre, il est évident qu'ils seront obligés de diminuer leurs entreprises, que la somme du travail, celle des consommations des fruits de la terre, celle des productions et du revenu seront d'autant diminuées; que la pauvreté prendra la place de la richesse, et que les simples Ouvriers cessant de trouver de

Tome V.   6

l'emploi, tomberont dans la plus profonde misère.

§. LXX.

Toutes les entreprises de travaux, surtout celles de fabrique et de commerce, n'ont pu être que très-bornées avant l'introduction de l'or et de l'argent dans le commerce.

Il n'est presque pas nécessaire de remarquer que les entreprises de tout genre, mais surtout celles des fabriques, et encore plus celles de commerce, n'ont pu être que très-bornées avant l'introduction de l'or et de l'argent dans le commerce, puisqu'il étoit presque impossible d'accumuler des capitaux considérables, et encore plus difficile de multiplier et de diviser les paiemens autant qu'il est nécessaire pour faciliter et multiplier les échanges au point où l'exigent un commerce et une circulation animée. La seule culture des terres pouvoit se soutenir un peu, parce que les bestiaux sont le principal objet des avances qu'elle exige ; encore est-il probable qu'il n'y avoit alors d'autre entrepreneur de culture que le Propriétaire. Quant aux arts de toute espèce, ils n'ont pu être que dans la plus extrême langueur avant l'intro-

duction de l'argent. Ils se bornoient aux ouvrages les plus grossiers, dont les propriétaires
faisoient les avances en nourrissant les Ouvriers
et leur fournissant les matières, ou qu'ils faisoient faire chez eux par leurs domestiques.

§. L X X I.

Les capitaux étant aussi nécessaires à toutes
les entreprises que le travail et l'industrie,
l'homme industrieux partage volontiers
les profits de son entreprise avec le Capi-
taliste qui lui fournit les fonds dont il a
besoin.

Puisque les capitaux sont la base indispensable de toute entreprise, puisque l'argent est
un moyen principal pour économiser de petits
gains, amasser des profits et s'enrichir, ceux
qui avec l'industrie et l'ardeur du travail n'ont
point de capitaux, ou n'en ont point assez
pour les entreprises qu'ils veulent former, n'ont
pas de peine à se résoudre à céder aux possesseurs de capitaux ou d'argent qui veulent le
leur confier, une portion des profits qu'ils es-
pèrent recueillir outre la rentrée de leurs
avances.

§. LXXII.

Cinquième emploi des capitaux: le prêt à intérêt. Nature du prêt.

Les possesseurs d'argent balancent le risque que leur capital peut courir, si l'entreprise ne réussit pas, avec l'avantage de jouir sans travail d'un profit certain, et se règlent là-dessus pour exiger plus ou moins de profit ou d'intérêt de leur argent, ou pour consentir à le prêter moyennant l'intérêt que leur offre l'emprunteur. Voilà encore un débouché ouvert au possesseur d'argent. Car il ne faut pas s'y méprendre, le prêt à intérêt n'est exactement qu'un commerce dans lequel le Prêteur est un homme qui vend l'*usage* de son argent, et l'Emprunteur un homme qui l'achette, précisément comme le Propriétaire d'une terre et son Fermier vendent et achettent respectivement l'*usage* du fonds de terre affermé.

C'est ce qu'exprimoit parfaitement le nom que les Latins donnoient à l'intérêt de l'argent prêté : *usura pecuniæ ;* mot dont la traduction française est devenue odieuse par les suites des fausses idées qu'on s'est faites sur l'intérêt de l'argent.

§. LXXIII.

Fausses idées sur le prêt à intérêt.

Le prix du prêt n'est point du tout fondé, comme on pourroit l'imaginer, sur le profit que l'emprunteur espère qu'il pourra faire avec le capital dont il achette l'usage. Ce prix se fixe comme le prix de toutes les marchandises, par le débat entre le vendeur et l'acheteur, par la balance de l'offre avec la demande. On emprunte dans toutes sortes de vues et pour toutes sortes de motifs.

Tel emprunte pour former une entreprise qui fera sa fortune, tel autre pour acheter une terre, tel pour payer une dette de jeu, tel pour suppléer à la perte de son revenu dont un accident l'a privé, tel pour vivre en attendant qu'il ait pu gagner par son travail ; mais tous ces motifs qui déterminent l'emprunteur sont fort indifférens au prêteur. Celui-ci n'est occupé que de deux choses, de l'intérêt qu'il recevra et de la sûreté de son capital. Il ne s'inquiète pas plus de l'usage qu'en fera l'emprunteur, qu'un marchand ne s'embarrasse de l'usage que fera l'acheteur des denrées qu'il lui vend,

§. LXXIV.

Vrai fondement de l'intérêt de l'argent.

On peut donc louer son argent aussi légitimement qu'on peut le vendre ; et le possesseur de l'argent peut faire l'un et l'autre, non-seulement parce que l'argent est l'équivalent d'un revenu, et un moyen de se procurer un revenu ; non-seulement parce que le prêteur perd pendant le tems du prêt le revenu qu'il auroit pu se procurer ; non-seulement parce qu'il risque son capital ; non-seulement parce que l'emprunteur peut l'employer à des acquisitions avantageuses ou dans des entreprises dont il tirera de gros profits : le propriétaire peut légitimement en tirer l'intérêt par un motif plus général et plus décisif. Quand tout cela n'auroit pas lieu, il n'en seroit pas moins en droit d'exiger l'intérêt du prêt, par la seule raison que son argent est à lui. Puisqu'il est à lui, il est libre de le garder ; rien ne lui fait un devoir de le prêter : si donc il le prête, il peut mettre à son prêt telle condition qu'il veut. Il ne fait en cela aucun tort à l'emprunteur, puisque celui-ci se soumet à la condition, et n'a aucun espèce de droit à la somme prêtée. Le profit qu'on peut se procurer avec de l'argent est sans doute un des motifs les plus fréquens qui déterminent l'emprunteur à emprunter moyennant un intérêt; c'est une des sources de la facilité qu'il trouve à payer cet intérêt, mais ce n'est point du tout ce qui donne droit au prêteur de l'exiger ; il suffit pour cela que son argent soit à lui, et ce droit est inséparable de la propriété. Celui qui achette du pain a pour motif de se nourrir; mais le droit qu'a le Boulanger d'en exiger un prix est très-indépendant de cet usage du pain : c'est le même droit qu'il auroit de lui vendre des pierres; droit fondé uniquement sur ce que le pain étant à lui, personne n'a droit de l'obliger à le donner pour rien.

§. LXXV.

Le taux de l'intérêt ne doit être fixé que comme celui de toutes les marchandises, par le seul cours du commerce.

J'ai déjà dit que l'intérêt de l'argent prêté se régloit, comme celui de toutes les autres marchandises, par la balance de l'offre à la demande : ainsi, quand il y a beaucoup d'emprunteurs qui ont besoin d'argent, l'intérêt de l'argent devient plus haut: quand il y a beaucoup de possesseurs d'argent qui en offrent à prêter, l'intérêt baisse. C'est donc encore une

erreur de croire que l'intérêt de l'argent dans
le commerce doive être fixé par les loix des
Princes. C'est un prix courant qui se règle de
lui-même comme celui de toutes les autres marchandises. Ce prix est un peu différent, suivant
le plus ou le moins de sûreté qu'a le prêteur
de ne pas perdre son capital; mais, à sûreté
égale, il doit hausser ou baisser à raison de
l'abondance et du besoin; et la loi ne doit pas
plus fixer le taux de l'intérêt de l'argent, qu'elle
ne doit taxer toutes les autres marchandises qui
ont cours dans le commerce.

§. LXXVI.

*L'argent a dans le commerce deux évalua-
tions distinctes : l'une exprime la quantité
d'argent qu'on donne pour se procurer
les différentes espèces de denrées ; l'autre
exprime le rapport d'une somme d'argent
à l'intérêt qu'elle procure suivant le cours
du commerce.*

Il paroît par ce développement de la manière
dont l'argent se vend, ou se loue moyennant
un intérêt annuel, qu'il y a deux manières d'é-
valuer l'argent dans le commerce.

Pour les achats et les ventes, un certain
poids d'argent représente une certaine quantité

de valeurs ou de marchandises de chaque espèce : par exemple, une once d'argent équivaut
à une certaine quantité de bled, ou à un
certain nombre de journées d'hommes.

Dans le prêt et dans le commerce d'argent,
un capital est l'équivalent d'une rente égale à
une portion déterminée de ce capital; et réciproquement une rente annuelle représente un
capital égal au montant de cette rente répétée
un certain nombre de fois, suivant que l'intérêt
est à un denier plus ou moins haut.

§. LXXVII.

*Ces deux évaluations sont indépendantes
l'une de l'autre, et sont réglées par des
principes tout différens.*

Ces deux différentes appréciations ont moins
de rapport et dépendent beaucoup moins l'une
de l'autre qu'on ne seroit tenté de le croire au
premier coup-d'œil.

L'argent pourroit être très-commun dans le
commerce ordinaire, y avoir très-peu de valeur, répondre à une très-petite quantité de
denrées, et l'intérêt de l'argent pourroit être
en même tems très-haut.

Je suppose que, *un million d'onces d'ar-*

gent roulant dans le commerce, *une once d'argent* se donne au marché pour une mesure de bled. Je suppose qu'il survienne, de quelque manière que ce soit, dans l'Etat, *un second million* d'onces d'argent, et que cette augmentation soit distribuée dans toutes les bourses, suivant la même proportion que le premier million, en sorte que celui qui avoit précédemment deux onces d'argent en ait maintenant quatre : l'argent considéré comme masse de métal, diminuera certainement de prix, ou, ce qui est la même chose, les denrées seront payées plus cher ; et il faudra pour avoir la mesure de bled qu'on avoit avec une once d'argent, beaucoup plus d'argent, et peut-être *deux onces* au lieu d'*une.*

Mais il ne s'ensuivra nullement de là que l'intérêt de l'argent baisse, si tout cet argent est porté au marché et employé aux dépenses courantes de ceux qui le possèdent, comme l'étoit, par supposition, le *premier million* d'onces d'argent ; car l'intérêt de l'argent ne baisse qu'autant qu'il y a plus d'argent à prêter, à proportion des besoins des emprunteurs, qu'il n'y en avoit auparavant.

Or l'argent qu'on porte au marché n'est point

à prêter; c'est l'argent mis en réserve, ce sont les capitaux accumulés qu'on prête; et bien loin que l'augmentation au marché, ou l'abaissement de son prix vis-à-vis des denrées dans le commerce ordinaire, entraîne infailliblement, et par une liaison immédiate, l'abaissement de l'intérêt de l'argent, il peut arriver au contraire que la cause même qui augmente la quantité de l'argent au marché et qui augmente le prix des autres denrées en baissant le prix de l'argent, soit précisément celle qui augmente le loyer de l'argent, ou le taux de l'intérêt.

En effet, je suppose pour un moment que tous les riches d'une Nation, au lieu d'épargner sur leurs revenus ou sur leurs profits annuels, en dépensent la totalité (3); que non contens de

---

(3) Ce paragraphe me paraît exiger quelques observations, qui ne contredisent point la doctrine du respectable Auteur, mais qui peuvent empêcher de se méprendre sur le sens de quelques-unes de ses expressions.

En général, c'est beaucoup moins par *l'épargne sur la dépense des revenus*, que par le bon emploi de cette dépense, que l'on parvient à la formation des capitaux. M. *Turgot* distingue dans la phrase suivante, avec très-grande raison, une manière *profitable* de dépenser, et une manière de dépenser *folle*. On pourrait étendre cette division : appeller *dépense folle*, la dépense ex-

dépenser tout leur revenu, ils dépensent leur
capital; qu'un homme qui a cent mille francs

---

traordinaire des capitaux sans nécessité ; *dépense stérile*,
la dépense de consommation journalière, qui ne dimi-
nuerait ni n'accroîtrait la somme des capitaux : *dépense
conservatrice*, celle qui se ferait pour les travaux qui ne
produisent point de richesses, mais qui les approprient
à des usages durables, moyennant lesquels on peut jouir
à la fois, et pendant un assez long espace de tems, du
fruit de son travail et des récoltes de plusieurs années ;
telles sont les dépenses en construction de maisons, en
fabrication de machines, de meubles, etc., etc.; et enfin
dépense productive, celle qui paie les travaux par lesquels on accroît réellement la masse des productions que
l'on consomme pour les besoins journaliers, et celle des
matières premières dont on peut, au moyen des dépenses
conservatrices, faire des richesses de jouissance durable.

Ceci posé, je crois évident que le meilleur moyen
pour augmenter les capitaux, est la *dépense productive*,
et après elle, la *dépense conservatrice*. Or l'épargne
n'est pas *productive;* elle n'est même en général que
très-imparfaitement *conservatrice*. Elle peut être *des-
tructive* et *nuisible* lorsqu'elle se fait sur les dépenses
qui auraient été *productives*, ou seulement *conservatrices* et *profitables*.

Il ne faut donc s'arrêter à l'idée d'*épargne* pour la
formation des capitaux, que relativement à celles qui
sont très-petites, qui ne peuvent se faire qu'en argent,
et qui ressemblent aux simples gouttes d'eau, dont la

en argent, au lieu de les employer d'une manière profitable ou de les prêter, les consume

---

réunion peut former ensuite les ruisseaux, les lacs, les
rivières.

Mais dès que ces petites sommes, qu'on ne pourrait
recueillir autrement, deviennent assez considérables
pour pouvoir être dépensées à profit, ou prêtées *avec sûreté*
aux hommes laborieux qui font des entreprises utiles,
soit de culture, soit d'industrie, leur épargne stationnaire
serait un mal. Il faut les employer ou les placer, sauf à
en reformer d'autres également médiocres par la continuation des *petites épargnes*.

Le principe de l'*épargne* pris d'une manière trop générale, ou étendu à une épargne qui tiendrait en stagna-
tion de trop fortes sommes, doit être écarté quand on
envisage la formation utile des capitaux.

Dès le premier état de l'homme qui vit de productions spontanées, ce n'est pas l'épargne de ces productions qui le conduit à améliorer sa situation et se former
un capital plus ou moins grand. Lorsqu'il a trouvé de
quoi dîner, ce serait en vain qu'il jeûnerait par épargne;
si d'ailleurs il demeurait oisif, il risquerait fort de jeû-
ner toujours par nécessité. Le moyen naturel d'acquérir,
de profiter, d'amasser, de s'enrichir, est le travail, premièrement de la recherche, puis de la conservation,
et enfin de la culture.

Pour travailler, il faut d'abord que le travailleur subsiste. Il ne peut subsister que par la consommation
des productions de la terre ou des eaux; cette consom-

en détail en *folles dépenses* : il est visible
que, d'un côté, il y aura plus d'argent em-

---

mation est *une dépense*. Il faut aussi, pour travailler
avec succès, qu'il ait des instrumens : soit qu'il emploie
son tems à fabriquer lui-même ces instrumens, soit
qu'il les acquière, par le moyen de l'échange, de ceux
qui les auraient fabriqués, et qui ont consommé en fabriquant. Les choses qu'il donne en échange, ou les
consommations qu'il est obligé de faire, sont encore
une dépense. Ce n'est donc que par *des dépenses* faites
avec intelligence et à profit, et non par des *épargnes*,
que l'on peut augmenter sa fortune dans le commencement des Sociétés, avant que les arts multipliés et
perfectionnés, et l'introduction de l'argent dans le commerce, aient étendu et compliqué la circulation des richesses et des travaux.

Mais dans la Société toute formée, l'*épargne* en sommes
pécuniaires, au delà de celle qui ne peut avoir lieu qu'en
très-petites sommes, serait plus dangereuse encore.

Dès que les travaux se sont partagés au point que
chacun se trouve naturellement fixé à un seul genre
d'entreprise, qu'un Cultivateur ne fait que du bled,
tandis que l'autre ne fait que du vin; qu'un Manufacturier ne fabrique que des étoffes de laine, lorsque son
voisin ne se livre qu'à la préparation des cuirs, etc.;
que tout Entrepreneur en chef, soit de culture, soit de
purs ouvrages de main, se charge de fournir la Société
d'un seul article dans la masse des consommations, et
se soumet à acheter lui-même tout le reste de ce qui
pourra être utile ou nécessaire à sa consommation per-

ployé aux achats courans, à la satisfaction des
besoins ou des fantaisies de chaque particulier,

---

sonnelle, ou à celle de ses agens; il faut pour complet-
ter la distribution des richesses , des subsistances et
des jouissances entre tous les membres de la Société ,
que tout ce qui se cultive ou se fabrique soit vendu et
acheté , excepté dans chaque espèce, la quantité que
chaque Entrepreneur a pu se réserver directement. Il y
a même plusieurs genres de travaux précieux, où l'Entrepreneur ne garde rien du tout de ce qu'il a fait naître,
vend tout le fruit de son travail et de ses avances, se
prive de la consommation des objets de son labeur, et
rachette des objets de même genre , mais de qualités in-
férieures, pour faire des consommations moins coûteuses.
C'est ainsi que les Cultivateurs de vin de *Chambertin*,
le vendent tout jusqu'à la dernière bouteille, et se pourvoient dans le pays d'autre vin plus commun pour leur
boisson. C'est ainsi qu'un Lapidaire et un Bijoutier ne
gardent pour eux aucun des diamans qu'ils taillent et
qu'ils montent, et les vendent tous pour faire subsister ou pour enrichir leur famille. C'est ainsi qu'un Fabriquant ou qu'un Marchand d'étoffes d'or et de soie ne
sera cependant habillé que de laine.

Mais pour que tout ce qui se cultive et se fabrique
puisse être vendu, il faut que tous ceux qui reçoivent
de la nature , ou de leur travail , des revenus , ou des re-
prises, ou des salaires, qui sont les uniques moyens d'a-
cheter, emploient ces moyens d'acheter et les fassent
entrer dans la circulation. Car en vain la moitié de la
Société mettrait-elle tous les fruits de son travail d'une

et que par conséquent il baissera de prix: de
l'autre côté, il y aura certainement beaucoup

---

année en vente, si l'autre moitié refusait d'acheter, et
s'obstinait à garder *par épargne* le tout, ou une forte
partie de ses moyens de payer. La première en ce cas
ne pourrait pas tout vendre, ou vendrait à perte: ce qui
dérangerait et ruinerait la culture et les travaux de
tous ceux qui n'en retirent précisément que leurs
frais, et qui par conséquent ne peuvent continuer à les
retirer qu'autant qu'ils vendent toute leur récolte, ou
qu'ils débitent leur magasin comme à l'ordinaire à *un
tel prix.* — Et il y a toujours un très-grand nombre de
gens dans ce cas-là.

Dans les pays où les revenus se paient en argent, si
ces revenus qui représentent la partie disponible des
récoltes, ne sont pas dépensés par les Propriétaires, il
y aura justement une partie correspondante de la récolte
qui ne sera pas débitée, ou qui ne le sera pas au même
prix, et dont le Cultivateur aura cependant payé le prix
au Propriétaire, sans l'avoir retiré de ses ventes, par
lesquelles seulement il avait combiné pouvoir payer annuellement à ce Propriétaire le fermage dont ils sont convenus. Cette partie de récolte qui risquait de rester inven-
due, et dont le Fermier voudra cependant se défaire, tom-
bera nécessairement à vil prix: ce vil prix influera tout
aussi nécessairement sur les autres prix, qui se mettent
naturellement de niveau, comme l'Auteur l'a très-bien
démontré (dans ses paragraphes XXXIII, XXXIV et
XXXV). Mais la diminution des prix nécessitera pareillement celle des reproductions, ainsi que nous ve-
moins

moins d'argent à prêter; et comme beaucoup
de gens se ruineront, il y aura aussi plus d'em-

---

nons de le voir en parlant de celles qui ne rendent que
les frais; et celle des revenus, qui sont toujours en
raison de la quantité de productions à vendre combinée
avec le prix auquel elles sont vendues, et comparée
avec les frais d'exploitation. Mais encore la diminution
des revenus sera en perte pour les Propriétaires parcimo-
nieux qui auront peine à concevoir comment ils ont
fait pour se ruiner en *épargnant,* et qui n'y verront de
ressource que celle d'augmenter leurs épargnes. Ce qui
précipitera la marche de leur ruine, jusqu'à ce qu'ils
soient venus au point où la misère absolue leur rendra
l'épargne impossible, et les forcera de se jetter *trop tard*
dans les classes laborieuses.

C'est ainsi qu'à en juger, même par les seules lumières
de la raison, on pourrait dire que l'avarice est un véritable *péché mortel,* parce qu'elle fait *mourir* ceux qui
auraient subsisté sur la *dépense,* et que peu s'en faut
qu'elle ne réduise au même terme, par un chemin plus
ou moins long, ceux qui font ce tort à la Société.

Il ne s'ensuit pas de là qu'il ne faille, pour entretenir
la Société dans un état de richesse, pour animer la
circulation, donner la subsistance à beaucoup de gens,
et se soutenir soi-même dans l'aisance, que dépenser
tout son revenu sans règle. Si l'avarice est le péché
des *sots,* la prodigalité est celui des *fous.* Cela est si bien
reconnu que tout le monde, comme M. *Turgot,* appelle
dépenses folles, celles qui dissipent sans objet, sans
but, sans fruit, des revenus et des capitaux.

Tome V.   7.

prunteurs. L'intérêt de l'argent augmentera donc, tandis que l'argent deviendra plus commun au

---

Ce dont il s'agit n'est donc pas d'*épargner* les revenus. — C'est encore moins de dépenser au hazard les capitaux. — Mais c'est de dépenser avec intelligence tout ce que l'on peut dépenser pour des travaux utiles.

Il n'en coûte pas plus pour faire subsister un travailleur qu'un homme oisif. Il n'en coûte pas plus pour un travailleur productif, ou du moins utile, que pour une autre espèce de salarié dont l'utilité serait nulle. C'est donc à ceux qui distribuent des salaires, à savoir qu'il vaut mieux employer des Laboureurs, des Vignerons, des Pâtres, des Maçons, des Pionniers, pour avoir des récoltes, pour soigner et multiplier des troupeaux, pour bâtir des maisons, pour creuser des canaux, etc., que des Musiciens et des Danseurs.

Quoi, me dira-t-on! est-ce que vous voudriez empêcher les grands Propriétaires riches de payer des Musiciens, des Danseurs qui les amuseront? Certainement je ne voudrais, pour rien au monde, empêcher personne de faire l'usage qui lui plaît du revenu de son bien. Cela ne serait pas juste; et les dépenses étant gênées, les capitaux afflueraient moins dans le pays. — Mais je dirai toujours que si ces Propriétaires veulent devenir plus riches, et rendre la dépense de leur revenu plus utile pour eux et pour les autres, ils auront raison de faire plustôt de la musique eux-mêmes, sans compter que la musique que l'on compose ou que l'on exécute fait dix fois plus de plaisir que celle

marché et y baissera de prix, et précisément
par la même cause.

---

qu'on paie : et quant aux ballets soudoyés, les jeunes
Demoiselles diront comme moi, qu'il vaudrait mieux
qu'on leur laissât danser à elles-mêmes des contredanses
à leur gré, et qu'on employât le surplus de la dépense
à grossir, améliorer la fortune de leurs pères, et à
augmenter la dot qui fera leur mariage. Les plaisirs
des riches mêmes peuvent donc s'accorder avec leur
intérêt bien entendu.

On ne nous soupçonnera pas de solliciter des loix
somptuaires, car elles seraient prohibitives ; et toute loi
prohibitive d'une action ou d'une conduite qui n'attaque
ni la liberté, ni la propriété de personne, est elle-
même un attentat contre le droit naturel, une vio-
lation de la loi primitive de la justice, qui doit servir
de règle souveraine à toutes les loix civiles et politiques.
— Mais sans aucune espèce de prohibition, les Chefs
de la Société peuvent, par la seule influence de l'exemple et des distinctions, tourner les mœurs vers les travaux utiles plustôt que vers les dépenses folles, ou vers
une *épargne* au moins stérile. Cette dernière paraît tenir
le milieu entre les deux autres. On conçoit cependant
combien elle est en elle-même différente de la bonne
administration. C'est celle-ci qui augmente véritablement les capitaux par des dépenses fructueuses. Telle est
l'opinion de l'Auteur. Il dit très-bien dans son dernier
paragraphe, que « les Entrepreneurs ne font d'autre
» usage de l'argent qu'ils épargnent, que de le con-

On cessera d'être surpris de cette apparente bizarrerie, si l'on considère que l'argent qu'on offre au marché pour avoir du bled ou d'autres choses, est celui qu'on dépense journellement pour satisfaire à ses besoins, et que celui qu'on offre à prêter est précisément celui qu'on a retranché de ses dépenses journalières pour le mettre en réserve et former des capitaux.

» vertir *sur-le-champ* en achats de différentes natures » d'effets sur lesquels roulent leurs entreprises, et » qu'ainsi cet argent rentre dans la circulation. » C'est en effet par là qu'il leur profite. — D'où suit, que ce ne sont pas réellement des épargnes, mais des dépenses bien dirigées, qui sont la source de l'augmentation de leurs capitaux, et de l'amélioration de leur fortune. Et que s'il y a quelques momens où ils paraissent épargner positivement, parce qu'ils attendent ou le tems le plus propre à l'emploi, ou l'accumulation d'une somme assez considérable pour les dépenses que cet emploi demande, cette épargne apparente n'est qu'une espèce d'oscillation qui prépare à un plus grand cours de dépenses; c'est ainsi que la mer s'élève; le flot s'arrête un instant, et recule même de quelques pouces, pour avancer ensuite de plusieurs toises.

On peut être certain que c'est en ce sens que M. TURGOT entendait ce qu'il a dit de l'épargne dans tout le reste de cet ouvrage. (*Note de l'Éditeur.*)

§. LXXVIII.

Dans l'évaluation de l'argent comparé aux denrées, c'est l'argent considéré comme métal qui est l'objet de l'appréciation. Dans l'évaluation du denier de l'argent, c'est l'usage de l'argent pendant un tems déterminé qui est l'objet de l'appréciation.

Au marché une mesure de bled se balance avec un certain poids d'argent; c'est une quantité d'argent qu'on achète avec la denrée; c'est cette quantité qu'on apprécie et qu'on compare avec d'autres valeurs étrangères. — Dans le prêt à intérêt, l'objet de l'appréciation est l'usage d'une certaine quantité de valeurs pendant un certain tems. Ce n'est plus une masse d'argent qu'on compare à une masse de bled, c'est une masse de valeurs qu'on compare avec une portion déterminée d'elle-même, qui devient le prix de l'usage de cette masse pendant un certain tems. Que *vingt mille onces d'argent* soient au marché l'équivalent de *vingt mille mesures de bled,* ou seulement de *dix mille;* l'usage de ces vingt mille onces d'argent pendant un an, ne vaudra pas moins dans le commerce du prêt la vingtième partie de la somme principale, ou mille onces d'argent si l'intérêt est au *denier vingt.*

§. LXXIX.

Le prix de l'intérêt dépend immédiatement du rapport de la demande des emprunteurs avec l'offre des prêteurs ; et ce rapport dépend principalement de la quantité de richesses mobiliaires accumulées par l'épargne des revenus et des produits annuels pour en former des capitaux, soit que ces capitaux existent en argent ou en tout autre genre d'effets ayant une valeur dans le commerce.

Le prix de l'argent au marché n'est relatif qu'à la quantité de ce métal employé dans les échanges courans ; mais le taux de l'intérêt est relatif à la quantité de valeurs accumulées et mises en réserve pour former des capitaux. Il est indifférent que ces valeurs soient en métal ou en autres effets, pourvû que ces effets soient faciles à convertir en argent.

Il s'en faut bien que la masse du métal qui existe dans un Etat soit aussi forte que la somme des valeurs qui se prêtent à intérêt dans le cours d'une année : mais tous les capitaux en meubles, en marchandises, en ou-

tils, en bestiaux, tiennent lieu de cet argent,
et le représentent. Un papier signé d'un homme
qui a pour *cent mille francs* d'effets bien connus, et qui promet de payer *cent mille francs*
à tel terme, se donne jusqu'à ce terme pour
cent mille francs : tous les capitaux de celui
qui a signé ce billet répondent du paiement,
quelle que soit la nature des effets qu'il a en sa
possession, pourvû qu'il ait une valeur de *cent
mille francs.*

Ce n'est donc pas la quantité d'argent exis-
tant comme métal qui fait hausser ou baisser
l'intérêt de l'argent, ou qui met dans le commerce plus d'argent offert à prêter; c'est uniquement la somme de capitaux existante dans
le commerce, c'est-à-dire, la somme actuelle
des valeurs mobiliaires de toute espèce, accumulées, épargnées successivement sur les revenus et les profits, pour être employés à procurer
au possesseur de nouveaux revenus et de nouveaux profits. Ce sont ces épargnes accumulées (4) qui sont offertes aux emprunteurs ;
et plus il y en a, plus l'intérêt de l'argent est
bas, à moins que le nombre des emprunteurs
ne soit augmenté à proportion.

---

(4) Voyez les deux notes précédentes.

§. LXXX.

L'esprit d'économie dans une Nation aug-
mente sans cesse la somme des capitaux ;
le luxe tend sans cesse à les détruire.

L'esprit d'économie (5), dans une Nation, tend
à augmenter sans cesse la somme de ses capitaux, à accroître le nombre des prêteurs, à diminuer celui des emprunteurs. L'habitude du
luxe fait précisément le contraire ; et, par ce
qui a déjà été remarqué sur l'usage des capitaux dans toutes les entreprises de culture ,
d'industrie et de commerce, on peut juger si
le luxe enrichit une Nation ou s'il l'appauvrit.

§. LXXXI.

L'abaissement de l'intérêt prouve qu'en gé-
néral l'économie a prévalu, dans l'Eu-
rope , sur le luxe.

Puisque l'intérêt de l'argent a sans cesse di-

---

(5) Les lecteurs ne manqueront pas de se rappeller que
le mot d'*économie* doit être pris ici dans le sens de bonne
administration qui proscrit les *dépenses folles ,* pour
s'occuper avec intelligence des *dépenses conservatrices*
et productives.

Les avares qui épargnent beaucoup sont de mauvais
économes. (Voyez la note 3.)

minué en Europe depuis quelques siècles, il
faut en conclure que l'esprit d'économie a été
plus général que le luxe. Il n'y a que les gens
riches qui se livrent au luxe; et parmi les riches tous ceux qui sont raisonnables se bornent
à dépenser leur revenu, et sont très-attentifs
à ne point entamer leurs capitaux. Ceux qui
veulent s'enrichir sont en bien plus grand nombre dans une Nation que les riches : or, dans
l'état actuel des choses, où toutes les terres sont
occupées, il n'y a qu'un seul moyen de devenir
riche, c'est d'avoir ou de se procurer, de quelque manière que ce soit, un revenu ou un profit
annuel au-delà du nécessaire absolu pour la subsistance, et de mettre chaque année ce superflu
en réserve, pour en former un capital, par le
moyen duquel on puisse se procurer un accroissement de revenu ou de profit annuel, qu'on
puisse encore épargner et convertir en capital.
Il y a donc un grand nombre d'hommes intéressés et occupés à amasser des capitaux.

§. LXXXII.

Récapitulation des cinq différentes manières
d'employer les capitaux.

J'ai compté cinq manières différentes d'em-

ployer les capitaux, ou de les placer d'une manière profitable.

La première est d'acheter un fonds de terre
qui rapporte un certain revenu.

La seconde est de placer son argent dans des
entreprises de culture, en affermant des terres
dont les fruits doivent rendre, outre le prix du
fermage, l'intérêt des avances et le prix du travail de celui qui consacre à leur culture ses
richesses et sa peine.

La troisième est de placer son capital dans
des entreprises d'industrie et de fabriques.

La quatrième est de le placer dans des entreprises de commerce.

Et la cinquième, de le prêter à ceux qui en
ont besoin, moyennant un intérêt.

§. LXXXIII.

Influence des différens emplois de l'argent les uns sur les autres.

Il est évident que les produits annuels qu'on
peut retirer des capitaux placés dans ces différens emplois, sont bornés les uns par les autres,
et tous relatifs au taux actuel de l'intérêt de
l'argent.

§. LXXXIV.

L'argent placé en terre doit rapporter moins.

Celui qui place son argent en achetant une terre affermée à un Fermier bien solvable, se procure un revenu qui ne lui donne que très-peu de peine à recevoir, et qu'il peut dépenser de la manière la plus agréable en donnant carrière à tous ses goûts. Il a de plus l'avantage que la terre est de tous les biens celui dont la possession est le plus assurée contre toute sorte d'accidens.

§. LXXXV.

L'argent prêté doit rapporter un peu plus que le revenu des terres acquises avec un capital égal.

Celui qui prête son argent à intérêt, jouit encore plus paisiblement et plus librement que le possesseur de terre; mais l'insolvabilité de son débiteur peut lui faire perdre son capital.

Il ne se contentera donc pas d'un intérêt égal au revenu de la terre qu'il acheteroit avec le même capital.

L'intérêt de l'argent prêté doit donc être plus fort que le revenu d'une terre achetée pour le même capital; car si le prêteur trouvoit à ache-

ter une terre d'un revenu égal, il préféreroit
cet emploi (6).

§. LXXXVI.

*L'argent placé dans les entreprises de cul-
ture, de fabrique et de commerce, doit
rapporter plus que l'intérêt de l'argent
prété.*

Par une raison semblable, l'argent employé
dans l'industrie, ou dans le commerce, doit rap-

---

(6) Quand l'auteur dit que *l'intérêt de l'argent prété
doit être plus fort que le revenu d'une terre achetée pour
le même capital,* on sent bien qu'il ne veut pas dire
que cela *doive* être ainsi statué par les loix. Il a très-
bien prouvé plus haut (paragraphes LXXIV et LXXV)
que les loix ne doivent point fixer le taux de l'intérêt
de l'argent *dans le commerce.* Ainsi tout ce que sa
phrase signifie, est que la chose arrive naturellement.

Les Loix et les tribunaux ne sont obligés de statuer
que sur les intérêts judiciaires, tels que celui qu'un
tuteur doit à son pupille, ou qu'un créancier peut exiger de son débiteur, après la demande faite en justice.
Dans ce cas même il suffit que la loi prescrive de se
conformer au taux que présente le revenu des terres,
constaté par des actes de notoriété. Il est raisonnable de
prendre alors pour règle le taux que présente le revenu
des terres, quoique ce soit celui qui donne l'intérêt le
plus bas, parce que la loi ne saurait exiger d'un tuteur

porter un profit plus considérable que le revenu du même capital employé en terres ou l'intérêt du même argent prêté ; car ces emplois exigeant outre le capital avancé, beaucoup de soins et de travail : s'ils n'étoient pas lucratifs, il vaudroit bien mieux se procurer un revenu égal dont on pourroit jouir sans rien faire. Il faut donc qu'outre l'intérêt de son capital, l'Entrepreneur retire chaque année un profit qui le récompense de ses soins, de son travail, de ses talens, de ses risques, et qui de plus lui fournisse de quoi remplacer le dépérissement annuel des avances qu'il est obligé de faire dès le premier moment, en effets susceptibles d'altération, et qui sont exposés à toutes sortes d'accidens.

§. LXXXVII.

Cependant les produits de ces différens emplois se limitent les uns par les autres, et se maintiennent malgré leur inégalité dans une espèce d'équilibre.

Les différens emplois des capitaux rappor-

---

ou de tout autre homme, plus que l'emploi qui assure le mieux la propriété de celui auquel appartient le capital qui est entre leurs mains ; et que cet emploi est évidemment l'achat d'une terre.

tent donc des produits très-inégaux ; mais cette
inégalité n'empêche pas qu'ils n'influent réciproquement les uns sur les autres, et qu'il ne
s'établisse entre eux une espèce d'équilibre,
comme entre deux liqueurs inégalement pe-
santes, et qui communiqueroient ensemble par
le bas d'un siphon renversé, dont elles occu-
peroient les deux branches ; elles ne seroient
pas de niveau, mais la hauteur de l'une ne
pourroit augmenter sans que l'autre ne montât
aussi dans la branche opposée.

Je suppose que tout-à-coup un très - grand
nombre de Propriétaires de terres veuillent les
vendre : il est évident que le prix des terres
baissera, et qu'avec une somme moindre on
acquerra un plus grand revenu. Cela ne peut
arriver sans que l'intérêt de l'argent devienne
plus haut : car les possesseurs d'argent aimeront
mieux acheter des terres que de le prêter à
un intérêt qui ne seroit pas plus fort que le revenu des terres qu'ils acheteroient. Si donc les
emprunteurs veulent avoir de l'argent, ils seront
obligés d'en payer un loyer plus fort. Si l'intérêt
de l'argent devient plus haut, on aimera mieux
le prêter que de le faire valoir, d'une manière
plus pénible et plus risquable, dans les entreprises de culture, d'industrie et de commerce,

et l'on ne fera d'entreprises que celles qui rapporteront, outre les salaires du travail, un profit beaucoup plus grand que le taux de l'argent prêté. En un mot, dès que les profits résultant d'un emploi quelconque augmentent ou diminuent, les capitaux s'y versent en se retirant des autres emplois, ou s'en retirent en se versant sur les autres emplois; ce qui change nécessairement dans chacun de ces emplois le rapport du capital au produit annuel. En général, l'argent converti en fonds de terre rapporte moins que l'argent prêté, et l'argent prêté rapporte moins que l'argent employé dans les entreprises laborieuses; mais le produit de l'argent employé de quelque manière que ce soit, ne peut augmenter ou diminuer sans que tous les autres emplois éprouvent une augmentation ou une diminution proportionnée.

§. LXXXVIII.

L'intérêt courant de l'argent est le thermomètre de l'abondance ou de la rareté des capitaux; il mesure l'étendue qu'une Nation peut donner à ses entreprises de culture, de fabrique et de commerce.

L'intérêt courant de l'argent prêté peut donc

être regardé comme une espèce de thermomètre
de l'abondance ou de la rareté des capitaux
chez une Nation, et de l'étendue des entreprises
de toute espèce auxquelles elle peut se livrer;
il est évident que plus l'intérêt de l'argent est
bas, plus les terres ont de valeur. Un homme
qui a cinquante mille livres de rentes, si les
terres ne se vendent qu'au denier vingt, n'a
qu'une richesse d'un million; il a deux millions
si les terres se vendent au denier quarante.

Si l'intérêt est à cinq pour cent, toute
terre à défricher, dont les produits ne rapporteront pas cinq pour cent, outre le rem-
placement des avances, et la récompense des
soins du Cultivateur, restera en friche; toute
fabrique, tout commerce qui ne rapporteront
pas cinq pour cent, outre le salaire des peines
et les risques de l'Entrepreneur, n'existeront
pas.

S'il y a une Nation voisine chez laquelle
l'intérêt de l'argent ne soit qu'à deux pour cent,
non-seulement elle fera tous les commerces
dont la Nation où l'intérêt est à cinq pour cent
se trouve exclue, mais encore ses Fabricans et
ses Négocians, pouvant se contenter d'un profit
moindre, établiront leurs denrées à plus bas
prix dans tous les marchés, et s'attireront le
commerce

commerce presque exclusif de toutes les chose
dont des circonstances particulières ou la tro.
grande cherté des frais de voitures, ne coi.
serveront pas le commerce à la Nation où l'a
gent vaut cinq pour cent.

§. LXXXIX.

*Influence du taux de l'intérêt de l'argent
sur toutes les entreprises lucratives.*

On peut regarder le prix de l'intérêt comme
une espèce de niveau, au-dessous duquel tout
travail, toute culture, toute industrie, tout
commerce cessent. C'est comme une mer répandue sur une vaste contrée : les sommets des
montagnes s'élèvent au-dessus des eaux, et
forment des isles fertiles et cultivées. Si cette
mer vient à s'écouler, à mesure qu'elle descend,
les terrains en pente, puis les plaines et les
vallons, paroissent et se couvrent de productions de toute espèce. Il suffit que l'eau monte
où s'abaisse d'un pied pour inonder ou pour
rendre à la culture des plages immenses. — C'est
l'abondance des capitaux qui anime toutes les
entreprises, et le bas intérêt de l'argent est tout
à la fois l'effet et l'indice de l'abondance des
capitaux.

Tome V.   8

§. X C.

La richesse totale d'une Nation est com-
posée 1°. du revenu net de tous les biens-
fonds multiplié par le taux du prix des
terres; 2°. de la somme de toutes les ri-
chesses mobiliaires existantes dans la
Nation.

Les biens-fonds équivalent à un capital égal
à leur revenu annuel multiplié par le denier
courant auquel les terres se vendent. Si donc
on additionnoit le revenu de toutes les terres,
c'est-à-dire le revenu net qu'elles rendent aux
Propriétaires et à tous ceux qui en partagent
la propriété, comme le Seigneur qui perçoit
une rente, le Curé qui perçoit la dixme, le
Souverain qui perçoit l'impôt; si, dis-je, on
additionnoit toutes ces sommes, et si on les
multiplioit par le taux auquel se vendent les
terres, on auroit la somme des richesses d'une
Nation en biens-fonds.

Pour avoir la totalité des richesses d'une Nation, il faut y joindre les richesses mobiliaires,
savoir: 1°. la somme des capitaux employés à
toutes les entreprises de culture, d'industrie et
de commerce, et qui n'en doivent jamais sortir.

2°. Toutes les avances en tout genre d'entreprise devant sans cesse rentrer aux Entrepreneurs, pour être sans cesse reversées dans l'entreprise. 3°. Tous les meubles, vêtemens, bijoux, etc., à l'usage des particuliers. — Ce seroit une erreur bien grossière de confondre la masse immense de ces richesses mobiliaires avec la masse d'argent qui existe dans un État; celle-ci n'est qu'un très-petit objet en comparaison. Il suffit, pour s'en convaincre, de se représenter l'immense quantité de bestiaux, d'outils, de semences qui constituent les avances de l'Agriculture; de matières, d'instrumens, de meubles de toute espèce qui font le fonds des Manufacturiers, les magasins de tous les Marchands et de tous les Commerçans; et l'on sentira que, dans la totalité des richesses, soit foncières, soit mobiliaires, d'une Nation, l'argent en nature ne fait qu'une très-petite partie. Mais toutes ces richesses et l'argent étant continuellement échangeables, toutes représentent l'argent, et l'argent les représente toutes.

§. X C I.

La somme des capitaux prêtés ne pourroit
y être comprise sans double emploi.

Il ne faut pas comprendre dans le calcul des

richesses de la Nation la somme des capitaux
prêtés; car ces capitaux n'ont pu être prêtés
qu'à des Propriétaires de terres, ou à des
Entrepreneurs pour les faire valoir dans leurs
entreprises, puisqu'il n'y a que ces deux sortes
de personnes qui puissent répondre du capital
et payer l'intérêt: un argent prêté à des gens
qui n'auroient ni fonds, ni industrie, seroit un
capital éteint, et non un capital employé. Si le
Propriétaire d'une terre de quatre cent mille
francs en emprunte cent, son bien est chargé
d'une rente qui diminue d'autant son revenu;
et, s'il vendoit son bien, sur les quatre cent
mille francs qu'il recevroit, il en appartiendroit
cent au prêteur. Le capital du prêteur forme-
roit donc, dans le calcul des richesses existantes, un double emploi avec une partie égale
de la valeur de la terre. La terre vaut toujours
quatre cent mille francs: quand le Propriétaire
a emprunté cent mille francs, cela ne fait pas
cinq cent mille francs; cela fait seulement que,
sur les quatre cent mille francs, il en appartient cent au prêteur, et qu'il n'en appartient
plus que trois cents à l'emprunteur.

Le même double emploi auroit lieu si l'on
faisoit entrer dans le calcul total des capitaux,
l'argent prêté à un Entrepreneur pour être em-

ployé aux avances de son entreprise; car ce prêt n'augmente pas la somme totale des avances nécessaires à l'entreprise, il en résulte seulement que cette somme, et la partie des profits qui en représente l'intérêt, appartiennent au prêteur. Qu'un Commerçant emploie dix mille francs de son bien dans son commerce et en tire tout le profit, ou qu'il ait emprunté ces dix mille francs à un autre auquel il en paie l'intérêt, en se contentant du surplus du profit et du salaire de son industrie, ce n'est jamais que dix mille francs.

Mais si l'on ne peut comprendre, sans faire un double emploi, dans le calcul des richesses d'une Nation, le capital des intérêts de l'argent prêté, l'on doit y faire entrer tous les autres biens-meubles, qui, quoique formant originairement un objet de dépense, et ne portant aucun profit, deviennent cependant par leur durée un vrai capital qui s'accumule sans cesse, et qui, pouvant au besoin être échangé contre de l'argent, fait comme un fonds en réserve qui peut rentrer dans le commerce, et suppléer, quand on voudra, à la perte d'autres capitaux. Tels sont les meubles de toute espèce, les bijoux, la vaisselle, les tableaux, les statues, l'argent comptant enfermé dans le coffre des

avares : toutes ces choses ont une valeur, et
la somme de toutes ces valeurs peut être un
objet considérable chez les Nations riches ;
mais, considérable ou non, toujours est-il vrai
qu'il doit être ajouté à la somme du prix des
biens-fonds, et à celle des avances circulantes
dans les entreprises de tout genre, pour former
la somme totale des richesses d'une Nation. Au
reste il n'est pas besoin de dire que, quoiqu'on
puisse très-bien définir, comme on vient de le
faire, en quoi consiste la totalité des richesses
d'une Nation, il est vraisemblablement impossible de découvrir à combien elles se montent;
à moins que l'on ne trouve quelque règle pour
fixer la proportion du commerce total d'une
Nation avec le revenu de ses terres : chose
faisable peut-être, mais qui n'a pas encore été
exécutée d'une manière à lever tous les doutes.

§. XCII.

*Dans laquelle des trois classes de la Société
doit-on ranger les Capitalistes prêteurs
d'argent.*

Voyons maintenant comment ce que nous
venons de développer sur les différentes manières d'employer les capitaux s'accorde avec

ce que nous avons précédemment établi sur le partage de tous les membres de la Société en trois classes ; la classe productrice ou des Agriculteurs, la classe industrieuse ou commerçante, et la classe disponible ou des Propriétaires.

§. XCIII.

Le Capitaliste prêteur d'argent appartient, quant à sa personne, à la classe disponible.

Nous avons vu que tout homme riche est nécessairement possesseur ou d'un capital en richesses mobiliaires, ou d'un fonds équivalent à un capital. Tout fonds de terre équivaut à un capital ; ainsi tout Propriétaire est capitaliste, mais tout Capitaliste n'est pas propriétaire de biens-fonds ; et le possesseur d'un capital mobilier a le choix, ou de l'employer à acquérir des fonds, ou de le faire valoir dans des entreprises de la classe cultivatrice ou de la classe industrieuse. Le capitaliste devenu entrepreneur de culture ou d'industrie, n'est pas plus disponible, ni lui, ni ses profits, que le simple ouvrier de ces deux classes ; tous deux sont affectés à la continuation de leurs entreprises. Le Capitaliste qui se réduit à n'être que

prêteur d'argent, prête à un Propriétaire, ou
à un Entrepreneur. S'il prête à un Propriétaire, il paroît appartenir à la classe des Propriétaires, il devient co-partageant de la propriété; le revenu de la terre est affecté au
paiement de l'intérêt de sa créance; la valeur
du fonds est affectée à la sûreté de son capital
jusqu'à due concurrence. Si le prêteur d'argent
a prêté à un entrepreneur, il est certain que
sa personne appartient à la classe disponible ;
mais son capital reste affecté aux avances de
l'entreprise, et ne peut en être retiré sans nuire
à l'entreprise, ou sans être remplacé par un
capital d'égale valeur.

§. XCIV.

*L'intérêt que retire le prêteur d'argent est
disponible, quant à l'usage qu'il en peut
faire.*

A la vérité, l'intérêt qu'il tire de ce capital
semble être disponible, puisque l'entrepreneur
et l'entreprise peuvent s'en passer; et il semble
aussi qu'on puisse en conclure que dans les
profits des deux classes laborieuses employées
soit à la culture, soit à l'industrie, il y en a
une portion disponible, savoir, celle qui répond

à l'intérêt des avances, calculé sur le pied de l'intérêt de l'argent prêté; et il semble encore que cette conclusion donne atteinte à ce que nous avons dit, que la seule classe des Propriétaires avoit un revenu proprement dit, un revenu disponible, et que tous les membres des deux autres classes n'avoient que des salaires ou des profits. — Ceci mérite quelque éclaircissement.

Si l'on considère les mille écus que retire chaque année un homme qui a prêté soixante mille francs à un Commerçant par rapport à l'usage qu'il en peut faire, nul doute qu'ils ne soient parfaitement disponibles, puisque l'entreprise peut s'en passer.

§. XCV.

L'intérêt de l'argent n'est pas disponible dans ce sens, que l'État puisse sans inconvénient s'en approprier une partie dans ses besoins.

Mais il ne suit pas qu'ils soient disponibles dans le sens que l'État puisse s'en approprier impunément une portion pour les besoins publics. Ces mille écus ne sont point une rétribution que la culture ou le commerce rendent

gratuitement à celui qui a fait les avances ; c'est
le prix et la condition de cette avance , sans
laquelle l'entreprise ne pourroit subsister. —
Si cette rétribution est diminuée , le capitaliste retirera son argent, et l'entreprise cessera.
Cette rétribution doit donc être sacrée et jouir
d'une immunité entière, parce qu'elle est le prix
d'une avance faite à l'entreprise, sans laquelle
l'entreprise ne pourroit subsister. Y toucher,
ce seroit augmenter le prix des avances de toutes
les entreprises, et par conséquent diminuer les
entreprises elles-mêmes, c'est-à-dire, la culture,
l'industrie et le commerce.

Ceci doit faire comprendre ce que nous avons
dit, que le capitaliste qui auroit prêté à un Propriétaire *paroissoit* appartenir à la classe propriétaire , mais que cette *apparence* avoit quelque chose d'équivoque qui avoit besoin d'être
démêlé.

En effet, il est exactement vrai que l'intérêt
de son argent n'est pas plus disponible, c'est-
à-dire , n'est pas plus susceptible de retranchement, que celui de l'argent prêté aux Entrepreneurs de culture et de commerce. Cet intérêt est également le prix de la convention libre,
et l'on ne peut pas plus en retrancher sans altérer ou changer le prix du prêt : or il importe

peu à qui le prêt a été fait; si le prix du prêt change et augmente pour le Propriétaire, il changera et augmentera pour le Cultivateur, le Manufacturier et le Commerçant. En un mot, le Capitaliste prêteur d'argent doit être considéré comme marchand d'une denrée absolument nécessaire à la production des richesses, et qui ne sauroit être à trop bas prix. Il est aussi déraisonnable de charger son commerce d'un impôt, que de mettre un impôt sur le fumier qui sert à engraisser les terres. Concluons de là que le prêteur d'argent appartient bien à la classe disponible, quant à sa personne, parce qu'il n'a rien à faire; mais non quant à la nature de sa richesse, soit que l'intérêt de son argent soit payé par le Propriétaire des terres sur une portion de son revenu, ou qu'il soit payé par un Entrepreneur sur la partie de ses profits affectée à l'intérêt des avances.

§. XCVI.

Objection.

On me dira sans doute que le Capitaliste a pu indifféremment ou prêter son argent, ou l'employer en acquisition de terres; que dans l'un et l'autre cas, il ne tire qu'un prix équivalent de son argent, et que, de quelque façon qu'il l'ait employé, il ne doit pas moins contribuer aux dépenses publiques.

§. XCVII.

Réponse à l'objection.

Je réponds premièrement, qu'à la vérité, lorsque le Capitaliste a acheté une terre, le revenu équivaut pour lui à ce qu'il auroit retiré de son argent en le prêtant; mais il y a cette différence essentielle pour l'État, que le prix qu'il donne pour sa terre ne contribue en rien au revenu qu'elle produit; elle n'en auroit pas donné moins de revenu quand il ne l'auroit pas achetée : ce revenu est, comme nous l'avons expliqué, ce que la terre donne au-delà du salaire des Cultivateurs, de leurs profits et de l'intérêt de leurs avances. Il n'en est pas de même de l'intérêt du prêt; il est la condition même du prêt, le prix de l'avance, sans lequel le revenu ou les profits qui servent à les payer n'existeroient pas.

Je réponds, en second lieu, que, si les terres étoient chargées seules de la contribution aux dépenses publiques, dès qu'une fois cette contribution seroit réglée, le Capitaliste qui les achèteroit ne compteroit pas dans l'intérêt de son argent la partie du revenu affectée à cette contribution : de même qu'un homme qui achète aujourd'hui une terre, n'achète pas la dixme que reçoit le Curé, ni même l'impôt connu, mais le revenu qui reste, déduction faite de cette dixme et de cet impôt (7).

§. XCVIII.

Il ne reste de revenu vraiment disponible dans un État, que le produit net des terres.

On voit par ce qui a été dit, que l'intérêt de l'argent prêté est pris sur le revenu des terres, ou sur le profit des entreprises de culture, d'industrie ou de commerce.

Mais ces profits eux-mêmes, nous avons déjà démontré qu'ils sont seulement une part de la production des terres; que le produit des

---

(7) Telle est la vérité sur laquelle est fondée cette observation générale des Économistes, qu'attribuer aux dépenses sociales une portion régulière du revenu que produisent les terres, (ce qui ne se fait jamais que parce qu'on en a reconnu l'utilité, la nécessité, l'avantage pour les Propriétaires) et s'abstenir des autres formes de contribution : ce n'est pas *mettre un impôt;* c'est établir une société amicale entre le Gouvernement et la Nation, c'est en une seule fois et pour l'avenir *supprimer tous les impôts.* (Note de l'Éditeur.)

terres se partage en deux portions ; que l'une est affectée aux salaires du Cultivateur, à ses profits, à la rentrée de ses avances ; que l'autre est la part du Propriétaire, ou le revenu que le Propriétaire peut dépenser à son gré, et dont il contribue aux dépenses générales de l'État.

Nous avons démontré que tout ce que reçoivent les autres classes de la la Société n'est que les salaires et les profits payés, soit par le Propriétaire sur son revenu, soit par les agens de la classe productrice sur la partie affectée à leurs besoins, qu'ils sont obligés d'acheter de la classe industrieuse. Que ces profits soient distribués en salaires d'Ouvriers, en profits d'Entrepreneurs, en intérêts d'avances, ils ne changent pas de nature, et n'augmentent point la somme du revenu produit par la classe productrice en sus du prix de son travail, à laquelle la classe industrieuse ne participe que jusqu'à concurrence du prix de son travail.

Il reste donc constant qu'il n'y a de revenu que le produit net des terres, et que tout autre profit annuel, ou est payé par le revenu, ou fait partie des frais qui servent à produire le revenu.

§. XCIX.

La terre a aussi fourni la totalité des ri-chesses mobiliaires ou capitaux existans, et qui ne sont formés que par une por-tion de ses productions réservées chaque année.

Non-seulement il n'existe, ni ne peut exister, d'autre revenu que le produit net des terres, mais c'est encore la terre qui a fourni tous les capitaux qui forment la masse de toutes les avances de la culture et du commerce. Elle a offert sans culture les premières avances gros-sières et indispensables des premiers travaux; tout le reste est le fruit accumulé de l'économie des siècles qui se sont succédés depuis qu'on commence à cultiver la terre. Cette économie a lieu sans doute, non-seulement sur les reve-nus des Propriétaires, mais encore sur les pro-fits de tous les membres des classes laborieuses. Il est même généralement vrai que, quoique les Propriétaires aient plus de superflu, ils épar-gnent moins; parce qu'ayant plus de loisir, ils ont plus de désirs, plus de passions; ils se regardent comme plus assurés de leur fortune, ils songent plus à en jouir agréablement qu'à l'augmenter: le luxe est leur partage. Les salariés, et surtout les Entrepreneurs des autres classes, recevant des profits proportionnés à leurs avances, à leurs talens, à leur activité, ont, quoiqu'ils n'aient point de revenu proprement dit, un superflu au-delà de leur subsistance; et presque tous, livrés à leurs entreprises, occupés à accroître leur fortune, détournés par leur travail des amusemens et des passions dispendieuses , épargnent tout leur superflu pour le reverser dans leur entreprise et l'augmenter. La pluspart des Entrepreneurs de culture empruntent peu, et presque tous ne font valoir que leurs propres fonds. Les Entrepreneurs des autres travaux, qui veulent rendre leur fortune solide , s'efforcent aussi d'en venir là; et, à moins d'une grande habileté, ceux qui font leurs entreprises sur des fonds d'emprunt risquent beaucoup d'échouer. Mais, quoique les capitaux se forment en partie de l'épargne des profits des classes laborieuses, cependant, comme ces profits viennent toujours de la terre, puisque tous sont payés, ou sur le revenu, ou sur les fraix qui servent à produire le revenu, il est évident que les capitaux viennent de la terre tout comme le revenu, ou plutôt qu'ils ne sont que l'accumulation de la partie des valeurs produites par la terre que les Propriétaires

priétaires du revenu, ou ceux qui le partagent, peuvent mettre en réserve chaque année, sans l'employer à leurs besoins.

§. C.

Quoique l'argent soit l'objet direct de l'épargne, et qu'il soit, pour ainsi dire, la matière première des capitaux dans leur formation, l'argent en nature ne forme qu'une partie presque insensible de la somme totale des capitaux.

Nous avons vu que l'argent n'entre presque pour rien dans la somme totale des capitaux existans; mais il entre pour beaucoup dans la formation des capitaux. En effet, presque toutes les épargnes ne se font qu'en argent; c'est en argent que les revenus sont payés aux Propriétaires, que les avances et les profits rentrent aux Entrepreneurs en tout genre; c'est donc de l'argent qu'ils épargnent, et l'accroissement annuel des capitaux se fait en argent; mais tous les Entrepreneurs n'en font d'autre usage que de le convertir *sur-le-champ* dans différentes natures d'effets sur lesquels roule leur entreprise : ainsi cet argent rentre dans la circulation, et la plus grande partie des capitaux

Tome V.

9

n'existent qu'en effets de différentes natures, comme nous l'avons déjà expliqué plus haut.

OBSERVATIONS sur les points dans lesquels SMITH est d'accord avec la théorie de M. TURGOT, et sur ceux dans lesquels il s'en est écarté.

On voit par cet Ouvrage, qui sera éternellement classique, qui est antérieur de neuf ans à celui du célèbre *Adam* SMITH, et publié cinq ans avant l'époque où il travaillait encore au sien, que les deux Auteurs sont complettement d'accord sur les principes de l'agriculture et du commerce; sur les progrès de la société qui ont amené la division du travail, et les avantages qui sont résultés et qui résulteront encore de cette division; sur les élémens du prix des productions et des marchandises, tant à leur fabrication qu'au marché; sur l'introduction et l'utilité de la monnaie; sur la formation des capitaux, leur distribution et leur emploi; sur l'effet des promesses de paiement données par des hommes solvables; sur l'intérêt de l'argent; sur la nécessité de laisser aux conventions et au commerce une entière liberté.

Ils ne diffèrent essentiellement qu'en ce que *Smith* étend la dénomination de *productifs des richesses* aux travaux qui n'en sont que simplement *conser-*

vateurs, et qui contribuent à en opérer l'*accumulation*.

Mais l'*accumulation* ne devait pas être confondue avec *la production* par un esprit aussi juste que celui de SMITH.

Il fait une distinction très-peu fondée, quant à la production des richesses, entre les travaux qui s'appliquent à des objets dont la jouissance est durable et qu'il regarde comme étant seuls *productifs*, parce qu'ils *stabilisent* la valeur des consommations faites par l'ouvrier, et ceux dont les jouissances qu'ils procurent ne laissent que peu ou point de trace, ou que des traces passagères.

En admettant sa nomenclature et pressant son idée, on l'amenerait à conclure que le travail d'un compositeur de musique dont on grave, dont on conserve, dont on vend les partitions, est *productif;* et que celui d'un Jardinier dont on a mangé les fruits sur-le-champ, ou d'un Laboureur dont on a consommé la récolte dans l'année, n'étaient pas *productifs* ou l'étaient moins.

Il n'aurait pas été nécessaire de lui en dire davantage sur ce point.

Il ne l'est pas d'y rien ajouter pour les Philosophes et les Hommes d'État dignes de lire ses écrits, et qui savent les admirer autant qu'ils le méritent.

Après cette méprise, qui n'est que dans l'expression, et n'ôte rien à la beauté générale de la doctrine de *Smith*, puisqu'elle ne change rien à ses principes sur la liberté du commerce et du travail, on ne peut lui reprocher que la faiblesse ou la complaisance de s'être prêté dans la seconde section du second chapitre de son cinquième livre, à pallier les vices du systême de finance de l'Angleterre, et les inconvéniens, les dangers, les maux réels et graves attachés à la nature de ses impositions.

Il paraît avoir été effrayé du jugement sévère que tout son livre conduisait à porter sur la multitude de perceptions anglaises qui gênent la liberté du travail, celle du commerce, celle des actions innocentes, celle dont un citoyen, et principalement au sein d'une République comme la Grande-Bretagne, doit jouir dans sa maison; et sur les vexations, sur les abus inévitables de ces formes de perceptions.

Après avoir démontré, par ses quatre premiers livres, combien elles devaient s'opposer à la production des richesses, et en retarder la marche, il a voulu laisser croire qu'il ne les trouvait cependant pas si nuisibles.

Il a poussé cette faiblesse, si étonnante de la part d'un génie tel que le sien, jusqu'à dire que « les » impôts sur les consommations, notamment ceux » sur le sucre, le thé, la bierre et le tabac, ne haus- » sent pas le prix des salaires; qu'ils n'agissent que » comme des loix somptuaires; et que par une *fru-* » *galité forcée* ils tournent même à l'avantage de la » famille du salarié. »

Son habile et judicieux Traducteur, M. le Séna-

teur *Germain* GARNIER, a déjà réfuté victorieuse-
ment ces erreurs du livre de *Smith* , qui n'étaient
pas et ne pouvaient pas être celles de son esprit ,
qui ne sont qu'un sacrifice qu'il a cru devoir faire
aux opinions populaires de sa Patrie. — Dans les
circonstances où se trouvait et où est encore son
Gouvernement, il a jugé que, pour maintenir la
tranquillité publique, il ne fallait pas y éclairer les
yeux malades d'une lumière trop vive, et qui por-
tât trop directement sur eux.

Nous ne devons point aux finances de l'Angleterre
ce ménagement, et nous ne croyons pas qu'il leur
ait été aussi utile que *Smith* a paru se le persuader.
— Toute erreur nuit à ceux qui l'ont , et à leurs
voisins. Nous sommes voisins des Anglais, et nous
avons aussi une Patrie.

Des loix somptuaires sont des loix prohibitives de
tel ou tel usage de la liberté. Jamais on n'a mieux
établi que ne l'a fait *Smith*, combien les loix prohibitives, en gênant les conventions, arrêtent ou ral-
lentissent les efforts du travail et en affaiblissent les
motifs. — Et encore n'y a-t-il aucune ressemblance
entre les privations causées par la pauvreté , qui se
répandent sur toutes les espèces de consommations,
et les injonctions des loix somptuaires qui n'interdisent qu'un petit nombre de consommations de
peu d'utilité ou de pur agrément. Les envisager sous
le même aspect, c'est tomber dans une bien grande
inexactitude. Et que faut-il en dire , ou en croire ,

quand la chose arrive à un écrivain comme *Smith*, dont l'exactitude, même quelquefois minutieuse, est en général un des mérites distinctifs et particuliers.

Les objets de la consommation relative à la subsistance nécessaire et journalière, ne peuvent être confondus avec les choses de luxe qui ne servent pas à des besoins réels, sur lesquelles frappent ordinairement les loix somptuaires, et qui cependant ne doivent être repoussées que par l'exemple des Chefs de l'État, par les mœurs, non par les loix.

On ne met jamais les impôts de consommation que sur des denrées dont la consommation est générale et nécessaire aux plus pauvres citoyens; car ceux qui ne pèseraient que sur le luxe ne produiraient pas les fraix que coûterait leur perception.

Une *frugalité forcée* ne saurait être *à l'avantage* de la famille qui s'y voit réduite.

Les mœurs et le climat de l'Angleterre y font de la bierre et du thé des denrées de nécessité première, dont la plus grande pauvreté ne dispense pas; et en tout pays, on sait que l'habitude du tabac, une fois contractée, devient un besoin également impérieux.

Quand leur consommation serait moins générale et moins nécessaire, n'est-il pas de principe, et dans les principes les mieux démontrés par *Smith,* que nul ouvrier ne travaille que pour obtenir son salaire, c'est-à-dire les jouissances auxquelles la concurrence des autres ouvriers de la même profession et de la même capacité lui donne droit de prétendre?

Si donc une autorité quelconque lui enlève provisoirement une partie de ce salaire, il faut bien que l'Entrepreneur qui le paye y supplée par une augmentation qui le remette au pair; et, pour l'y remettre il faut que cette augmentation, outre le remboursement de l'impôt qu'on l'a forcé d'avancer, le dédommage du désagrément, de l'embarras, des fraix qu'a pu lui occasionner cette avance à laquelle il a été contraint. Car la seule condition qui ne puisse être violée est l'intégrité du salaire, ou des jouissances que la concurrence a permises et promises.

Si l'on imaginait des circonstances qui parussent rendre plausible qu'une partie du salaire destiné aux jouissances de l'ouvrier pût être entamée, il en résulterait que la concurrence pour obtenir ce salaire deviendrait moindre : ce qui forcerait encore l'Entrepreneur de consentir au renchérissement.

Et il demeure toujours évident que moins la consommation de l'ouvrier sera chargée, plus il y aura de concurrence entre les ouvriers; et plus chacun d'eux, étant assuré des jouissances que son état comporte, se contentera de ces jouissances sans exiger un salaire plus fort que celui qui peut y satisfaire.

Smith ne se tire de là que par l'exposition d'un fait qui ne paraît concluant que lorsqu'il est mal examiné; et *Smith* était un des hommes les plus capables de bien examiner, de bien discuter un fait. « Les salaires, » dit-il, « ne sont pas haussés

» en Angleterre depuis l'introduction et l'augmen-
» tation des impôts ou taxes qui en emportent une
» partie. »

Qu'est-ce que cela prouve ? — Le fait tient à deux causes.

D'une part, l'accroissement de la population qui a été très-remarquable, et ne vient certainement pas des taxes sur les consommations, a fait que, la concurrence étant plus grande, les ouvriers ont été moins excités à réclamer la même étendue de jouissances ou de salaire. De l'autre part, le perfectionnement des arts et la division du travail, rendant moins dispendieuse la fabrication d'une multitude de choses à l'usage des ouvriers, leur a permis à peu près la même masse de jouissances réelles, quoiqu'une partie de leurs salaires ait été détournée de son emploi naturel.

Mais, si ce salaire était déchargé de la contribution qu'il supporte, il est clair que la concurrence le restreignant à ce que les jouissances de l'ouvrier exigent, c'est-à-dire à ce que l'ouvrier en retire véritablement, ce salaire baisserait au moins de tout ce que l'impôt en enlève.

L'impôt renchérit donc le salaire.

Smith en liberté, *Smith* dans sa chambre ou dans celle d'un ami, comme je l'ai vu quand nous étions condisciples chez M. *Quesnay*, se serait bien gardé de le nier.

Lui qui raisonnait si bien, n'a fait aucun raisonnement en faveur du genre d'impôts dont son pays a donné l'exemple le plus exagéré. Il se borne à un fait vague; l'*Angleterre a prospéré*. Il savait mieux que personne que c'était *malgré cela*, non *à cause de cela*.

La dernière partie de son cinquième livre, en si grande opposition à sa propre doctrine et à tout le reste de son ouvrage, pourrait se résumer en ces mots : « *Malgré ce que j'ai prouvé contre les obstacles* » *mis au développement de l'industrie et du travail*, » *au libre emploi des capitaux, et à la facilité des* » *communications, les mauvaises impositions de* » *l'Angleterre*, que des circonstances locales rendent » un peu moins vexatoires que celles de même na- » ture qui ont lieu dans d'autres pays » (proposi- tion incidente qu'il n'a nullement prouvée), « *n'ont* » *pas empêché que les richesses de ma Nation* » *n'aient fait des progrès, même rapides.* »

Nul n'aurait mieux indiqué et calculé que lui, quelle aurait donc été la progression de la richesse dans sa patrie sans ces obstacles.

Dès qu'une nation est parvenue à se former quel- ques capitaux, et que les terres y sont devenues vé- nales, il est impossible que les richesses n'y aug- mentent pas d'elles-mêmes. Et cela est facile à sentir.

Nul travail ne peut se faire sans que l'ouvrier soit payé de manière à en retirer directement sa subsistance, et l'entretien de ses instrumens.

Nul capital ne peut être employé constamment à fournir des instrumens ou à salarier des ouvriers,

sans que celui qui en fait l'avance n'en obtienne le
remboursement de ce capital, et un intérêt; car personne ne veut avancer son argent ou ses autres richesses sans y faire aucun profit.

Quand les terres sont vénales, celui qui s'est procuré un capital pouvant l'employer en achats de
terres, ne le consacre à aucune autre entreprise
s'il n'y voit pas pour lui un profit au moins égal au
revenu que lui produirait un achat de terre.

Aucune denrée ne peut donc être produite, aucune marchandise ne peut être fabriquée, ni les
unes ni les autres ne peuvent être habituellement
vendues sans que leur prix assure l'intérêt de ses
avances au capitaliste qui les a faites.

Mais tous les ouvriers et l'entretien de tous les
instrumens, celui de toutes les usines étant nécessairement payés sur le prix de la vente, et même
de préférence encore à l'intérêt du capital, il y a
donc toujours dans toute entreprise qui continue,
au profit du capitaliste, et outre même la rétribution
de son travail personnel, l'intérêt du capital qu'il
avait déboursé, dont il ne pourrait être dépouillé
sans vouloir renoncer à son entreprise; et si le
capital est assez fort pour que son intérêt excède
la dépense du capitaliste, il ne peut en jouir sans
que cet intérêt se cumule avec le capital primitif
et ne l'accroisse progressivement.

C'est ce que M. TURGOT a établi avec la plus
grande évidence dans ses paragraphes 57, 58, 59,

60, 61, 62, 63, 67, 68, 71, 72, 87, 88, 89, 90 et 92.

Or, la puissance des intérêts cumulés pour accroître les capitaux, baisser l'intérêt de l'argent, fournir de nouveaux moyens de faire des entreprises utiles, et perfectionner sans cesse le travail, est telle que les plus grandes erreurs des Gouvernemens, ou les malheurs même de la guerre quand ils ne sont pas une dévastation de barbares, ne peuvent que rarement empêcher les richesses, les lumières des sciences excitées par l'emploi des richesses, et toutes les commodités de la vie qui en résultent, d'augmenter au moins de siècle en siècle l'aisance et le bonheur du genre-humain.

De ce que les richesses d'une Nation s'accroissent ou ne diminuent point, il ne faut donc pas inférer que son Gouvernement soit sans défaut ; mais seulement qu'il n'est pas assez mauvais pour faire prendre à tous les travaux, ou aux plus productifs, ou aux plus utiles d'entre eux, une marche rétrograde.

Les loix de la Nature et la bonté de la Providence luttent, ordinairement avec avantage, contre les folies et même contre les crimes des hommes ; elles en réparent les tristes effets. Que sera-ce quand les hommes deviendront assez éclairés pour ne contrarier jamais, ou que faiblement, les loix de la Nature, pour jouir paisiblement et avec reconnaissance des bienfaits du Ciel !

L'Éditeur.

QUESTIONS SUR LA CHINE,

ADRESSÉES A MM. KO ET YANG.

Richesses. Distribution des terres. Culture.

1.

Y A-T-IL à la Chine beaucoup de gens riches, ou, ce qui est la même chose, les fortunes y sont-elles fort inégales ?

2.

Y a-t-il beaucoup de gens qui possèdent une très-grande quantité de terres, de maisons, de domaines ?

3.

Y a-t-il beaucoup d'Entrepreneurs qui aient de gros fonds, qui fassent travailler un grand nombre d'ouvriers, et qui fassent fabriquer une très-grande quantité de marchandises ?

4.

Y a-t-il beaucoup de Négocians qui aient des

fonds considérables et qui fassent de grosses entreprises de commerce?

OBSERVATION (1).

Il y a certainement beaucoup d'entreprises de manufactures et de commerce qui ne peuvent s'exécuter sans des fonds d'avances très-considérables. Par exemple, il faut de très-gros fonds pour armer et charger un vaisseau : mais il n'est pas absolument nécessaire que tous ces fonds appartiennent à la même personne ; plusieurs peuvent s'associer pour faire les dépenses en commun et partager les profits à proportion de la mise de chacun. Il est donc possible qu'il y ait dans un pays beaucoup d'industrie et de commerce sans qu'il y ait de grandes fortunes, ou une excessive inégalité dans les fortunes.

5.

Y a-t-il beaucoup de gens qui vivent de l'intérêt de l'argent prêté ?

------

(1) Les Observations en plus petit caractère jointes à ces Questions, sont toutes de l'Auteur, et font partie de son travail. On s'en serait aperçu par le sens. Mais les Observations de l'Éditeur étant toujours dans ce même caractère plus petit que celui du texte, il a paru convenable de ne pas laisser au Lecteur la moindre hésitation.

OBSERVATION.

Il y a dans les grandes Sociétés une foule d'emplois qui ne peuvent être exercés que par des hommes entièrement *dispossibles* ; c'est-à-dire, qui n'ayent pas besoin pour leur subsistance ou pour la conservation de leur fortune d'une assiduité et d'un travail continuel, et qui puissent être enlevés aux fonctions laborieuses de la Société sans interrompre ni déranger la circulation des travaux et des dépenses dont dépend la reproduction perpétuelle des richesses. Tels sont les emplois des Ministres d'Etat, des Administrateurs des Provinces, des Membres des Tribunaux, d'une foule d'Officiers et de Mandarins plus ou moins élevés en dignité. — Il est visible qu'un Propriétaire obligé de cultiver sa terre, un Entrepreneur de culture, un Manufacturier, un Commerçant, à quelque point qu'on les suppose riches, ne pourroient se livrer aux fonctions de la guerre ou de la magistrature, sans abandonner les travaux qui les font subsister, et sans diminuer les revenus de la Nation. — Il n'y a que le Propriétaire qui jouit sans travail de son revenu, et le Prêteur d'argent qui en reçoit l'intérêt, qui puissent, sans déranger ni leur fortune, ni l'ordre des travaux productifs, se livrer à toute sorte d'occupations, à l'étude des sciences, aux fonctions publiques de la guerre, de la justice, de l'administrat ... — Tous ces travaux supposent des hommes sinon riches,

du moins qui jouissent sans travail d'une subsistance
honnète, et qui n'étant point engagés au travail
par le besoin, puissent écouter des motifs plus nobles
tels que l'amour de la gloire, le désir de la considération, et l'amour du bien public.

Il est vrai que les Officiers de guerre et de justice,
les Mandarins de tous les Ordres, recevant des appointemens proportionnés à leur grade, peuvent
subsister sur ces appointemens. Mais outre que des
hommes déjà riches, et qui travailleroient plus
pour l'honneur que pour l'intérêt coûteroient moins
à l'Etat, ils seroient aussi moins tentés d'abuser de
leur emploi par des exactions, moins exposés à la
vénalité, que des hommes qui, n'ayant que leurs appointemens, n'ont de perspective à laisser à leur
famille, en cas de mort, que la misère, s'ils ne
trouvent pas moyen d'amasser du bien dans leurs
places.

En France on achète les places de Magistrature,
et un très-grand nombre de ces places ne rapporte
que très-peu de chose. C'est assurément un grand
abus que les emplois s'achètent ; mais cet abus prouve
que des gens riches peuvent être excités par le seul
motif de l'honneur et de la considération publique,
à consacrer au service de l'Etat non-seulement leur
temps et leur travail, mais encore une partie de leur
fortune. D'ailleurs quoique, absolument parlant,
les Officiers publics puissent n'avoir que leurs appointemens, comme pour parvenir aux emplois, il

faut, à la Chine, s'y être préparé par de longues études, avoir subi plusieurs examens, fait différens voyages, il faut être au-dessus du premier besoin, et pouvoir subsister pendant tout le temps de ses études sans gagner aucun salaire par son travail. Il faut donc au moins être né de parens riches qui puissent subvenir aux fraix de cette longue éducation.

Il est vrai qu'un riche Laboureur, un gros Négociant peuvent gagner assez pour faire cette dépense en faveur de leurs enfans, lesquels, une fois placés, vivroient sur leurs appointemens ; en sorte qu'il ne seroit pas absolument nécessaire, pour remplir les emplois publics, qu'il se trouvât des Propriétaires ou des Préteurs d'argent qui jouissent sans travail d'un gros revenu.

Cela posé on demande :

6.

Par quel genre d'hommes sont communément remplies les grandes places à la Chine ? Sont-ce les enfans de familles riches vivant sans travail de leurs revenus, ou bien des fils de Laboureurs, de Manufacturiers, de Commerçans dont les pères sont assez riches pour leur procurer une éducation distinguée ?

7.

N'y a-t-il pas des familles qui de père en fils

n'ont

n'ont d'autre état que de se livrer à la profession des lettres, et de poursuivre les différens emplois, comme cela paroît fort naturel, et comme il arrive en France, où les enfans des Magistrats prennent le plus souvent l'état de la Magistrature?

8.

En supposant, ainsi qu'il est vraisemblable, que ces familles jouissent sans travail d'une certaine aisance, on demande si le plus grand nombre ont leur fortune en fonds de terre ou en argent prêté à intérêt?

9.

La pluspart des terres sont-elles cultivées par les Propriétaires eux-mêmes, ou par des Colons qui rendent aux Propriétaires un certain revenu?

10.

Emploie-t-on dans quelques parties de la Chine des Esclaves à la culture des terres?

11.

Est-il commun à la Chine de donner ses terres à cultiver à des Ouvriers qui rendent au Propriétaire une certaine portion des fruits, comme la moitié ou le tiers?

Tome V. 10

12.

Dans ce cas le Propriétaire fait-il quelques avances? Fournit-il au Cultivateur les bestiaux de labour?

13.

Est-il d'usage à la Chine d'affermer les terres à des Cultivateurs qui fournissent les avances et les bestiaux, et qui rendent au Propriétaire chaque année une somme fixe en argent, ou une quantité fixe de grains?

14.

Trouve-t-on beaucoup d'exemples à la Chine de Propriétaires qui aient abandonné des terres à perpétuité moyennant une redevance annuelle en grains ou en argent?

15.

Si ces différens usages ont lieu à la Chine, n'observe-t-on pas, comme en France, qu'il est plus commun de donner les terres à moitié ou au tiers des fruits dans les provinces moins riches, plus éloignées de la Cour, moins bien situées pour le commerce, telles que les provinces de *Chen-si*, de *Se-tchouen*, d'*Yun-nan;* et qu'au contraire on trouve plus communément des Fermiers dans les provinces riches et plus à portée des consommations et du commerce, comme les provinces de *Pe-tche-li*, de *Kiung-nan*, de *Quang-tong*, de *Fo-kien*, etc.?

16.

Dans les provinces méridionales de la Chine on cultive la terre avec des buffles, ne la cultive-t-on pas plus communément avec des bœufs semblables à ceux d'Europe dans les provinces du Nord? N'emploie-t-on pas aussi des chevaux à la culture? et dans ce cas ne remarque-t-on pas que l'usage des chevaux n'a lieu que dans les provinces où l'usage des Fermiers est établi?

17.

Est-il commun à la Chine de vendre et d'acheter des fonds de terre?

18.

Quel est le prix commun des terres eu égard à leur revenu annuel, ou quel est le denier auquel on les achète ordinairement? Les paie-t-on quinze ou vingt fois, ou trente, ou quarante fois la valeur de ce revenu?

19.

Quel est l'intérêt ordinaire de l'argent prêté?

est-il au denier vingt ou à cinq pour cent, ou bien plus fort, ou plus foible, à trois ou quatre pour cent, ou bien à six, à dix, à quinze pour cent ?

20.

Quel est la plus grande étendue de terre que le même homme cultive communément à la Chine ? Y voit-on, comme ici, des fermes de cent, deux cents, trois cents arpens ou davantage, ou bien les domaines et les fonds de terre n'y sont-ils pas plus divisés ?

21.

Dans les provinces du Midi on ne cultive guères que du riz : on cultive dans les provinces du Nord du froment et peut-être aussi d'autres grains ; les métairies ou fermes cultivées en froment ne sont-elles pas plus étendues que celles cultivées en riz ? ou, ce qui est la même chose, un seul Cultivateur ne peut-il pas cultiver plus de terre en froment qu'en riz ?

22.

Quoiqu'on cultive du froment dans les provinces du Nord, j'entends dire que les Chinois, même à *Pe-king*, ne vivent guères que de riz, et ne mangent point de pain. Que fait-on donc du froment? car on ne le cultive que pour le vendre, et on ne l'achète que pour le manger?

23.

Quel est à peu près la fortune des gens qu'on regarde à la Chine comme très-riches?

OBSERVATION.

On peut en France distinguer différens ordres de fortune.

Le premier ordre est formé de celles qui sont au-dessus de cent mille livres de rente, ou dont le revenu surpasse seize à dix-sept mille onces d'argent.

On peut regarder comme le second ordre les fortunes dont le revenu est au-dessous de cent et au-dessus de soixante mille livres ou de dix mille onces d'argent.

Celles de trente-six à soixante mille livres ou de six mille à dix mille onces d'argent, forment un troisième ordre.

Celles de vingt-quatre à trente-six mille livres ou de quatre à six mille onces d'argent, un quatrième ordre.

Celles de quinze à vingt-quatre mille livres ou de deux mille cinq cents à quatre mille onces d'argent, un cinquième ordre.

Celles de deux mille à deux mille cinq cents onces

d'argent, un sixième ordre, où l'on est encore regardé comme riche dans les provinces , et à Paris
seulement comme très-aisé.

Au-dessous encore, dans le septième ordre, depuis mille jusqu'à deux mille onces d'argent de
revenu, l'on jouit d'une aisance honnête, mais on
n'est point appelé riche.

Maintenant on demande si les fortunes du
premier ordre à la Chine sont de quinze ou seize
mille *taëls* de revenu, ou seulement de dix, ou
de six, ou de quatre, ou même de deux mille
taëls, ou moins encore?

24.

A combien de *taëls* évalue-t-on les appointemens des principaux Mandarins, d'un Chef
des Tribunaux de Pe-king, d'un *Co-lao*, d'un
Tsong-tou, d'un *Fou-yuen?*

25.

Est - il commun de trouver des particuliers
aussi riches pour leur patrimoine que ces Officiers le sont pour leurs places?

26.

Combien un homme consomme-t-il communément de riz par an?

27.

Quel est communément le prix du riz à Pe-king? Le vend-on au poids ou à la mesure?

OBSERVATION.

Comme on connoît l'évaluation du *taël*, il seroit à souhaiter que le poids du riz fût énoncé en *taëls*; aussi on diroit combien coûte, année commune, le poids de cent taëls de riz?

Pour trouver l'année commune, il faut prendre le prix de la même quantité de riz pendant chacune des dix dernières années, additionner tous ces prix, et prendre le dixième de la somme totale.

28.

Quel est communément à la Chine le prix de la journée d'un homme de travail? ou combien de jours peut-on faire travailler un homme pour un *taël?* Ce prix doit-être diffé-rent à Pe-king et dans les provinces, surtout dans les provinces pauvres: on désireroit savoir ces différences?

29.

J'ai appris par les mémoires de M. *Poivre* et de feu M. l'Abbé *de Verthamont,* que la dixme des fruits de la terre forme le principal

revenu de l'Empereur de la Chine. Mais M.
Poivre remarque que la quotité de cette dixme
n'est pas la même pour toutes les terres ; que
dans les meilleures elle se lève au dixième, et
dans les mauvaises au trentième. Il y a sans
doute long-tems que cette quotité est réglée pour
chaque terre.

Je demande s'il y a dans chaque district un
tableau ou registre public, dans lequel chaque
pièce soit inscrite avec la note de la quotité à
laquelle elle doit la dixme, ou si l'usage im-
mémorial est la seule règle que suivent les Officiers de l'Empereur ; de même qu'en Europe
c'est l'usage qui décide de la quotité de la dixme
que lèvent les Curés ?

30.

Est-il libre à tout le monde de vendre et
d'acheter du riz quand il veut ?

Est-il permis d'en faire des magasins ?

N'oblige-t-on jamais les Marchands ou les
Laboureurs d'ouvrir leurs magasins ou de le
porter au marché ?

Les Mandarins n'en fixent-ils jamais le prix ?

Le laisse-t-on passer librement d'une ville à
l'autre dans les tems de disette ?

ARTS.

Papeterie.

31.

On désireroit avoir une *forme* ou moule qui sert à étendre la pâte pour faire une feuille de papier.

On prétend que dans ces formes les envergures ne sont pas faites, comme en Europe, avec du fil de laiton, mais avec des filamens que les Chinois savent tirer du Rotin. Cela doit rendre le papier beaucoup plus égal.

On ne demande qu'une forme de grandeur médiocre.

32.

Comment s'y prend-on pour diviser le Rotin en filamens aussi droits et aussi fins que des fils de laiton? Il ne paroît pas que cela soit possible quand le Rotin est sec; mais peut-être y réussit-on mieux avec du Rotin frais qui vient d'être coupé. Peut-être aussi fait-on macérer ou rouir le Rotin pour pouvoir en séparer les fibres, à peu près comme on fait rouir en Europe le chanvre et le lin pour en séparer l'écorce: on demande sur cela des éclaircissemens.

33.

On prie d'envoyer avec la forme quelques
bottes de Rotin préparé et divisé en fils; en un
mot prêt à être employé pour faire des formes.

34.

On voudroit avoir quelques livres de la pâte
qui sert à faire différentes sortes de papiers,
depuis le plus fin, que M. *Poivre* m'a dit être
fait de coton en laine, jusqu'au papier commun
fait d'écorce de Bambou.

Il faudroit prendre la pâte telle qu'on la jette
dans la cuve après qu'elle a été broyée et préparée sous les pilons, et la faire sécher pour
l'envoyer.

On prie d'étiqueter exactement chaque paquet.

On voudroit avoir de chaque sorte une quantité suffisante pour pouvoir essayer d'en faire
du papier.

A l'égard du Bambou, on prie d'y joindre
un peu d'écorce de Bambou dans son état naturel et avant qu'elle ait subi ces différentes préparations.

35.

On prie aussi d'y joindre un échantillon de

chaque espèce de papier fait avec ces différentes pâtes.

36.

Lorsque la pâte s'est arrangée sur la forme
pour former une feuille, on renverse là forme
sur une grande pièce d'étoffe afin que la feuille
s'y couche et que l'étoffe en boive l'humidité. En
Europe on se sert pour cela d'étoffes de laine
assez grosses, qu'on appelle *Flanchets*.—On dit
que les étoffes de laine sont rares à la Chine : de
quelles étoffes se sert-on pour y coucher le papier au sortir de la forme ? Sont-ce des étoffes
de soie, de coton ou de quelqu'autre matière ?
On voudroit en avoir une pièce neuve, de celles
dont on se sert dans la fabrique du plus beau
papier ?

37.

On se sert, dit-on, de colle de riz pour coller
le papier de la Chine. On voudroit savoir comment se fait cette colle, et si la manière de coller
le papier ressemble à celle usitée en Europe,
et qui est décrite dans l'Art du Papetier dont
MM. Ko et Yang ont un exemplaire ?

On les prie d'envoyer quelques livres de la
plus belle colle, bien sèche, afin qu'elle puisse
se conserver.

38.

S'ils pouvoient expliquer clairement la manière dont on s'y prend pour exécuter des
feuilles de douze pieds de long sur huit de
large, et comment on peut manier de si grandes
formes, les plonger dans la cuve, les en retirer, les agiter pour arranger également la
pâte, sans qu'elles se courbent par le milieu?
Comment on les retourne assez promptement
pour coucher la feuille sur l'étoffe? Comment
on peut lever de si grandes feuilles sans les
déchirer? Comment on peut les étendre encore
molles sans leur faire prendre des plis, etc.?
on leur sera très-obligé.

39.

On les prie d'envoyer une ou deux centaines
de feuilles du plus beau papier, de la largeur
de six pieds sur quatre. On se propose d'essayer s'il pourra servir à la gravure en taille-
douce. C'est du papier de coton qu'on demande,
et non du papier de Bambou.

Si l'on peut en envoyer trois ou quatre cents
feuilles, ce seroit le mieux; il faudroit tâcher
que le papier ne fût point plié dans les caisses,
mais étendu dans toute sa grandeur.

Imprimerie.

40.

Mouille-t-on le papier avant d'imprimer ?

41.

L'encre dont on se sert pour imprimer est-elle en tout semblable à celle dont on se sert pour écrire, ou bien n'est-elle pas plustôt délayée avec de l'huile comme celle dont on se sert en Europe pour imprimer ?

42.

Pour impreigner d'encre les caractères de la planche qu'on veut imprimer, se sert-on de brosses, ou de pelottes de peau rembourées, ainsi que dans les Imprimeries d'Europe ?

On seroit bien aise d'avoir une planche gravée prête à imprimer, une quantité d'encre suffisante pour faire quelques essais, une des brosses ou des pelottes dont on fait usage à la Chine.

Enfin on voudroit savoir si pour imprimer on fait passer la planche et le papier sous une presse comme en Europe, ou si on se contente de frotter légèrement avec une brosse ou un rouleau le revers du papier appliqué sur la planche noircie.

Étoffes.

43.

Fait-on des étoffes de laine à la Chine? Il semble que puisqu'il gèle souvent à Pe - king pendant l'hiver, l'usage de la laine y seroit très-commode. On peut cependant y suppléer par des étoffes de coton et de soie plus épaisses, telles que des velours, des futaines, etc. On désireroit avoir des échantillons des plus belles étoffes de laine ou de poil de chèvre qui se fabriquent à la Chine.

44.

On seroit bien aise d'avoir aussi quelques poignées de la plus belle laine que produisent les moutons de la Chine dans les provinces où elle est le plus estimée. Il ne faudroit pas faire dégraisser cette laine, car les vers la rongeroient probablement.

Pour prévenir encore plus sûrement cet inconvénient, il seroit bon d'envoyer et cette laine et les étoffes dans une boîte vernissée.

45.

Cultive-t-on à la Chine le lin ou le chanvre? On seroit bien aise d'avoir des échantillons de la plus belle toile de lin qu'on fasse à la Chine.

HISTOIRE NATURELLE.

46.

On seroit très-curieux de connoître quelles sont, dans chaque province de la Chine, les pierres les plus communes, celles dont on bâtit, dont on couvre les maisons, dont on fait de la chaux, du plâtre.

On ignore si MM. *Ko* et *Yang* se proposent de résider à Pe-king, ou s'ils comptent parcourir les différentes provinces de la Chine. Dans le dernier cas, comme ils ont fait, je pense, à Paris un Cours d'Histoire Naturelle, ils pourroient noter, à mesure qu'ils voyageront, les pierres les plus communes qu'ils verront dans chaque endroit, et en marquant bien le nom de la ville et de la province.

On se feroit, en comparant leurs notes avec les cartes du Père *Du Halde*, une idée assez exacte de la nature du terrain dans les différentes provinces de la Chine. Car, pour peu qu'on soit versé dans l'Histoire Naturelle, on sait à peu près quelles sont les principales matières qu'on trouve dans un pays où l'on sait que telle ou telle pierre est dominante. — Ainsi en voyant le granit et l'ardoise dominer en Bretagne, on sait fort bien qu'il ne faut pas y chercher les pierres blanches calcaires à bancs horizontaux et pleines de coquilles des environs de Paris. — Quand on voit aux environs de Paris, de ces sortes de pierres, on sait bien qu'on ne pourra y trouver ni granit, ni ardoise, ni charbon de terre, ni mines d'or, d'argent, de plomb, d'étain, etc. — En voyant d'autres natures de pierres, on reconnoît qu'une province est ou a été autrefois remplie de volcans.

Mais il faut avoir attention de prendre les pierres qui sont de la première formation des montagnes du pays, et non pas les pierres qui ont été roulées par les eaux et déposées sur les rampes des montagnes ou dans les vallons. MM. *Ko* et *Yang* pourroient donc écrire, dans leur Journal de Voyages, des notes à peu près de la manière suivante :

» *Province de Chen-si.*

» Si-ngan-fou. *Les rochers des environs* » *sont de granit ou de telle autre pierre. A* « *telle distance, du côté de l'Est,* il y a » une mine de plomb. »

Il

Il suffiroit qu'ils envoyassent chaque année ces notes en Europe.

Un moyen plus sûr encore, mais qui peut-être leur causeroit trop d'embarras, seroit d'amasser dans leurs voyages un échantillon de la pierre la plus commune, et de coller dessus une étiquette ou un N°. qui renverroit à un Mémoire où ils marqueroient *le nom Chinois* de la pierre, *le nom de la province* et celui *de la ville* où elle auroit été prise. — Un morceau de pierre gros comme une noix suffiroit pour chaque espèce. — Ces morceaux rassemblés formeroient une caisse qu'ils auroient la bonté d'envoyer en Europe avec les étiquettes. Pour ne pas grossir inutilement la caisse, il faudroit, au lieu de prendre un échantillon dans chaque ville, n'en prendre que lorsque le pays changeroit de nature, et qu'on y verroit des pierres d'une autre espèce, et se contenter de marquer dans leur Journal : à telle ville mêmes pierres qu'à *Si-ngan-fou*.

Il seroit intéressant que lorsqu'ils trouveront dans ces pierres quelques coquilles et autres productions marines ou terrestres pétrifiées et conservées, ils voulussent bien les mettre dans la caisse avec la note du lieu où on les auroit trouvées. Il seroit bon aussi qu'ils envoyassent

Tome V.

un échantillon de chaque espèce de mine dont ils auront connoissance; le tout pareillement étiqueté, par exemple, « *Mine de.... près de la ville de.... province de....*

Si MM. *Ko* et *Yang* ne doivent point voyager, on prévoit qu'il leur sera difficile de satisfaire sur cet article notre curiosité, et l'on se borne à leur demander ce qu'ils pourront donner sur le pays qu'ils habiteront, ou ce qu'ils pourront se procurer par des amis qui voyageroient et auxquels ils donneroient les instructions ci-dessus. Le principal seroit d'avoir des échantillons avec des étiquettes exactes du lieu où on les auroit trouvés.

47.

On désireroit beaucoup avoir quelques échantillons un peu plus considérables et du poids de quelques livres, de chacune des matières dont on fait la porcelaine à *King-te-tching*, et qui sont décrites par le Père *d'Entrecolles* dans le douzième volume des Lettres édifiantes (si je ne me trompe), le *Pe-tun-tse*, le *Kao-lin*, le *Che-kao*, le *Hoa-che*. Mais on voudroit avoir ces matières brutes, telles qu'on les prend dans la terre, sans avoir subi aucune préparation, et non telles qu'on les porte à *King-te-*

tching après les avoir broyées, lavées et puri-
fiées. — Il faudroit que chacune de ces matières
fût soigneusement étiquetée.

48.

Il faudroit que toutes ces pierres fûssent en-
caissées avec quelque soin , et arrangées de
façon qu'elles ne s'usassent pas en frottant les unes
contre les autres , qu'elles ne se touchassent pas,
et que les étiquettes ne se décolassent pas; pour
cela il faut bien remplir les vuides avec des
matières molles et légères, comme des rognures
d'étoffes ou de papier.

49.

On seroit fort aise d'avoir de la graine de
thé.

Il faudroit l'envoyer dans du coton ou de la
mousse bien sèche, et dans une petite boîte
dont les fentes fussent collées avec du papier,
afin qu'elle ne pût ni germer, ni pourrir; on
pourroit mettre cette boîte avec la caisse de
pierres.

S'il y a plusieurs espèces de *thé* , et si, comme
on le croit, leurs différences ne viennent pas de
la préparation, on voudroit en avoir de différentes espèces dans des paquets séparés et éti-
quetés.

Il faudroit aussi donner un Mémoire sur les préparations que subit le *thé*.

QUESTIONS sur quelques points d'Histoire.

50.

Ce que j'ai lu dans un recueil de Lettres édifiantes, d'une Synagogue de Juifs établis dans la province de *Hou-quang*, et qu'on prétendoit être venus à la Chine avant *Jésus-Christ*, a-t-il été vérifié? On prétendoit même qu'ils n'avoient pas tous les livres de l'Ancien Testament. Si cette idée avoit quelque fondement, il seroit très-intéressant qu'on pût avoir une copie exacte et figurée de leurs livres saints en hébreu. Si on pouvoit la faire faire par quelque bon copiste qui copiât bien la figure des lettres, il seroit peut-être peu coûteux de la faire tout de suite imprimer à la Chine, et la chose en vaudroit la peine. On en verroit avec plaisir les exemplaires en Europe.

51.

Les *Miao-tsées*, peuple non soumis, qui sont encore dans quelques montagnes de la Chine, ont-ils quelque commerce avec les Chinois? Y a-t-il des Chinois qui aillent dans leur

pays et qui sachent leur langue? Cette langue
est-elle comme celle des Chinois, composée de
mots d'une seule syllabe diversement combinés,
ou de mots de différentes longueurs comme les
langues des Européens et de presque toutes les
Nations? La physionomie et la couleur de ces
peuples ressemble-t-elle à celle des Chinois des
provinces où ils sont enclavés? Sait-on quelque
chose des raisons qui ont empêché jusqu'ici
qu'ils n'aient pu être soumis à l'Empire Chinois?

52.

Les Tartares Mantchoux et autres soumis à
l'Empereur de la Chine, commencent-ils à prendre des mœurs plus approchantes des mœurs chi-
noises, à demeurer dans les villes, à s'adonner
moins à la chasse et davantage à la culture de
la terre et et aux arts? Les deux derniers Empe-
reurs plus éloignés de l'origine Tartare, ne sont-
ils pas devenus plus Chinois, et pour la manière
de vivre, et pour la manière de penser, que
leurs prédécesseurs.

Sur les encouragemens demandés pour l'établissement ou le soutien de quelques Manufactures.

A l'occasion d'une affaire particulière, M. Turgot crut devoir exposer à M. Trudaine des observations relatives aux encouragemens dont quelques Manufactures étaient susceptibles en raison de leur utilité et de l'avantage qui en résulterait pour les provinces où elles étaient placées ; et des priviléges qu'il fallait toujours leur refuser.

M. *Trudaine*, entièrement dans les principes de M. *Turgot*, pensa que, d'après ces principes mêmes, leur application devait encore être resserrée.

Et M. *Turgot* reconnaissant la justesse des réflexions générales de M. *Trudaine*, insista néanmoins pour qu'une partie des encouragemens qu'il avait demandés en faveur de la Manufacture dont il s'agissait ne fût pas refusée ; il en dit les raisons.

Cette correspondance entre deux grands hommes d'État les honore tous deux, et montre quel était l'esprit de leur Administration. Ils discutaient tout avec un examen sérieux de la justice particulière et de l'intérêt public.

LETTRE DE M. TURGOT

A M. TRUDAINE,

Sur les encouragemens demandés par une Manufacture ; et en général sur ceux que l'on peut leur accorder, comme sur ceux que l'on doit leur refuser.

A Limoges, le   février 1766.

MONSIEUR,

Les sieurs *La Forêt*, frères, Entrepreneurs d'une Manufacture de cotonnade à Limoges, vous ont présenté différens mémoires que vous m'avez renvoyés, et sur lesquels je n'ai point encore eu l'honneur de vous donner mon avis.

Ces Manufacturiers avoient d'abord formé des demandes qu'il n'étoit guères possible de leur accorder ; mais par leurs derniers mémoires, ils les ont restreintes à des points plus raisonnables.

Cette manufacture, établie du tems de M. de Tourny, a joui pendant vingt ans d'un privilége exclusif dans la ville de Limoges et dans l'étendue de dix lieues à la ronde, qui leur avoit été accordé par un Arrêt du Conseil du 3o juillet 1743. Par ce même Arrêt, les sieurs *La Forêt* devoient jouir, ainsi que leurs veuves et leurs enfans fabriquans, pendant la durée du privilége, de l'exemption personnelle du logement des gens de guerre, du fourrage, de l'ustensile, de la collecte, du Syndicat, de tutelle, curatelle et autres charges publiques, et ils devoient être taxés d'office modérément à la taille.

En 1748, en considération des efforts qu'avoient fait les sieurs La Forêt pour perfectionner leur fabrique, M. le Contrôleur-général leur accorda le titre de Manufacture Royale.

Le privilége des sieurs *La Forêt* étant heureusement expiré en 1763, ils s'adressèrent à moi pour en solliciter le renouvellement. Je leur fis sentir que leurs sollicitations étoient inutiles, et que les principes adoptés aujourd'hui avec tant de raison par l'Administration, étoient un obstacle invincible au succès de leurs désirs.

En conséquence ils vous ont adressé, Monsieur, un mémoire par lequel ils demandent la continuation des autres priviléges que l'Arrêt de 1743 leur accordoit outre le privilége exclusif, et quelques autres avantages et priviléges dont ils n'ont pas joui jusqu'ici. Ils demandent premièrement qu'il leur soit accordé des lettres de noblesse en considération du service qu'ils ont rendu à la province en y introduisant un genre d'industrie qui y occupe plus de dix-huit cents personnes de l'un et de l'autre sexe, sans avoir, disent-ils, reçu aucun secours d'argent du Gouvernement.

2°. L'exemption du vingtième d'industrie à raison de leur fabrique pour eux, leurs veuves et leurs enfans.

3°. L'exemption de toutes impositions, même des vingtièmes pour raison du terrain et des bâtimens de leur Manufacture.

4°. Que, quoique la Manufacture où ils habitent soit située hors de l'enceinte taillable de la ville de Limoges, ils soient réputés habitans de Limoges, et puissent en cette qualité être nommés aux Offices Municipaux et de la Jurisdiction Consulaire, et continuent d'être taxés d'office au rôle de Limoges, si le Roi ne leur accorde pas la Noblesse.

5°. Que tous les privilèges qui leur sont accordés par l'Arrêt de 1743, à l'exception du privilége exclusif, leur soient continués à perpétuité à eux, leurs veuves et enfans fabriquans, tant que la Manufacture subsistera.

6°. Que le titre de Manufacture Royale leur soit conservé et confirmé.

7°. Ils demandent la concession d'un ancien moulin à poudre et d'un terrain adjacent, situés sur la rivière de Vienne, et appartenant, à ce qu'ils disent, au Roi, pour y faire mouvoir, par le moyen de l'eau, différentes machines relatives au moulinage des soies, et y établir une blanchisserie pour les cotons et les fils de lin.

Ils ont depuis présenté une nouvelle requête que vous m'avez aussi renvoyée, par laquelle ils demandent :

8°. L'exemption de tous droits pour les étoffes fabriquées dans leur Manufacture, tant dans l'intérieur qu'à la sortie du Royaume, et celle des droits sur les matières premières qu'ils emploient, et notamment l'exemption du droit de vingt francs par cent pesant nouvellement imposé sur les cotons filés du Levant importés par Marseille.

Il est certain, Monsieur, que la Manufacture des sieurs *La Forêt*, depuis qu'elle n'a plus de privilége exclusif, ne peut qu'être utile à la province, et mérite la protection du Gouvernement.

Ces Entrepreneurs ont de l'intelligence et de

l'activité, et réussissent assez bien dans les différentes étoffes qui sont l'objet de leur fabrique. Ils ont fait un bâtiment considérable dans lequel ils ont depuis long-tems de cinquante à soixante métiers battans. Ils ont fait voyager leurs enfans à Lyon et dans les principales villes de manufacture pour s'instruire. Ceux-ci en ont rapporté des connoissances dans le dessin, dans les différentes pratiques pour la préparation des matières, dans l'art de varier la monture des métiers, et d'apprêter leurs étoffes. Ils se sont procuré des machines utiles, telles qu'un cylindre, une calandre, un moulin pour donner le tors aux soies et aux cotons qu'ils emploient. Ils sont presque les seuls particuliers des environs de Limoges qui élèvent des vers à soie. Leurs soins ont aussi contribué à l'établissement de la filature du coton dans quelques petites villes des environs de Limoges. A tous ces titres ils méritent des égards et des encouragemens. — Il s'agit de voir si ceux qu'ils demandent peuvent leur être accordés sans inconvénient.

Ils demandent d'abord des lettres de Noblesse. On ne peut douter que cette distinction honorable accordée de tems en tems à quelques Commerçans, ne soit très-propre à faire naître parmi eux une émulation utile. C'est un témoignage solemnel que donne le Gouvernement, de la considération avec laquelle il regarde l'état des Commerçans ; c'est pour eux un gage de la considération publique et un motif d'estimer leur état, et d'y rester attachés. Mais cette faveur ne doit pas être prodiguée. Elle doit, ce me semble, être réservée pour des Négocians d'un ordre supérieur qui, par l'étendue ou la nouveauté de leurs entreprises, ont fait faire un progrès réel au commerce de la Nation ; à ceux qui, dans des tems difficiles, ont servi l'État de leur fortune ou de leur crédit ; à ceux qui ont introduit dans la Nation une industrie inconnue avant eux, et propre à former une branche de commerce avantageuse.

En rendant justice à l'utilité réelle de l'établissement des sieurs *La Forêt,* on doit convenir qu'elle ne peut les placer dans cette première classe. Ils ont formé une fabrique de cotonnades, genre d'industrie à la vérité nouvellement introduite en Limousin, mais connue et florissante depuis long-tems dans d'autres provinces du Royaume. Ils ont joui pendant vingt ans d'un privilége exclusif onéreux à la province ; et il sera toujours douteux si leurs soins et leurs avances ont été plus utiles aux progrès du genre même de travaux dont ils ont donné l'exemple, que leur privilége exclusif n'y a été nuisible en étouffant l'industrie de tous ceux qui auroient pu former des entreprises semblables. Ce n'est que depuis l'expiration de leur privilége exclusif que leur établissement peut être regardé comme vraiment utile, et à partir de cette date leurs services ne sont certainement ni assez anciens, ni assez étendus pour mériter une récompense aussi distinguée que des lettres de Noblesse.

Ils demandent en second lieu l'exemption du vingtième d'industrie à raison de leur fabrique. L'imposition du vingtième d'industrie me paroît en général assez mal-entendue. L'industrie n'a que des salaires ou des profits, qui sont payés par le produit des biens-fonds, et qui ne forment point une augmentation dans la somme des revenus de l'État. Ces profits sont et doivent être limités par la concurrence. Si le Prince veut les partager, il faut que l'industrie se fasse payer plus cher ou travaille moins. Cet impôt ne soulage donc point le Propriétaire des terres. Il est d'ailleurs physiquement impossible de l'asseoir avec précision, parce qu'il est impossible de connoître la fortune et les profits de chaque Négociant. Enfin c'est un objet assez modique pour le Roi. Toutes ces raisons me feroient désirer que cet impôt pût être supprimé. Mais tant qu'il subsistera, je ne puis être d'avis d'en exempter sans des raisons très-fortes un Négociant particulier. L'impossibilité de connoître les fonds d'un commerce pour imposer chaque Négociant à proportion de sa fortune, a obligé de s'écarter des principes de l'établissement du vingtième, et de substituer à l'imposition proportionnée au gain de chaque contribuable, la répartition d'une somme fixe dans chaque ville. On ne pourroit donc tirer des rôles du vingtième d'industrie un Négociant particulier sans faire retomber sa charge sur les autres. Cette grâce pourroit n'avoir aucun inconvénient, s'il s'agissoit d'une Manufacture nouvelle dont les Entrepreneurs n'eussent point encore été sujets à cette taxe. Mais les sieurs *La Forêt* ont toujours partagé cette charge avec les autres Négocians de Limoges. Elle ne leur est pas plus onéreuse qu'aux autres, et ils ne sont pas moins en état de la supporter; je pense donc qu'il n'y a pas lieu de leur en accorder l'exemption.

Leur troisième demande qui a pour objet l'exemption de toutes impositions, même des vingtièmes pour raison du terrain et des bâtimens de la Manufacture, ne me paroît pas non plus devoir leur être accordée. Si les vues actuelles du Gouvernement, de changer la forme des impositions et de les rendre réelles et territoriales, ont, comme il faut l'espérer, leur exécution, il y auroit de l'inconvénient à en excepter aucun fonds. Il est fâcheux que la législation soit déjà gênée d'avance par une foule de priviléges ; c'est un embarras qu'il ne faut pas augmenter.

L'imposition actuelle que supporte le terrain de la Manufacture des sieurs *La Forêt*, est très-modéré, et dans le systême d'impositions qui a lieu en Limousin, ils n'ont point à craindre qu'elle soit augmentée arbitrairement. Je pense donc qu'il faut à cet égard laisser les choses comme elles sont.

Pour entendre l'objet de leur quatrième demande, il faut savoir que la ville et la cité de Limoges, quoique faisant partie d'un même tout, forment cependant deux communautés distinctes, et qui sont imposées séparément à la taille ; outre ces deux communautés, il y a encore deux petites paroisses qui ne sont pas à cent toises de l'une et de l'autre, et sur le territoire desquelles il y a plusieurs maisons qui tiennent à la ville, mais qui n'en font point partie. Ces

paroisses ont leur rôle particulier, et la taille
s'y impose d'après les mêmes règles que dans
les paroisses de la campagne. Elles ont cependant été comprises dans l'enceinte formée pour
le paiement du don gratuit, et les habitans sont
regardés, à beaucoup d'égards, comme habitans de Limoges. C'est dans une de ces paroisses
qu'est située la Manufacture des sieurs *La
Forêt;* mais cela n'a pas empêché que, depuis
qu'elle est établie, leur taxe d'office faite en
conséquence de l'Arrêt du Conseil du 30 juillet
1743, n'ait été portée sur le rôle de la ville.
Ils ont toujours été regardés comme étant du
Corps des Négocians de Limoges; et l'un d'entre
eux est même actuellement Conseiller de la Jurisdiction Consulaire. Je ne vois aucune difficulté à leur continuer cette prérogative dont ils
sont en possession, et à ordonner qu'ils continueront d'être regardés comme habitans de la
ville de Limoges; que comme tels ils pourront être nommés aux places Municipales et de
la Jurisdiction Consulaire, et qu'ils continueront d'être taxés d'office modérément au rôle
de la ville de Limoges pour leurs impositions
personnelles.

Je ne vois pas non plus de difficulté à leur
accorder leur cinquième demande, qui ne consiste

siste que dans la continuation des priviléges dont ils jouissent depuis leur établissement; en en retranchant le privilége exclusif, ils n'ont plus rien d'exorbitant; cependant comme il faut toujours tendre à ramener par degrés les choses au droit commun, je serois d'avis de fixer à ces priviléges le terme de vingt ans, le tout à la charge d'entretenir toujours le même nombre de métiers battans. La continuation du titre de Manufacture Royale est aussi sans inconvénient. Ce titre n'a été accordé aux sieurs *La Forét* que par une lettre de M. le Contrôleur-général, laquelle ne fixe aucun terme à cette grâce. Ainsi l'expiration des priviléges accordés par l'Arrêt de 1743, n'a rien fait perdre à cet égard aux sieurs *La Forét*, et ils ne demandent la confirmation de ce titre par Arrêt du Conseil, que pour y donner une plus grande authenticité.

Quant à la concession de l'ancien moulin à poudre, situé sur la Vienne, qui fait l'objet de leur septième demande, elle avoit déjà été demandée par le sieur *Morin*, Entrepreneur de la Manufacture de cuivre jaune. — En vous donnant mon avis sur la requête de celui-ci, j'ai déjà eu l'honneur de vous marquer que ce moulin n'appartenoit point au Roi, mais à la

Tome V. 12

Compagnie des Fermiers des poudres, qui l'avoient acquis en leur nom. S'il eût appartenu au Roi, et si la concession eût pu en avoir lieu, j'aurois cherché à procurer la préférence au sieur *Morin*, à qui ce moulin auroit été plus nécessaire. Ce n'est pas que les machines dont les sieurs *La Forêt* veulent se fournir, ne doivent être fort utiles à leur fabrique, et même à la province; mais ils sont en état d'en faire l'établissement, et les positions favorables ne sont pas rares dans les environs de Limoges.

Enfin pour ce qui concerne leur dernière demande, c'est-à-dire, l'exemption des droits d'entrée et de sortie, tant du Royaume que des provinces des cinq grosses Fermes, soit pour les étoffes fabriquées dans leur Manufacture, soit pour les cotons et autres matières premières qu'ils y emploient, je la regarde comme très-favorable. Cette exemption les dédommageroit du privilége exclusif qu'ils perdent, et remplaceroit un encouragement nuisible à la province par un autre dont elle partageroit l'avantage. Le Limousin, par la difficulté de déboucher les productions de ses terres et par le bas prix de la main-d'œuvre, seroit très-propre à établir différentes Manufactures; mais les ouvrages qu'on y fabriqueroit, ne

peuvent se débiter dans les provinces de Bourbonnois, de Berri, de Poitou, d'Aunis qui,
par leur situation, en sont les plus à portée sans
payer les droits des cinq grosses Fermes, ce
qui les met dans l'impossibilité d'y soutenir la
concurrence des anciennes Manufactures.

Il paroît que, depuis quelque tems, le
Conseil s'est avec raison rendu assez facile sur
cette exemption. J'en connois plusieurs exemples récens, et la faveur accordée aux sieurs
Metezeau de Nantes, par l'Arrêt que citent
les sieurs *La Forêt*, en est un très-frappant.
La Manufacture des sieurs *Metezeau* n'a que
cinq métiers battans ; celle des sieurs *La Forêt*
en a plus de soixante, et l'on ne manqueroit
pas de raisons pour soutenir qu'une Manufacture est mieux placée et mérite plus de protection à Limoges qu'à Nantes, où l'extrême
activité du commerce maritime, l'emploi qu'il
offre continuellement aux capitaux des Négocians et au travail des hommes, rend la main-
d'œuvre nécessairement très-chère, et devient
par conséquent un obstacle presque invincible
au progrès des Manufactures.

Les sieurs *La Forêt* insistent pour l'exemption des nouveaux droits imposés sur les cotons
filés du Levant. Cet article souffrira peut-être

un peu plus de difficulté, si, comme je le présume, le motif qui a fait établir ces nouveaux
droits est le désir de hâter l'établissement de
la filature dans le Royaume. Je crois cependant
qu'en attendant que ces filatures soient établies,
il est fort dangereux que les Manufactures mon-
tées ne languissent faute de matière ; or il est
certain que les Manufactures de filage déjà établies sont le seul ressort qui puisse donner de
l'activité à la filature. L'intérêt des Manufacturiers les engagera toujours suffisamment à
répandre autour d'eux cette industrie, parce
qu'ils gagneront toujours plus à tirer leurs fils
de près que de loin. Je ne regarde donc les cotons filés chez l'Étranger que comme un supplément, mais supplément qui peut devenir nécessaire en bien des cas pour le soutien des Manufactures, et qui, par une conséquence plus éloignée, mais non moins certaine, concourt à l'établissement même de la filature dans l'intérieur.
Je pense donc que du moins dans une province
où la filature n'est pas encore assez bien montée
pour alimenter les Manufactures, il n'y auroit
point d'inconvénient à faciliter l'entrée du coton filé étranger. Si cependant vous y trouviez de
la difficulté, je n'en insisterois pas moins pour
que vous eussiez la bonté d'accorder aux sieurs

La Forêt l'exemption de droits qu'ils demandent pour leurs étoffes et pour les autres matières premières qu'ils emploient dans leur Manufacture.

Voici donc, Monsieur, pour résumer mon avis, à quoi se réduisent les encouragemens qu'il me paroît juste et utile d'accorder aux sieurs *La Forêt* :

1°. La confirmation de la possession où ils sont d'être regardés comme habitans de la ville de Limoges, comme tels compris dans le Corps des Négocians de cette ville, susceptibles des places de la Jurisdiction Consulaire et des places Municipales, et taxés pour leurs impositions personnelles au rôle de la ville.

2°. La continuation des différens priviléges, autres que le privilége exclusif, dont ils ont joui en vertu de l'Arrêt du Conseil du 30 juillet 1743, c'est-à-dire, de l'exemption de collecte, milice, logement de gens de guerre, tutelle, curatelle et autres charges publiques, et le privilége d'être taxés d'office modérément.

3°. La confirmation du titre de Manufacture Royale et des distinctions qui y sont attachées, ainsi qu'elles leur ont été accordées par la lettre de M. le Contrôleur-général, du 16 septembre 1748.

4°. L'exemption des droits d'entrée et de sortie du Royaume et à la circulation dans l'intérieur, tant pour les étoffes fabriquées par leur Manufacture, que pour les matières premières qu'ils y emploient, et même, s'il est possible, pour les cotons filés qu'ils tireroient de l'Étranger.

J'ai l'honneur de vous renvoyer les mémoires des sieurs *La Forêt.*

Je suis avec respect.

RÉPONSE de M. TRUDAINE à M. TURGOT.

A Paris, le 11 Mars 1766.

MONSIEUR,

J'ai lu avec une grande satisfaction la lettre que vous m'avez fait l'honneur de m'écrire à l'occasion des exemptions et des priviléges que demandent les sieurs *La Forêt* frères. Je pense exactement comme vous, et par les mêmes motifs, sur l'article des lettres de Noblesse; sur l'exemption de vingtième d'industrie; sur celle des impositions et du vingtième qu'ils paient à raison du terrain et des bâtimens de leur Manufacture; sur le privilége dont ils jouissent

d'être regardés comme habitans de Limoges;
et enfin sur la concession de l'ancien moulin à
poudre. Mais j'avoue que j'aurois de la répugnance à leur accorder certains priviléges, et
à leur en continuer quelques autres sans restriction. Je vais entrer dans quelques détails sur
les articles qui me paroissent souffrir des difficultés, et vous exposer les motifs qui m'arrê-
teroient.

Les priviléges qu'ils avoient obtenus en même
tems que le privilége exclusif, renferment
l'exemption de milice, et celle de tutelle et
curatelle. Il seroit à désirer que des ouvriers
attachés à une Manufacture ne fussent pas exposés à se voir arrachés de leurs ateliers, pour
aller faire malgré eux le métier de la guerre
auquel ils ne sont pas destinés, et pour lequel
leurs talens acquis deviennent parfaitement inutiles; mais cette charge publique étant générale,
et M. le Duc de Choiseul paroissant disposé à la
rendre aussi égale qu'il sera possible entre ceux
qui y sont assujettis, il me paroît bien difficile
d'en obtenir l'exemption. D'ailleurs c'est à ce
Ministre qu'il convient de s'adresser, pour s'assurer si cette grâce pourroit se concilier avec
le plan qu'il s'est formé.

A l'égard des tutelle et curatelle, ce sont des

charges imposées par la Nature ; ainsi je pense qu'on ne devroit en exempter dans aucun cas. Les avantages résultans d'un travail assidu ou d'une vigilance continuelle, ne me paroissent nullement devoir l'emporter sur les devoirs d'assistance et d'humanité que doivent des parens aux enfans mineurs de leur famille. Par ces motifs je serois d'avis de retrancher absolument l'exemption de tutelle et curatelle des priviléges dont les sieurs *La Forêt* demandent la continuation.

Quoique le titre de *Manufacture Royale* ne paroisse qu'une décoration, il donne dans le commerce des avantages très-réels sur les Manufactures de même espèce qui n'ont pas ce titre. Vous en connoissez des exemples. C'est par cette raison que j'ai toujours vu avec peine donner cette marque de distinction à quelques Entrepreneurs, tandis qu'on la refuse à leurs concurrens naturels. C'est d'ailleurs par un abus manifeste des termes que des Manufacturiers ont obtenu la permission d'appliquer à des fabriques qu'ils ont établies à leurs dépens, et qui ne travaillent que pour eux, une qualification qui n'appartient qu'aux Manufactures établies par le Roi, et qui ne travaillent que pour Sa Majesté, comme celle des Gobelins.

Les mots *Manufacture Royale*, ne doivent être regardés et ne sont réellement que l'énonciation d'un fait. Cette réflexion devoit naturellement conduire à refuser ce titre à tout établissement formé par des particuliers et pour leur profit; mais quand on sait de plus que ce titre accordé aux uns nuit aux Manufactures des autres, il me semble qu'on doit avoir plus de répugnance encore à donner une marque de distinction qui devient purement lucrative. Cependant si vous croyez devoir insister sur cet article, je m'en rapporterai à ce qui vous paroîtra le plus convenable.

Je pense aussi que l'exemption des droits d'entrée et de sortie du Royaume et à la circulation dans l'intérieur, tant pour les étoffes fabriquées que pour les matières premières, devroit être commune à tous les Fabricans, ou n'être accordée à aucun. Mais comme dans les principes du nouveau tarif général les droits de l'intérieur doivent être supprimés (1), je ne

---

(1) M. *Trudaine* croyait que la suppression des droits de traite et de péages dans l'intérieur de la France, dont il s'occupait depuis long-tems avec autant de sagesse que de lumières, allait être prononcée.

La résistance des Financiers d'alors, et des protec-

vois pas d'inconvénient à faire jouir dès-à-présent les sieurs *La Forêt* ·de cette partie de l'exemption qu'ils demandent. Peut-être même les avantages qu'ils en retireront engageront-ils d'autres Entrepreneurs à solliciter la même faveur : dans ce cas je serois d'avis de l'accorder, afin que l'industrie jouît d'avance de cette partie du bien que le nouveau tarif doit produire.

A l'égard des cotons filés tirés de l'Étranger, je crois qu'il est très-intéressant pour toutes nos Manufactures de laisser subsister les droits établis, parce que c'est le seul moyen de rendre la filature générale en France, et de la porter rapidement à sa perfection. C'est un bien que les sieurs *La Forêt* peuvent procurer au Limousin. Ils ont déjà commencé cet ouvrage : ils doivent s'occuper sérieusement, et par zèle et par intérêt personnel, des moyens de l'achever.

---

tions qu'ils avaient à la Cour fut si vive et si efficace, que ni lui, ni M. *Turgot* dans son ministère, ni les Ministres qui leur ont succédé, et qui n'ont jamais abandonné cet utile projet, n'ont pu mettre à exécution le vœu général de la Nation Française, si fortement commandé par l'intérêt le plus évident de l'agriculture, des manufactures et du commerce. Il a fallu pour le remplir une révolution et l'autorité de l'Assemblée constituante.

Il ne me reste plus qu'une observation à vous faire : ils demandent leurs priviléges pour vingt ans. La Déclaration du Roi, du 24 décembre 1762, article 2, y met obstacle, en fixant au terme de quinze années de jouissance tous les priviléges qui ont été accordés, ou qui le seront dans la suite.

Je désire que vous pensiez comme moi sur les articles de la demande des sieurs *La Forêt* qui m'ont paru souffrir des difficultés, et je vous prie de m'envoyer un projet de l'Arrêt qui vous paroîtra devoir être expédié en leur faveur.

Je suis avec respect,

V. T. H. et T. O. S.

Signé TRUDAINE.

RÉPLIQUE de M. TURGOT à M. TRUDAINE.

A Limoges, le

MONSIEUR,

J'ai à me reprocher d'avoir perdu de vue depuis bien long-tems la réponse que vous avez faite à une lettre que j'avois eu l'honneur de vous écrire au mois de février, à l'occasion des exemptions et des priviléges demandés par les sieurs *La Forêt*, Entrepreneurs d'une Manufacture de cotonades à Limoges. J'étois entré, en vous donnant mon avis sur ces demandes, dans un détail fort étendu, et j'aurois fort désiré que vous eussiez pu vous décider en conséquence, sans avoir besoin d'éclaircissemens ultérieurs. — Mais vous m'avez témoigné, par votre réponse, que vous aviez de la répugnance à leur accorder quelques-uns des priviléges que je proposois en leur faveur. Vous m'avez fait part des motifs de cette répugnance en désirant de savoir si je croirois devoir insister sur les articles de ma lettre, qui vous paroissoient susceptibles de difficulté, et en me priant de vous envoyer un projet de l'Arrêt, tel que je croirai convenable de l'expédier.

Je ne rappellerai point, Monsieur, les différens détails où j'étois entré dans ma première lettre, que vous pourrez vous faire remettre sous les yeux. Il suffit de vous en présenter le résultat par lequel j'avois terminé cette lettre.

(Ici M. Turgot transcrit les quatre articles énonçant les encouragemens qu'il pensait qu'on pouvait accorder à MM. La Forêt, et qu'on a trouvés ci-dessus pages 181 et 182.)

Je vais successivement parcourir les ré-

flexions dont vous m'avez fait part sur ces
différens priviléges.

Votre première observation tombe sur l'exemption de milice renfermée dans les anciens priviléges dont les sieurs *La Forêt* demandent
la continuation. Vous pensez qu'il seroit à désirer que des ouvriers attachés à une Manufacture ne fussent pas exposés à se voir arracher
de leurs ateliers pour aller faire malgré eux le
métier de la guerre auquel ils ne sont pas destinés, et pour lequel leurs talens acquis deviennent parfaitement inutiles; mais vous observez
que M. le Duc de Choiseul paroissant disposé à
rendre cette charge publique aussi égale qu'il sera
possible entre ceux qui y sont assujettis, il vous
paroît bien difficile d'en obtenir l'exemption, et
vous croyez qu'il peut être nécessaire de s'adresser
au Ministre pour s'assurer si cette grâce pourroit se concilier avec le plan qu'il s'est formé.

Je crois pouvoir vous répondre, Monsieur,
ainsi que je l'ai déjà fait en vous donnant mon
avis sur l'établissement de la Manufacture du
sieur *Nadal* d'Angoulême, que toutes les
exemptions de milice accordées par des Arrêts
du Conseil à différentes Manufactures, n'ont
souffert de la part de M. le Duc de Choiseul
aucune espèce de difficulté, et que les plans

adoptés par ce Ministre sur la milice n'étant point différens de ceux qui avoient lieu précédemment, il ne me paroît pas qu'on doive se faire aucune difficulté d'insérer, toutes les fois que le Conseil le jugera convenable, l'exemption de milice parmi celles qu'on accordera à différentes Manufactures, puisque cette exemption a été insérée dans un grand nombre d'Arrêts de ce genre, qui n'ont donné lieu à aucune réclamation de la part du Ministre de la Guerre.

Non-seulement tous les priviléges accordés par le Conseil ont eu leur entière exécution; mais les Intendans ont eu la même liberté dont ils jouissoient auparavant, d'accorder les exemptions qu'ils ont regardées comme justes et nécessaires pour l'avantage du commerce. C'est en conséquence de cette liberté que j'ai fait jouir de l'exemption personnelle tous les Maîtres ou Entrepreneurs de Manufacture, faisant travailler sur métier. Je crois aussi qu'il est juste d'exempter, dans chaque grande Manufacture, quelques ouvriers principaux nécessaires pour diriger le travail des autres, et distingués par une plus grande intelligence ou par une connoissance supérieure qui les rendent plus difficiles à remplacer.

Pour fixer à cet égard une règle qui tienne un juste milieu entre la trop grande rigueur et la trop grande multiplication des exemptions, j'estime qu'il seroit convenable d'accorder l'exemption pour un ouvrier à raison de dix métiers battans, et je ne ferois aucune difficulté d'accorder une pareille exemption à tous les Manufacturiers qui la demanderoient.

Les sieurs *La Forêt* ne demandent l'exemption que pour leurs enfans, et mon avis est de la leur accorder.

Votre seconde observation concerne l'exemption de tutelle et de curatelle que les sieurs *La Forêt* avoient obtenue en même tems que le privilége exclusif. Vous observez que ce sont des charges imposées par la Nature, dont on ne devroit exempter dans aucun cas, aucune considération ne devant l'emporter sur les devoirs d'assistance et d'humanité que doivent des parens aux enfans mineurs de leurs familles.

Ces réflexions sont extrêmement justes et très-conformes à ma façon de penser. C'est en effet une chose bien étonnante que la facilité avec laquelle on a prodigué ce privilége, non-seulement pour favoriser des établissemens utiles à l'État, mais pour décorer une foule de petites charges plustôt nuisibles qu'utiles, et qui n'ont été inventées que dans des vues fiscales. Il n'est pas jusqu'aux plus petits Employés des Fermes qui n'en jouissent, et cette exemption est, pour ainsi-dire, devenue de style toutes les fois que le Gouvernement veut favoriser quelque personne que ce soit par une concession de privilége.

C'est en partant de cet usage général, que je n'avois point pensé à réclamer contre ce privilége dont les sieurs *La Forêt* avoient joui aux mêmes titres que tant d'autres. Je ne voyois pas qu'en le leur retranchant, on avançât beaucoup dans la réforme d'un abus aussi universel, et je me bornois à désirer que le Gouvernement prît des mesures pour le faire un jour cesser entièrement, ce qui ne se peut que par des changemens assez considérables dans notre législation et dans les formes judiciaires. Car il faut l'avouer, si c'est la Nature qui a imposé aux parens ce devoir d'humanité envers les enfans mineurs de leur famille, ce n'est pas la Nature qui l'a rendu tellement onéreux, que tout le monde s'empresse de le fuir, et qu'il est devenu presque incompatible avec toute profession active, et qui demande un travail assidu. Pour supprimer entièrement ce privilége, il faudroit que les formes judiciaires
fussent

fussent assez simples et assez peu dispendieuses,
pour que la tutelle cessât d'être un fardeau redou-
table, même à l'intelligence réunie à la probité ;
ou bien il faudroit que la loi s'occupât de pourvoir
à la conservation des biens des mineurs, d'une
manière qui, en conservant à leurs parens l'inspection qu'ils doivent naturellement avoir, leur
laissât le loisir nécessaire pour suivre le cours
de leurs occupations ordinaires. Ce n'est pas ici
le lieu de s'étendre sur les moyens qu'on pourroit prendre pour parvenir à ce but : il faut partir
de l'état actuel des choses ; et j'avoue qu'en attendant une réforme beaucoup plus désirable
qu'elle ne paroît prochaine, je ne puis, ni tout-
à-fait condamner l'administration lorsqu'elle se
détermine à donner ce privilège pour des considérations d'utilité publique, ni m'étonner de
la répugnance que vous sentez à l'accorder. Dans
le cas particulier de la manufacture des sieurs
La Forêt, je ne vois aucune nécessité assez ur-
gente pour insister, et je me rends volontiers à
votre façon de penser en retranchant ce privilège
de l'arrêt que je vous propose.

Votre troisième difficulté concerne le titre de
Manufacture royale que j'avois proposé de
conserver aux sieurs La Forêt, et vous fondez
votre répugnance sur deux motifs ; l'un, que le

titre de manufacture royale ne devroit s'appliquer, suivant son origine , qu'aux manufactures
établies par le Roi , et qui travaillent pour le
compte de sa Majesté, comme celle des Gobelins,
en sorte que ces mots *Manufacture royale*
ne doivent être regardés que comme l'expression
d'un fait ; réflexion qui conduiroit naturellement à refuser ce titre à tout établissement formé
par des particuliers, et pour leur profit.

Le second motif est l'avantage trop réel que
cette décoration donne aux fabriques qui l'ont
reçue, sur les manufactures de même espèce
qui n'ont pas ce titre. Vous ajoutez que si cependant je crois devoir insister sur cet article,
vous vous en rapporterez à ce qui me paroîtra le plus convenable.

Quoique votre réflexion sur l'espèce d'abus
des termes dans l'application du titre de *Ma-*
nufacture royale soit très-juste en elle-même,
je crois cependant que cet abus , qui n'est que
dans le langage , est suffisamment couvert par
l'usage constant qui a déterminé le sens de ces
mots *Manufacture royale* , à n'être qu'une distinction purement honorifique dont le Conseil
a décoré les manufactures qu'il a cru dignes de
la protection particulière du Gouvernement.

A l'égard du tort que cette décoration peut

faire aux autres fabriques du même genre en procurant aux manufactures royales une préférence réelle , j'adopte absolument votre façon de penser, lorsqu'il s'agit d'une manufacture qui s'établit dans un canton où il y en a déjà d'autres du même genre ; mais je crois qu'on peut se rendre plus facile lorsqu'il s'agit d'un genre d'industrie absolument nouveau dans la province où se forme l'établissement. Les manufactures anciennement établies dans les autres provinces et dont le commerce est monté, ont trop d'avantage par cela même pour que celui qu'on donne à la nouvelle manufacture leur fasse aucun tort, et pourvû qu'on borne le titre de manufacture royale à un petit nombre d'années , on n'a point à craindre d'empêcher cette industrie de s'étendre dans la province où elle est nouvelle par la multiplication des manufactures de ce genre.

C'est d'après ces principes que, d'un côté, j'ai insisté auprès de vous pour faire supprimer le titre de manufacture royale accordé autrefois aux sieurs *Henry* et *d'Hervault*, fabricans de papier dans l'Angoumois, et que de l'autre je vous ai proposé d'accorder ce même titre à la manufacture d'étoffes anglaises établie à Brive par le sieur *Le Clerc,* à celle de cotonnades du sieur *Nadal* à Angoulême, et à celle de lainages anglais des sieurs *Piveteau-Fleury* dans la même ville.

Quant à ce qui concerne les sieurs *La Forêt*, je m'étois déterminé à proposer pour eux ce titre pour deux raisons ; l'une que , perdant le privilège exclusif qu'ils avoient eu jusqu'alors, il me paroissoit dur de les priver en même tems d'une décoration dont ils jouissoient ; l'autre étoit que la lettre ministérielle qui leur a donné cette décoration n'ayant rien de commun avec l'arrêt qui leur conféroit le privilège exclusif pour vingt ans , son effet ne paroissoit pas devoir expirer en même tems que cet arrêt : la lettre de M. le Contrôleur général, du 16 septembre 1748 , qui leur accorde cette grâce, n'y a même fixé aucun terme, et je trouvois qu'en la leur confirmant pour un tems limité , on se rapprochoit du droit commun sans rejeter tout-à-fait leur titre.

C'est à vous, Monsieur, à peser ces raisons, et à juger si elles vous paroissent suffisantes pour balancer la répugnance que vous avez à multiplier le titre de manufacture royale. Si vous ne le pensez pas , je n'insisterai point sur cet article, et je m'en rapporte à ce que vous déciderez.

Vos observations sur l'exemption des droits d'entrée et de sortie du royaume , et de la circulation dans l'intérieur, tant pour les étoffes fabriquées que pour les matières premières, sont entièrement conformes à ma façon de penser: vous êtes d'ailleurs d'avis d'accorder aux sieurs La Forêt l'exemption qu'ils demandent à cet égard ; ainsi je crois superflu de m'étendre sur cet article.

Vous pensez différemment sur l'exemption demandée des droits que paient les cotons filés tirés de l'étranger, et vous regardez ces droits comme le seul moyen de rendre la filature générale en France, et de la porter rapidement à sa perfection.

Je crois, Monsieur, que ce moyen de favoriser un genre d'industrie dans le royaume par des droits sur les productions de l'industrie étrangère, seroit susceptible de bien des considérations. Je vous avoue que, dans ma façon de penser particulière, une liberté entière, indéfinie, et un affranchissement total de toute espèce de droits, seroit le plus sûr moyen de porter toutes les branches de l'industrie nationale au plus haut point d'activité dont elle soit susceptible ; et que les productions étrangères que cette liberté indéfinie laisseroit importer dans le Royaume, seroit toujours compensée par une exportation plus grande des productions nationales. Mais ces principes n'étant point encore adoptés, je conviens avec vous qu'il n'y a aucune raison pour exempter les sieurs *La Forêt* en particulier, d'un droit qu'on a cru devoir établir pour tout le Royaume dans la vue d'exciter les fabricans à s'occuper d'étendre les filatures. J'avois au reste prévu cette difficulté de votre part, et je m'en étois entièrement rapporté à vous sur cette partie de l'exemption demandée par les sieurs *La Forêt.*

Il me reste à répondre à une dernière observation relative à la durée des priviléges que les sieurs La Forêt ont demandé pour vingt ans. Vous me marquez que la déclaration du Roi du 24 décembre 1762, article II, y met obstacle en fixant au terme de quinze années de jouissance tous les priviléges qui ont été donnés, ou qui le seront par la suite. Je croyois que cette déclaration n'avoit fixé ce terme que pour les priviléges exclusifs ; mais aucune raison n'exige qu'on étende au-delà ceux que vous voudrez bien accorder aux sieurs La Forêt, et je n'ai rien à opposer à l'observation que vous me faites.

Je joins à cette lettre le projet d'arrêt que vous m'avez demandé.

Je suis avec respect.

PROJET D'ARRÊT DU CONSEIL.

Nous en supprimons le préambule, qui rappelle au

long la requête de MM. *La Forêt*, et les considérations qui déterminent à y avoir égard, et nous nous
bornons à transcrire le dispositif.

Vu l'avis du sieur Turgot, Commissaire départi en la généralité de Limoges ; ouï le rapport
du sieur Laverdy, Contrôleur général des finances, le Roi êtant en son Conseil, voulant traiter
favorablement les Supplians, a ordonné et ordonne que lesdits sieurs La Forêt seront et de-
meureront confirmés dans la possession où ils
sont d'être regardés comme habitans de la ville
de Limoges, et pourront en cette qualité être
nommés aux charges municipales de ladite ville
et à celles de la jurisdiction consulaire ; qu'ils
continueront d'être taxés d'office et modérément
pour leurs impositions personnelles par le sieur
Intendant et Commissaire départi en la Généralité de Limoges au rôle de ladite ville, quoique
leur manufacture soit située hors de son enceinte;
qu'ils jouiront de l'exemption de collecte, logement de gens de guerre, milice pour eux et leurs
enfans, et des autres charges publiques :

Les confirme sa Majesté dans la possession du
titre de Manufacture royale et des prérogatives
qui y sont attachées :

Leur permet de faire marquer les étoffes qu'ils
fabriqueront d'un plomb portant d'un côté les

armes de sa Majesté, et de l'autre les mots: Manufacture Royale des sieurs La Forêt de Limoges.

Ordonne sa Majesté que lesdites étoffes ainsi plombées pourront circuler dans tout le Royaume en exemption de droits de douane et autres droits d'entrée et sortie des cinq grosses Fermes, et être envoyées à l'Etranger aussi en exemption de tous droits.

Ordonne pareillement sa Majesté que les matières premières destinées à être employées dans la manufacture desdits sieurs La Forêt seront aussi exemptes de tous droits. De tous lesquels priviléges lesdits sieurs La Forêt, leurs veuves et enfans tenant ladite manufacture, jouiront pendant l'espace de quinze années.

Ordonne sa Majesté que toutes les contestations qui pourront survenir sur l'exécution du présent Arrêt, circonstances et dépendances, seront portées en vertu d'icelui devant le sieur Intendant et Commissaire départi en la Généralité de Limoges pour être par lui jugées, sauf l'appel au Conseil. Lui enjoint sa Majesté de tenir la main à l'exécution du présent Arrêt.

AVIS

Pour l'Imposition de la Taille de la Géné-
ralité de Limoges, de l'année 1767.

Nous supprimons, comme nous. l'avons déjà fait dans les Avis précédens, le commencement, qui ne porte que sur des additions, soustractions et compensations de diverses impositions contenues au brevet de la taille et y annexées.

Comparaison du Brevet de la Taille de cette année avec celui de l'année dernière.

Celui de l'année prochaine 1767, est de la somme de deux millions deux cent soixante et quinze mille huit cent sept livres seize sols trois deniers.

Le Brevet de la Taille de la présente année 1766, montoit à deux millions deux cent soixante et quatorze mille sept cent cinquante-cinq livres un denier.

Ce qui ne paroît faire en 1767 qu'une augmentation de mille cinquante-deux livres seize sols deux deniers.

Mais nous observerons que le Roi ayant bien voulu accorder, par un arrêt postérieur à l'expédition des Commissions des Tailles de 1766, une diminution de 217,357 l. 10 s., l'imposition effective de ladite année n'a été que de deux millions cinquante-sept mille trois cent quatre-vingt-dix-huit livres dix sols un denier ; en sorte que si l'on imposoit en 1767 la somme de deux millions deux cent cinquante-huit mille quatre cent cinquante-une livres six sols trois deniers, qui sera portée par les Commissions du Conseil, il y auroit une augmentation réelle de deux cent un mille cinquante-deux livres seize sols deux deniers

Après cette observation préliminaire, nous allons rendre compte de l'état de la province par rapport aux récoltes.

Fromens.

La récolte des fromens a été des deux tiers à la moitié d'une année commune dans l'Élection d'Angoulême, et seulement du tiers au quart dans celles de Brive, de Limoges et de Tulle, où il ne s'en sème qu'une petite quantité, et d'environ les trois quarts d'une année commune dans celle de Bourganeuf.

Méteils.

Il ne s'en sème que dans l'Élection d'Angou-

lême, où l'on en a recueilli la moitié d'une année ordinaire.

Seigles.

C'est la récolte la plus commune des Élections de Limoges, de Tulle et de Bourganeuf.
On s'êtoit d'abord flatté à Limoges et à Tulle
qu'on auroit une année commune, et on l'a ainsi
marqué dans l'état des apparences de récolte
envoyé à M. le Contrôleur-général; mais l'examen plus approfondi et l'expérience de ce que
les gerbes produisent au battage, ont fait voir
qu'on ne devoit compter que sur les trois quarts
d'une année tout au plus. L'Élection de Bourganeuf a moins produit encore. Le seigle, qui
est la nourriture commune à Limoges, s'y soutient depuis la récolte à un prix très-haut, c'est-
à-dire de quinze à dix-huit francs le septier de
Paris.

Dans l'Élection d'Angoulême, où l'on sème
peu de ce grain, on n'en a recueilli qu'environ
une demi-année. Il est cette année d'une qualité
supérieure à celui de l'année 1765. Il ne reste
absolument plus rien de cette dernière récolte.

Avoines.

On en distingue deux espèces, la grosse qui
se sème en hiver, et la menue qui se sème en

mars. Les Elections de Limoges, de Tulle et de Brive, en ont recueilli une année commune; celle de Bourganeuf une demi-année; mais dans l'Election d'Angoulême les avoines d'hiver ont été gelées, et celles de mars ne rendent que peu.

Orges.

L'Election d'Angoulême où il s'en sème beaucoup, celles de Limoges et de Tulle où l'on en sème peu, ont récolté une année commune.

Ils ont gelé dans celle de Brive.

On n'en sème point dans celle de Bourganeuf.

Sarrazin ou Bled noir.

Ce grain, qui fait un objet considérable dans les Élections de Limoges, de Tulle, de Brive et de Bourganeuf, pour nourrir le paysan, n'a pas rendu plus du quart d'une année ordinaire. Il avoit donné assez d'espérance; mais la sécheresse extrême qui a régné depuis le commencement d'août, l'a presqu'entièrement détruit, et c'est au vuide que forme ce grain dans la subsistance du peuple, qu'on doit attribuer la cherté actuelle du seigle qu'il semble que la récolte auroit dû faire diminuer.

Bled d'Espagne.

Ce grain est pour l'Élection d'Angoulême ce

que le sarrazin est pour les autres Élections de
la Généralité; il est d'une très-grande ressource
pour la nourriture du paysan : il a mieux réussi
que le Sarrazin.

On en sème aussi dans les Élections de Brive
et de Tulle, mais plustôt pour faire manger en
verd aux bestiaux que pour la nourriture des
hommes.

Légumes.

Les Élections d'Angoulême et de Brive où il
s'en sème beaucoup, en ont recueilli une année commune. Cependant les féves, qui sont un
objet de culture considérable dans quelques paroisses de l'Angoumois, ont été grêlées.

Il n'y a presque point de légumes dans les
Élections de Tulle et de Bourganeuf; à l'égard
de l'Élection de Limoges, on en cultive beaucoup
dans les environs des villes, et ils ont réussi.

Les raves, qui sont en même tems légumes
et fourrage, ont manqué dans les Élections de
Limoges, d'Angoulême et de Bourganeuf. Elles
promettent assez dans celles de Brive et de Tulle.

Foins et Pailles.

Il y a eu peu de foin dans toute la Généralité.
—Dans l'Élection de Limoges les trois quarts;
dans celles d'Angoulême, de Tulle et de Brive

la moitié; et dans celle de Bourganeuf le tiers seulement d'une année commune. Les prairies artificielles ont réussi, mais elles ne sont pas un objet considérable.

Les pailles ont été encore moins abondantes que les foins.

Vins.

Cette récolte, qui est la grande ressource de l'Angoumois, ne produira que la moitié d'une année commune dans les vignes qui ont résisté à la gelée. — Mais il faut observer que la gelée a fait périr presque toutes les vieilles vignes, ce qui forme une perte immense pour l'Election d'Angoulême. L'Élection de Brive a éprouvé le même malheur. Celles de Limoges et de Tulle n'auront que le quart d'une année si les raisins peuvent mûrir. Mais cette production y est un fort petit objet.

Il n'y a point de vignes dans l'Élection de Bourganeuf.

Fruits.

On en espère une année commune; les noyers et les chênes promettent beaucoup, et l'abondance du gland a fait hausser considérablement le prix des porcs.

Châtaignes.

Cette espèce de fruit mérite un article séparé ; il peut nourrir dans les bonnes années, pendant quatre mois, les Élections de Limoges, de Tulle et de Brive. La rigueur de l'hiver a détruit environ le huitième des châtaigniers les plus vigoureux ; ce qui en reste est languissant, les arbres se sont dépouillés de leurs feuilles, et l'on ne compte presque plus sur cette ressource dans l'Élection de Limoges. On en espère pourtant une année commune dans les Élections d'Angoulême, de Tulle et de Brive. — Il n'y en a pas dans celle de Bourganeuf.

Lins, Chanvres, Safran.

Les chanvres et le lin ont assez réussi dans les Élections de Limoges et d'Angoulême, à l'exception des lins d'hiver que la gelée a détruits. — On n'en dit rien dans les autres Élections.

On n'espère presque rien des safrans dans la partie de l'Angoumois où l'on cultive cette plante ; la moitié des oignons ayant péri par la gelée, et ce qui reste ayant produit très-peu.

Bestiaux.

Malgré la disette des fourrages, dont on a

rendu compte, les bêtes à cornes s'étoient jusqu'ici soutenu à un bon prix; mais il n'est point à douter que cette disette, surtout si elle est accompagnée d'un hiver rigoureux, n'oblige beaucoup de particuliers à vendre leurs bestiaux, et n'en fasse par conséquent diminuer la valeur. On s'aperçoit même que depuis quelques jours le prix des vaches et des veaux commence à baisser.

Les bêtes à laine ont éprouvé tant de mortalité cette année et les précédentes, que la rareté de l'espèce est ce qui cause leur cherté.

L'espérance du gland en plusieurs endroits de la Généralité et dans son voisinage, a fait augmenter le prix des porcs. La vente de ces animaux et celle des bœufs gras fera, si le prix en est avantageux, la plus grande ressource de cette Généralité.

Nous apprenons qu'il s'est déclaré des maladies contagieuses sur les bêtes à corne dans la Subdélégation d'Eymoutiers et dans la paroisse d'Escars et ses environs, Élection de Limoges. — Si malgré les précautions que l'on a prises pour les arrêter, le mal venoit à se répandre, ce seroit le plus terrible des fléaux pour la province.

Accidens

Accidens particuliers.

Les grêles ont été moins fréquentes cette année que les précédentes. — Par les procès-verbaux des Officiers des Elections, on trouve dix-huit paroisses grêlées dans l'Élection de Limoges, cinq dans celle d'Angoulême, quatre dans celle de Tulle, et dix-neuf dans celle de Brive, ce qui fait en total quarante-six paroisses. D'ailleurs ces grêles n'ont pas causé de ces dommages qui se font ressentir plusieurs années de suite ; mais le froid excessif de l'hiver dernier a fait de très-grands maux. On a lieu de croire qu'il a été au moins aussi fort cette année dans les provinces méridionales du Royaume qu'il l'avoit été en 1709. C'est surtout dans les Élections d'Angoulême et de Brive, où la neige étoit moins épaisse, que les effets de la gelée se sont fait sentir d'une manière plus funeste.

1°. Les bleds semés trop tard ont péri par la gelée, ainsi que les avoines d'hiver, les lins, diverses espèces de légumes et de prairies artificielles dans les cantons que la neige ne couvroit pas. — La gelée a détruit aussi la moitié du safran qu'on cultive en Angoumois.

2°. Elle a brûlé la racine des herbes dans beaucoup de prés, ce qui est la principale cause de la rareté du fourrage , que les pluies qui ont régné pendant la fauchaison ont augmentée , une grande partie ayant été gâtée avant qu'on pût la serrer.

3°. Elle a détruit toutes les vieilles vignes de l'Angoumois , et du haut et du bas Limousin. Quoique quelques-unes aient repoussé par le pied , elles ne porteront de raisin que dans trois ans , et ceux qui se sont empressés de les arracher ne profiteront pas même de cette ressource.

4°. Elle n'a pas été moins funeste aux arbres fruitiers de toute espèce , et surtout aux châtaigniers , dont le huitième , ou environ , des plus vigoureux ont péri ; de sorte que dans une partie de la Généralité , on n'espère presque rien de la récolte de ce fruit qui pouvoit la nourrir un tiers de l'année.

5°. Elle a fait périr presque tous les agneaux et plusieurs ruches de mouche à miel , dont la cire fait un objet de commerce ; elle a privé les gens de la campagne de la ressource des -journées d'hiver , personne ne les ayant employés pendant près de deux mois , et tous les genres de travail étant devenus impraticables.

AVIS.

Deux puissans motifs sollicitent les bontés du Roi en faveur de la Généralité de Limoges : l'un est la surcharge qu'elle éprouve depuis très-long-tems sur ses impositions, l'autre est sa situation actuelle.

La disproportion des impôts qu'elle supporte avec ses revenus n'est que trop constante, et a été plus d'une fois représentée au Conseil, mais sans doute d'une manière trop générale et trop peu détaillée pour lever tous les doutes. Nous avons cru en devoir rassembler les preuves dans un mémoire particulier assez étendu que nous avons déjà envoyé au Conseil (1), et dont nous joignons une nouvelle expédition à cet Avis.

Nous croyons y avoir démontré clairement deux choses, l'une que les fonds taillables paient au Roi, en y comprenant les vingtièmes de quarante-cinq à cinquante pour cent du produit total de la terre, et forment une somme à peu près égale à celle que retire le Propriétaire ; — l'autre, que cette charge est incomparablement

---

(1) C'est celui qu'on a lu dans le tome précédent : pages 260 à 302.

plus lourde que celles que supportent les provinces voisines, et un grand nombre d'autres provinces du Royaume.

Des détails très-exacts que nous nous sommes procurés nous ont mis en état de faire une comparaison plus précise des impositions de l'Angoumois avec celles de la Saintonge; cette comparaison, faite par cinq voies différentes, a toujours donné le même résultat à peu près, c'est-à-dire que l'imposition de l'Angoumois est à celle de la Saintonge, sur un fonds d'égal produit, dans le rapport de quatre et demi ou cinq à deux.

Pour ramener les impositions de la Généralité de Limoges à la même proportion que celles des autres provinces, il faudroit une diminution telle que nous n'ôsons la proposer; nous nous sommes contentés de demander que dans la répartition générale des impositions, la province fût soulagée d'une somme d'environ six cent mille livres, dont trois cent cinquante mille environ sur la taille, et le surplus sur les autres impositions.

Nous sentons que la répartition de cette année étant faite, il ne sera peut-être possible de rendre une pleine justice à la Généralité de Limoges que dans la formation du brevet de

1768; mais nous espérons que Sa Majesté peut, dès cette année, en cette considération, lui accorder un soulagement beaucoup plus fort sur le moins imposé, d'autant plus que l'état actuel de la province a besoin des plus grands secours.

Elle n'a pas essuyé beaucoup de ces accidens qui, comme les grêles, se font sentir fortement à quelques cantons particuliers, et sont nuls pour le reste de la province. Les maux qu'elle a essuyés sont d'une nature plus générale. Les gelées excessives de l'hiver dernier en ont été le principe. Nous avons déjà dit que le froid avoit été aussi rigoureux dans les provinces méridionales qu'il l'avoit été en 1709. Les parties de la Généralité de Limoges qni en ont le plus souffert, sont les Élections de Brive et d'Angoulême. La plus grande partie des vieilles vignes ont péri, et cette perte est d'autant plus inappréciable qu'elle se fera sentir pendant plusieurs années. Les récoltes en grains dans ces deux Élections ont extrêmement souffert, et cette denrée est actuellement à un prix très-haut. C'est la troisième année que l'Angoumois en particulier éprouve une véritable disette; le froment y est monté l'été dernier à près de trente livres le septier de Paris. Malgré la moisson il se soutient

aux environs de vingt-cinq livres, et l'on ne doute
pas qu'il n'augmente l'épuisement que cette continuité de disette pendant trois ans a produit
dans une province déjà pauvre. L'excès de misère où elle a plongé le peuple ne se peut
imaginer , et réclame pour cette malheureuse
province toute l'étendue des bontés du Roi. Nous
savons que d'autres provinces méridionales ont
souffert beaucoup de la rigueur du dernier hiver,
et sont justement inquiètes de leur susbistance.
Mais le malheur d'être dans cette situation trois
ans de suite est particulier à l'Angoumois.

On avoit cru que la récolte seroit beaucoup
meilleure en Limousin , et dans l'état des apparences de la récolte, on s'étoit exprimé en conséquence de cette idée. Mais il paroît que la
gerbe a rendu peu de grain, et cette circonstance jointe à la sécheresse qui a détruit l'espérance de la récolte du sarrasin, a laissé les
grains aux prix beaucoup trop forts où ils ont
été l'année dernière. Le seigle , qui est la nourriture connue en Limousin, se soutient entre
quinze et dix-huit livres le septier de Paris ; il
est à craindre que les Propriétaires ne puissent
pas vendre ce qu'ils en ont recueilli , et ne soient
obligés de le laisser à leurs Métayers pour remplacer le vuide que fait la perte des sarrasins

dont les paysans vivent ordinairement une grande partie de l'année. Cette partie de la Généralité souffrira donc plus qu'on ne l'auroit cru d'abord, et aura aussi besoin de soulagement.

Ces circonstances réunies de la surcharge ancienne et démontrée de la Généralité de Limoges, de son épuisement; d'une disette qui dure depuis trois ans dans une des provinces qui la composent; d'une cherté et d'une misère générale, nous font penser qu'elles ont besoin au moins d'un soulagement de cinq cent mille livres, et nous supplions Sa Majesté de vouloir bien l'accorder.

———————

A V I S

Sur l'Imposition de la Taille de la Généralité de Limoges, en l'année 1768.

Le brevet de la taille de l'année prochaine 1768 a été arrêté à la somme d'un million neuf cent quarante-deux mille deux cent quatre-vingt-treize livres deux sols.

Celui de la taille de la présente année 1767 montoit à deux millions deux cent soixante-quinze mille huit cent sept livres seize sols trois deniers.

Ce qui fait, pour 1768, une diminution de trois cent trente-trois mille cinq cent quatorze livres quatorze sols trois deniers.

Cette diminution, plus apparente que réelle, vient de ce que le brevet arrêté au Conseil pour 1768 ne comprend que le principal de la taille; le taillon de la Gendarmerie; les gages et appointemens des Officiers et Archers de la Maréchaussée ; les étapes des gens de guerre, et le dixième ou deux sols pour livre des Impositions; le surplus des sommes contenues dans les brevets des années précédentes ayant été distrait de celui de 1768, elles seront comprises dans un second brevet qui sera arrêté au Conseil, en sorte que la connoissance de ce second brevet pourra seule montrer si la province est ou non soulagée.

Après ces observations préliminaires, nous allons rendre compte de l'état où se trouve la récolte en parcourant chacun de ses objets.

Nous supprimons ce détail statistique sur l'état des récoltes de froment, de méteil, de seigle, d'avoine, de sarrazin, de maïs, de légumes, de foins, de pailles, de vins, de fruits, de châtaignes, de chanvres, de lins, de safran, et du produit des bes-

tiaux ; nous remarquerons seulement que la culture
du froment de mars s'était introduite dans quelques
paroisses de l'Élection de Tulle, et que dans celle
d'Angoulême, outre les méteils ordinaires de froment et de seigle, on en faisait aussi de froment et
d'orge.

Accidens particuliers.

La Généralité de Limoges a essuyé cette année
plus de grêles que l'année précédente. Ce dom-
mage est pourtant peu de chose en raison de ce que
lui ont fait éprouver les gelées du mois d'avril,
si funestes en général aux provinces méridionales du royaume. Mais elles l'ont été encore plus
en Limousin qu'ailleurs ; et la raison en est
qu'elles ont fait très-peu de tort à la production
des fromens, au lieu que les seigles étant beaucoup plus avancés et déjà en épis et en lait,
ont incomparablement plus souffert. Or, la production principale du Limousin, quant à la partie des grains, est le seigle. On avoit semé cette
année beaucoup plus que les années précédentes, et le haut prix des grains, joint à l'espérance
du débit assuré par l'exportation, avoit sans
doute, plus que toute autre chose, contribué à
cet accroissement de culture. Les semences s'ê-
toient faites de bonne heure et par un très-beau
temps, l'abondance dont on se flattoit, rame-

noit déjà les grains et les autres denrées à un prix modéré. La récolte donnoit à toute sorte d'é-gards des espérances que ces gelées ont renver-sées, et le peu qu'elle a rendu a encore aggravé l'idée qu'on s'étoit faite du mal.

La sécheresse qui a suivi ces gelées a desséché les prairies, et privé presqu'entièrement la pro-vince de fourrage.

Le vent sec et violent qui a soufflé pendant que les seigles étoient en fleur, a encore aug-menté les maux causés par la gelée en faisant avorter la plus grande partie du grain dans l'é-pi. Ces gelées ont ravagé de la manière la plus cruelle les vignes qui font la richesse des Elec-tions de Brive et d'Angoulême, qui avoient déjà si prodigieusement souffert de la gelée de l'hiver de 1765 à 1766.

La perte sur les vignes sera probablement com-mune à la Généralité de Limoges et autres pro-vinces méridionales; mais la perte sur le seigle est particulière au Limousin, dont il est la plus importante culture, et où il fait la nourriture ordinaire du peuple.

Celle des fourrages lui sera encore infiniment plus sensible qu'aux autres provinces, parce qu'elle entraîne l'anéantissement du commerce des bestiaux, dont le profit est presque la seule base du revenu des propriétaires.

A V I S.

Nous avons tâché, l'année dernière, de mettre sous les yeux du Conseil, dans un mémoire très-détaillé, l'exposition claire de la surcharge qu'éprouve depuis long-tems la Généralité de Limoges (1).

Nous croyons avoir démontré dans ce mémoire de la manière la plus claire deux choses, l'une que les fonds taillables paient au Roi, en y comprenant les vingtièmes, de quarante-cinq à cinquante pour cent du revenu de la terre, ou presque autant que le propriétaire en retire. L'autre, que cette charge est incomparablement plus forte que celle que supportent les provinces voisines et la plus grande partie des autres Provinces du Royaume.

Nous ne répéterons point les preuves que nous avons données dans ce Mémoire, que nous supplions le roi de vouloir bien faire examiner, et auquel nous nous référons. — Nous ajoute-

---

(1) Volume précédent : pages 260 à 302.

rons seulement que nous avons envoyé depuis
et avec la seconde expédition de ce Mémoire,
le résultat d'un travail du même genre fait
d'après le relevé de tous les contrats de vente
qu'on a pu rassembler dans vingt-sept paroisses
de l'Angoumois (1). Ce travail établit que la
part du propriétaire n'est que sur le pied de
cinquante-cinq et deux cinquièmes pour cent, et
que celle du Roi est sur le pied de quarante-
quatre et trois cinquièmes pour cent du produit
excédant les frais de culture ; qu'enfin la proportion de l'impôt au revenu dont le propriétaire jouit se trouve dans le rapport de quatre-
vingt et demi à cent : résultat entièrement conforme à celui que nous avoient procuré nos recherches de l'année dernière.

C'est un devoir pour nous de mettre chaque
année sous les yeux du Roi une surcharge aussi
évidemment constatée, et de réclamer, pour la
province qui l'éprouve, ses bontés et sa justice.

A ce premier motif constant qui doit faire
espérer à la Généralité de Limoges un soulage-

_____

(1) Cette addition au Mémoire sur la surcharge des
Impositons de la Généralité de Limoges, se trouve dans
le volume précédent : pages 3o3 et 3o4.

ment remarquable, se joint la considération non moins puissante des accidens particuliers qu'elle a essuyés dans le cours de cette année, et la diminution que les productions de la terre ont soufferte.

Dès l'année dernière, les gelées excessives de l'hiver de 1765 à 1766 avoient fait périr une très-grande quantité de vignes dans les Elections d'Angoulême et de Brive. La plus grande partie des propriétaires s'étoient déterminés à les faire arracher. Ceux qui s'étoient contentés de les faire couper très-près de terre, et qui les avoient fait labourer, dans l'idée que le bois pourroit repousser la seconde année, ont vu leurs espérances détruites par les gelées rigoureuses de l'hiver dernier qui ont tout consumé.

Outre cette perte qui embrasse presque toutes les vieilles vignes, et qui en a détruit en totalité la production, les autres vignes de la province ont été extrêmement endommagées par la gelée inopinée qui est survenue aux fêtes de Pâques et qui a été d'autant plus funeste que la douce température qui avoit précédé, avoit plus avancé les productions de la terre. C'est par cette raison que cette gelée de Pâques a beaucoup plus nui aux provinces méridionales, où les productions sont plus hâtives qu'aux provinces du Nord.

L'Election de Brive a de plus éprouvé un malheur particulier par une gelée arrivée à la fin de juillet, qui a ravagé quatorze paroisses des vignobles les plus renommés de cette Élection.

Un autre mal au moins aussi funeste qu'a causé cette gelée de Pâques, est la perte de la plus grande partie des seigles qui étoient alors en épis. Presque tous les seigles de l'Election de Brive et une grande partie de ceux de l'Election de Limoges, de Tulle et de Bourganeuf, où ce genre de grains est presque le seul qu'on cultive, et fait la principale nourriture du peuple et même des bourgeois médiocrement aisés. Cette perte mérite d'autant plus d'attention, que cette année sera la troisième où la récolte du seigle aura été très-mauvaise en Limousin, puisque depuis deux ans le prix de ce grain s'y est soutenu entre quinze et dix-huit francs le septier, mesure de Paris, quoique le prix ordinaire n'y soit que d'environ neuf francs.

Les provinces qui cultivent le froment n'ont point participé à ce fléau, qui se trouve particulier à une province pauvre à cause de sa pauvreté même; et malheureusement le prix du froment est trop considérable pour que les peuples du Limousin puissent trouver une ressource dans l'abondance des provinces voisines. Le Limousin doit donc être distingué parmi les provinces méridionales, parce qu'outre la perte des vins qu'il partage avec elles, il a de plus perdu la plus grande partie de ses récoltes de grains, et parce qu'il mérite à ce titre un plus grand soulagement.

Mais il est un troisième malheur encore plus fâcheux que le Limousin a éprouvé cette année : c'est la perte presque entière de ses fourrages. La gelée de Pâques avoit beaucoup endommagé la pointe des herbes, et la sécheresse du printems a achevé de tout détruire ; la première coupe des foins a été à peu près nulle, et le regain très-médiocre. Le prix des fourrages est au-dessus de quatre francs le quintal. Cette perte pourroit être commune à d'autres provinces et n'y pas produire des effets aussi funestes qu'en Limousin.

Ce qui la rend inappréciable, c'est l'influence qu'elle a sur l'engrais et le commerce des bestiaux, qui sont la principale richesse du Limousin, la source presque unique des revenus des propriétaires, et la seule voie par laquelle l'argent qui en sort chaque année pour le payement des impositions puisse y rentrer.

La situation où se trouve ce commerce par la disette de fourrages est très-alarmante. M. le Lieutenant de Police nous a donné avis que les derniers marchés pour l'approvisionnement de Paris avoient été contre l'usage remplis de bœufs limousins, et m'a ajouté qu'on l'avoit instruit que les envois continueroient toutes les semaines. Ce n'est ordinairement qu'au mois de novembre que les bœufs du Limousin viennent à Paris, que cette province continue d'approvisionner en grande partie jusqu'au mois d'avril. C'est la disette du fourrage et l'impossibilité où sont les propriétaires de les garder jusqu'à l'hiver, et de les engraisser, qui force à les vendre maigres et avant le tems.

M. le Lieutenant de Police, justement inquiet et craignant que ce dérangement ne rende l'approvisionnement de Paris difficile et incertain pendant l'hiver, pense à prendre des mesures pour faire venir des bœufs de Suisse.

Si l'on est forcé d'adopter ce parti, les propriétaires déjà épuisés par la cherté des engrais, seront entièrement ruinés par le défaut de vente ; et nous ne pouvons nous empêcher de prévoir

prévoir les plus grandes difficultés pour le re
couvrement des impositions, à moins que Sa
Majesté n'ait la bonté de les faciliter par une
diminution très-forte, beaucoup plus forte que
l'année dernière.

Une diminution de *six cent mille livres* ne
suffiroit pas pour ramener la Généralité de
Limoges à la proportion des impositions communes des autres provinces, et le seul motif de
la surcharge qu'elle éprouve nous autoriseroit
à la demander.

Elle souffre de plus cette année une perte
très-grande sur la production des vignes dans
les Elections de Brive et d'Angoulême. La récolte des seigles, qui forme la principale culture
dans la partie du Limousin, a été réduite à la
moitié par la gelée des fêtes de Pâques. Enfin
cette gelée et la sécheresse, en privant la province du Limousin de fourrage, ont presque
anéanti l'engrais et le commerce des bestiaux,
qui font sa principale ressource pour le paiement
de ses impositions.

Tant de motifs réunis sollicitent puissamment
les bontés de Sa Majesté, et nous la supplions
d'y avoir égard, en accordant à la Généralité de
Limoges une diminution proportionnée.

AVIS

Sur l'Imposition de la Taille de la Généralité de Limoges , en l'année 1769.

Le brevet de la taille de l'année prochaine 1769 a été arrêté à la somme de un million neuf cent quarante-deux mille deux cent quatre-vingt treize liv. deux sols.

Celui de la présente année avoit été de la même somme.

Mais le Roi ayant bien voulu accorder, par un arrêt postérieur à l'expédition des Commissions des tailles de 1768, une diminution de deux cent vingt mille liv., l'imposition effective n'a été que de un million sept cent vingt - deux mille deux cent quatre - vingt treize liv. deux sols ; en sorte que , si l'on imposoit en 1769 la somme de un million neuf cent quarante-deux mille deux cent quatre-vingt-treize liv. deux sols qui sera portée par les Commissions, il y auroit une augmentation réelle de deux cent vingt mille livres.

Nous retranchons comme nous l'avons fait pour l'année 1766 , les détails statistiques , dont l'objet est de faire connoître l'état des récoltes de la Province et de motiver l'Avis suivant.

Les avoines et les châtaignes avaient prospéré ; on espérait des regains. Le commerce des bestiaux s'était relevé.

A V I S.

Quoique la récolte de cette année ne soit pas tout-à-fait aussi abondante que l'avoient fait espérer les premières apparences des grains et des vignes, elle est cependant assez bonne, surtout dans la partie du Limousin, pour qu'on ne soit pas en droit de se plaindre.

Il s'en faut bien cependant que nous nous croyions par là dispensés de représenter, de la manière la plus forte, le besoin qu'a cette Province d'obtenir un soulagement effectif sur ses impositions.

Elle a un premier titre pour l'attendre des bontés de sa Majesté dans la surcharge qu'elle éprouve depuis long-tems, et dont nous avons, il y a déjà deux ans, mis la démonstration sous les yeux du Conseil, dans un mémoire très - détaillé (1).

Nous nous reprocherions de ne pas en rappeller le résultat chaque année, jusqu'à ce que

---

(1) Tome précédent, pages : 262 à 302.

nous ayons été assez heureux pour obtenir de la
justice et de la bonté du Roi la suppression d'une
surcharge aussi évidemment prouvée.

Nous ne transcrirons point les détails que ce
mémoire contient, et nous nous y référons ainsi
qu'aux nouvelles preuves que nous y avons ajou-
tées dans notre Avis sur les impositions des années
dernières. Nous répéterons seulement que nous
croyons avoir démontré dans ce mémoire, de la
manière la plus claire, deux choses; l'une que les
fonds taillables de cette Généralité paient au Roi,
en y comprenant les vingtièmes, de quarante à cinquante pour cent du revenu des terres, ce qui est
à très-peu près autant qu'en retirent les Propriétaires; l'autre que cette charge est incomparablement plus forte que celle que supportent les
Provinces voisines et la plus grande partie des
autres provinces du Royaume.

Pour ramener les impositions de la Généralité
de Limoges à la même proportion que celle des
autres Provinces, c'est-à-dire, pour qu'elle ne
payât au Roi qu'une somme égale à la moitié de
ce que retirent les Propriétaires, il faudroit une
diminution effective de plus de sept cent mille
livres, dont la moitié seroit portée sur la taille,
et l'autre moitié sur les impositions accessoires.
Nous n'avons pas espéré ni même ôsé demander

une aussi forte diminution ; mais au moins nous
eût-il paru juste et nécessaire de ne point faire
participer une Province déjà aussi surchargée
aux augmentations que les besoins de l'Etat ont
forcé d'ajouter à l'imposition totale du Royaume :
par là elle eût été rapprochée de la proportion
générale.

Elle auroit eu d'autant plus besoin de ne pas
partager l'augmentation générale survenue en
1768, que la récolte de 1767 a été à tous égards
une des plus fâcheuses qu'on ait vues de mémoire d'homme, surtout en Limousin. Tout avoit
manqué à la fois, les seigles, les fourrages, les
vins, les fruits et même les châtaignes. Les seuls
bleds noirs avoient fourni une ressource pour la
nourriture des paysans, et ont empêché les seigles
de monter à un prix exorbitant.

Les pertes occasionnées par la gelée du 19
avril 1767 et des jours suivans, ont détruit dans
une très-grande partie de la Province presque
tout le revenu des Propriétaires. La justice auroit exigé qu'on leur eût remis la plus grande
partie des impositions ; mais l'augmentation effective qui a eu lieu au dernier département,
malgré la bonté qu'eut sa Majesté d'accorder à
la Province un moins imposé de deux cent
vingt mille livres, a cependant été de cent

vingt-trois mille cinq cent dix-huit livres neuf
sols un denier. Cette augmentation , disons-
nous, n'a pas permis d'avoir à la situation des
Propriétaires souffrans tout l'égard qu'elle exigeoit ; en sorte qu'ils ont à la fois supporté et
la perte de leur revenu, et une augmentation
sensible sur leurs impositions. Les productions
de la terre sont , il est vrai, plus abondantes
cette année ; mais on doit sans doute considérer que leurs impositions de l'année dernière
n'ayant pu être acquittées sur un revenu qui
n'existoit pas , n'ont pu l'être que par anticipa-
tion sur les revenus de cette année, qui ne pourroient y suffire s'ils étoient chargés d'une imposition plus forte ou même égale. Il ne faut pas
détruire, par des impositions anticipées, le peu
qu'il y a de capitaux. Le soulagement que les
circonstances n'ont pas permis de leur accorder
au moment du fléau dont ils ont été frappés, ils
ôsent le réclamer comme une dette de la bonté
du Roi, comme un secours nécessaire pour leur
donner les moyens de réparer leurs forces épuisées. Nous ôsons représenter en leur nom que
le retour des productions de la terre aux taux
de la production commune, ne sera pas pour eux
une abondance véritable, et ne fera que remplir
le vuide des productions de l'année dernière.

Nous sommes d'autant plus en droit d'insister sur un pareil motif de justice que M. le Contrôleur général sait combien la généralité de Limoges a été de tous temps arriérée sur le paiement de ses impositions, et combien elle a besoin qu'un soulagement effectif la mette en état de s'acquitter. Il nous fit à ce sujet un reproche l'année dernière auquel nous fûmes très-sensibles ; et nous l'aurions été infiniment davantage si nous l'avions mérité par la moindre négligence. Nous trouvâmes un motif de consolation dans l'occasion que ce reproche nous donna de lui démontrer, en nous justifiant, que la véritable cause de retard qu'on observe dans les recouvremens de cette province depuis un très-grand nombre d'années et long-tems avant que nous fussions chargés de son administration, n'est autre que la surcharge même qu'elle éprouve sur ses impositions : surcharge telle qu'il ne lui reste, après ses impositions payées, que ce qui est absolument nécessaire pour entretenir sa culture, et soutenir la reproduction dans l'état de médiocrité auquel elle est réduite depuis long-tems.

D'où il résulte qu'aussitôt que les besoins de l'Etat obligent à augmenter la masse des impôts, la province qui payoit déjà jusqu'au dernier terme de la possibilité, se trouve dans une impuissance physique de payer l'augmentation, laquelle tombe en arrérages dont la masse grossit d'année en année, jusqu'à ce que des circonstances plus heureuses permettent de diminuer les impôts. Ce fut l'objet d'une lettre très-longue et très-détaillée que nous eûmes l'honneur d'écrire à ce ministre le 16 octobre 1767, et que nous accompagnâmes d'un tableau destiné à lui mettre sous les yeux la marche et l'analyse des recouvremens dans la Généralité de Limoges depuis 1754 jusqu'en 1767 (1). Nous prenons la liberté de le supplier de se faire remettre sous les yeux cette lettre et ce tableau avec le présent avis. Nous y démontrions que depuis un très-grand nombre d'années et bien antérieurement à notre administration, l'imposition qui s'assied chaque année n'est à peu près soldée qu'à la fin de la troisieme année, en sorte que pendant le cours d'une année les redevables payent une somme égale à l'imposition commune d'une année; mais qu'une partie de cette somme seulement est imputée sur les impositions de l'année courante, une autre partie sur les impositions de l'année précédente, et une autre partie encore sur les impositions de

_____

(1) Nous n'avons pu retrouver cette Lettre et ce Tableau.

l'année antérieure à celle qui précède immédiatement l'année courante.

Il n'y a que deux moyens imaginables de rapprocher les termes des recouvremens de l'époque de l'imposition; l'un seroit de forcer les recouvremens de façon que les contribuables fussent contraints de payer à la fois et la totalité de
l'imposition courante et les arrérages des années
antérieures; nous doutons qu'aucun homme puisse
faire une semblable proposition, qui tendroit à
doubler effectivement la somme à payer pour la
province dans une année. Nous sommes très-
assurés que le cœur paternel du Roi la rejette-
roit : et nous croyons fermement que l'exécution en seroit physiquement impossible. L'autre
moyen, plus doux et le seul vraiment possible,
est de procurer à la province un soulagement
effectif assez considérable pour qu'en continuant
de payer annuellement ce qu'elle paye, c'est-à-
dire, tout ce qu'elle peut payer, elle acquitte peu
à peu les anciens arrérages, en l'avançant de plus
en plus sur les impositions de l'année courante.
Ce parti paroît d'autant plus indispensable à
prendre, qu'outre le retard ancien et constant
dont nous venons de parler, qui consiste à ne
payer qu'en trois ans la totalité des sommes imposées chaque année, la province n'a pu encore

achever d'acquitter les arrérages extraordinaires qui se sont accumulés depuis 1757 jusqu'en 1763 inclusivement ; c'est-à-dire, pendant tout le tems qu'a duré la guerre ou l'augmentation des impositions qui en a été la suite.

La seule vue du tableau des recouvremens envoyé à M. le Contrôleur général démontre que ce retard extraordinaire n'a pu avoir d'autre cause que l'excès de la demande sur le pouvoir de payer, et que cet excès n'a cessé de s'arrérager chaque année en s'accumulant pendant tout le tems qu'il a duré.

Depuis 1764, la suppression du troisième vingtième et la liberté accordée au commerce des grains, ont mis la province en état de se rapprocher du cours ordinaire des recouvremens ; mais la masse des arrérages accumulés est encore très-forte, et la province, nous ôsons le répéter, ne peut s'en libérer qu'autant que le Roi voudra bien venir à son secours en diminuant d'une manière effective et sensible la masse de ses impositions.

Pour résumer tout ce que nous venons d'exposer, trois considérations nous paroissent solliciter de la manière la plus puissante les bontés de Sa Majesté en faveur de la Généralité de Limoges.

La première est la surcharge ancienne et toujours subsistante de cette Généralité relativement
à ses facultés, et par comparaison à l'imposition
des autres provinces: surcharge que nous avons
établie d'une manière démonstrative par un mémoire présenté au Conseil en 1766.

La seconde, est la misère où la mauvaise récolte de 1767, une des plus fâcheuses qu'on ait
vues de mémoire d'homme, a réduit les habitans de cette province; la perte immense que les
propriétaires ont soufferte sur leur revenu, l'impossibilité où l'augmentation de l'imposition en
1768 a mis de les soulager d'une manière proportionnée à leur situation, et le besoin absolu
qu'ils ont d'un secours effectif pour les mettre
en état de respirer après tant de malheurs.

La troisième enfin est la masse d'arrérages
forcés qui se sont accumulés sur le recouvrement
des impositions pendant le cours de la dernière
guerre, et qu'on ne peut espérer d'éteindre qu'en
facilitant aux contribuables les moyens de s'acquitter sur le passé en modérant les impositions
présentes.

Tant de motifs si forts nous paroîtroient suffisans pour devoir déterminer à saisir ce moment
afin de rendre une pleine justice à la Généralité
de Limoges, en la remettant à sa proportion na-

turelle relativement aux autres provinces, c'est-
à-dire, en lui accordant une diminution effective
de six cent mille livres, partagée entre la taille
et les impositions ordinaires. Mais si la circonstance des malheurs extraordinaires qui ont aussi
affligé quelques autres provinces par les suites
de la mauvaise récolte de 1767, nous empêche
d'insister sur cette demande ; nous ôsons du moins
supplier Sa Majesté de vouloir bien procurer à la
Généralité de Limoges un soulagement effectif
en lui accordant sur le moins imposé une diminution plus forte que celle de l'année dernière, qui
étoit de deux cent vingt mille livres.

A Limoges le 16 août 1768.

SUPPLÉMENT

*A l'Avis pour l'Imposition de la Taille de
la Généralité de Limoges, en l'année* 1769.

Lorsque, suivant l'usage, nous avons envoyé
au Conseil au mois d'août dernier notre avis sur
les impositions de l'année prochaine et sollicité
les bontés du Roi en faveur de cette Généralité,
nous avons insisté principalement sur la surcharge dont cette province est accablée depuis
long-tems, et dont nous avons donné des preu-

ves démonstratives dans un mémoire adressé au
Conseil en 1766, sur la misère où la mauvaise
récolte de 1767 avoit réduit les habitans, redou-
blée encore par l'augmentation d'impositions survenues dans la même année; enfin sur la masse
d'arrérages accumulés dans le recouvrement des
impositions pendant le cours de la dernière
guerre, arrérages qui sont à la fois la preuve et
l'effet de la surcharge, et dont les contribuables
ne peuvent espérer de se libérer qu'autant qu'ils
éprouveront un soulagement effectif sur les impositions des années à venir.

Nous nous flattions alors, et nous annon-
cions dans notre avis que la récolte de l'année
présente seroit, sinon abondante, du moins assez
bonne. Les récoltes d'été s'avançoient et l'on n'a-
voit point absolument à se plaindre de leur quantité. Les récoltes d'automne, qui font une très-
grande partie de la richesse de la province,
promettoient beaucoup ; enfin peu de paroisses
avoient essuyé des accidens particuliers assez
considérables pour exiger de fortes diminutions.

Depuis cette époque les choses sont bien chan-
gées. Le jour même où nous faisions partir notre
avis, le 16 août, fut marqué par un orage accompagné de grêle et d'ouragan, qui se fit sentir
dans une très-grande partie de la province ; mais

surtout dans l'Angoumois, où plusieurs paroisses
ont perdu la plus grande partie de leurs vignes,
et même quelques-unes une partie de leurs fromens, qui n'étoient point encore serrés. Il est vrai
que cet orage a fait plus de mal encore dans la
partie de l'Angoumois qui dépend de la Généralité de La Rochelle, que dans celle qui est comprise dans la Généralité de Limoges.

Mais il s'en faut beaucoup que les pertes qu'il
a occasionnées et qui n'ont été que locales, appro-
chent du mal qu'a causé la continuité des pluies,
qui ne cessent de tomber depuis deux mois. Indépendamment des pertes occasionnées par les
ravines et les inondations locales, ces pluies ont
entièrement anéanti les espérances qu'on s'étoit
formées des récoltes d'automne. Les regains ont
été entièrement perdus. Cette perte, qui peut
être évaluée à un tiers de la totalité des fourrages de la province, est immense surtout dans la
partie du Limousin, où l'engrais des bestiaux et
le produit de leur vente est presque l'unique voie
qui fasse rentrer l'argent que les impositions font
sortir.

Il a été impossible de serrer la plus grande
partie des bleds noirs, qui pourrissent dans les
champs, et dont la quantité a d'ailleurs été fort
diminuée par les vents et les pluies. Les mêmes

causes ont fait évanouir l'espérance qu'on avoit conçue de la récolte des châtaignes. Ces deux récoltes forment le fond de la subsistance des habitans de la campagne en Limousin ; lorsqu'elles manquent, la récolte en seigle est presque absorbée pour la nourriture des cultivateurs, à peine en reste-t-il pour porter au marché et pour former un revenu aux propriétaires.

Enfin les vignes, qui font la richesse de l'Angoumois et du Bas-Limousin et qui promettoient une récolte avantageuse pour la quantité et pour la qualité, n'ont pas moins souffert des pluies que les récoltes dont nous venons de parler. Les raisins n'ont pu mûrir, et une très-grande partie a pourri par l'excès de l'humidité.

Pour comble de maux, les terres sont tellement détrempées qu'il est impossible de semer ; et si les pluies continuent encore, on doit prévoir pour l'année prochaine tous les malheurs de la disette.

Tel est exactement l'état des choses ; et si les motifs que nous avions développés dans notre avis auquel nous nous référons, et que nous prions M. le Contrôleur-général de vouloir bien se faire représenter avec ce supplément, si ces motifs nous paroissent devoir déterminer Sa Majesté à procurer à la Généralité de Limoges un soulagement effectif par une diminution plus forte que celle de l'année dernière, les nouveaux malheurs que nous ne prévoyions pas alors, nous autorisent à plus forte raison à la supplier de donner encore plus d'étendue à ses bienfaits, et d'accorder à la province une diminution au moins de trois cent mille livres.

Pour nous conformer à la lettre qui nous a été écrite par M. le Contrôleur général le 17 août dernier, nous joignons à cet avis l'état des diminutions qu'ont paru exiger les grêles, incendies et autres accidens particuliers, qui ont été constatés lors du département. Cet état ne monte qu'à trente-huit mille cent quatre-vingt-une livres, et nous croyons que la modicité de cette somme dans une année aussi malheureuse que celle-ci, doit prouver au Conseil combien il seroit cruel pour les provinces de ne régler les diminutions que la bonté du Roi veut bien accorder qu'à raison de ces diminutions particulières accordées aux paroisses pour des accidens extraordinaires. Il est rare que ces accidens soient assez nombreux et assez considérables pour absorber la plus grande partie du moins imposé accordé par le Roi. Les pertes qui résultent de l'intempérie des saisons, et qui se font sentir à toute une province, méritent une toute autre considération,

tion, et ce sont elles qui doivent solliciter le plus puissamment la bonté du Roi. En effet, il seroit facile de soulager quelques paroisses grêlées en répartissant sur le reste de la province en augmentation le soulagement qu'on leur accorderoit, sans que cette augmentation parût très-sensible. Mais lorsqu'une province entière a souffert dans la totalité ou dans une partie considérable de ses récoltes, il n'y a que la bonté du Roi qui puisse la soulager. Il peut même arriver souvent que la perte générale soit telle qu'il devienne injuste d'accorder de fortes diminutions en faveur des accidens particuliers.

En effet, si l'on suppose que les vignes d'une paroisse aient été grêlées, cet accident qui mériteroit beaucoup d'égards dans le cas où la vendange auroit été abondante dans les autres paroisses, cesse, pour ainsi dire, d'être un malheur particulier pour celle qui l'a essuyé, si la sécheresse ou les pluies détruisent par-tout les espérances qu'avoient d'abord données les vignes. Alors, pour rendre justice à tous, il faudroit supprimer la diminution destinée à la paroisse grêlée ; et si l'on suivoit le principe de ne soulager les provinces qu'à raison des diminutions accordées pour les accidens particuliers, il en résulteroit

Tome V.   16

qu'elles seroient d'autant moins soulagées que la province seroit plus malheureuse.

Il résulteroit aussi de ce principe que les parties de la province qui n'auroient essuyé aucun accident particulier essuyeroient une augmentation effective de la totalité du *moins imposé* qui avoit été précédemment accordé par le Roi pour être réparti sur tous les contribuables, et dont la plus grande partie d'entre eux cesseroit d'éprouver aucun soulagement. Si, par exemple, le Roi n'accordoit cette année de soulagement à la Généralité de Limoges que jusqu'à la concurrence des accidens particuliers, il en résulteroit sur tous les contribuables de la province une augmentation effective de plus de *cent quatre-vingt mille livres,* c'est-à-dire, de plus d'un dixième du principal de la taille. Cette augmentation excessive ne sauroit être à craindre dans une année aussi malheureuse et après l'augmentation déjà si forte que la province a essuyée l'année dernière, et qui subsiste encore cette année. L'amour du Roi pour ses peuples nous rassure pleinement à cet égard; et nous ôsons, au contraire, attendre de sa bonté le soulagement effectif de *trois cent mille livres,* dont nous croyons avoir prouvé la nécessité.

Limoges le 17 octobre 1768.

LETTRE DE M. TURGOT

A M. LE CONTROLEUR-GÉNÉRAL,

Sur les améliorations à faire par tout le Royaume dans le transport des Équipages des Troupes et dans les Étapes.

A Limoges, le 10 janvier 1769.

Monsieur,

Il y a déjà quelques années que j'ai pris le parti de faire exécuter à prix d'argent, dans cette Généralité, la fourniture des voitures et chevaux pour le transport des équipages des troupes, à l'exemple de ce qui se pratiquoit depuis plusieurs années en Languedoc et en Franche-Comté. M. l'Intendant de Montauban a fait un semblable arrangement à-peu-près dans le même tems, et M. Fargès en a fait autant à Bordeaux dans le courant de l'année dernière.

Ce n'est pas ici le lieu de m'étendre sur l'avantage de cet établissement, que j'ai tâché de développer assez au long dans une lettre que j'ai écrite à M. de Laverdy, le 19 avril 1765 (1). Il paroît qu'on en est assez convaincu, et dès-lors M. d'Ormesson étoit porté à proposer un arrangement général de la même nature pour tout le Royaume.

Le marché que j'ai passé avec un entrepreneur pour cette fourniture, et qui devoit durer trois ans, expire au premier février prochain. Je me disposois à le renouveller, lorsque j'ai appris par une lettre que les entrepreneurs généraux des étapes ont écrite à leur directeur dans cette province, que vous pensiez, en effet, à supprimer dans tout le Royaume la corvée des transports d'équipages de troupes, et que la compagnie des entrepreneurs des étapes, dont le marché doit être renouvellé cette année, se proposoit de réunir les deux entreprises. Les entrepreneurs chargent même leur directeur de sonder le sieur Michel, entrepreneur de la fourniture des voitures dans ma Généralité, pour l'engager à sous-traiter d'eux cette fourniture.

L'incertitude où cette lettre me jette m'a empêché de conclure avec le sieur Michel le renouvellement du marché, et je me suis contenté de convenir avec lui qu'il feroit le service jusqu'à ce

(1) Tome précédent : pages 367—383.

que je me fusse assuré du parti que vous pren-
driez.

Je ne puis certainement qu'applaudir au des-
sein où vous paroissez être de faire effectuer le
transport des équipages de troupes à prix d'argent. Tant que le mauvais système de charger les
provinces de ce service durera, l'on ne peut
rien imaginer de mieux pour en rendre le fardeau moins difficile à supporter. Mais permettez-
moi de vous dire qu'il s'en faut bien que je trouve
les mêmes avantages au projet de charger une
seule compagnie de cette fourniture dans tout
le Royaume. Il me paroîtroit bien plus simple
d'autoriser les Intendans à faire chacun un marché pour leur département, ainsi qu'en ont usé
jusqu'à présent les Intendans des provinces où
ce service se fait à prix d'argent. J'ai vu d'assez
près cette partie pour m'assurer que les détails
sans nombre qu'elle exige, ne sauroient être
suivis par une seule compagnie qui embras-
seroit tout le Royaume. Il y a même très-peu
d'hommes dans chaque Généralité qui réunissent,
à la fortune que suppose une telle entreprise, l'intelligence qui est absolument nécessaire pour la
remplir ; et je doute que ce petit nombre d'hommes
veuillent s'en charger à des prix qui ne leur promettroient pas des profits certains : s'ils consen-

tent à sous-traiter d'une compagnie, il faudra
donc ajouter à leur profit particulier celui des
entrepreneurs généraux. Or, ce seroit une augmentation de dépense en pure perte, quand
même on supposeroit que le service fût aussi
bien fait.

J'ai lieu de croire que cette supposition s'éloi-
gne beaucoup de la vérité, tant par la raison que
j'ai déjà touchée de l'excessif détail qu'il entraîne,
que par l'exemple de ce qui se passe sous mes yeux
pour les étapes. Je suis convaincu que ce dernier
service seroit infiniment mieux fait et à meilleur
marché, s'il étoit adjugé dans chaque province.
Je me rappelle d'avoir écrit à la fin de 1765 à
M. d'Ormesson une lettre très-détaillée, dans laquelle j'essayois de lui prouver l'avantage qu'on
trouveroit à supprimer la compagnie générale, et
à faire une adjudication particulière dans chaque
province. Je ne trouve pas sous ma main la mi-
nute de cette lettre (2); sans doute elle aura été
gardée dans les bureaux de M. d'Ormesson. Je
persiste dans la même façon de penser.

(2) Nous ne l'avons pas retrouvée. On voit combien
de pièces précieuses sur l'administration de M. Turgot
paraissent ne plus exister. — Nous ne pouvons trop in-
viter les personnes qui en auraient quelques-unes à
vouloir bien nous en faire part.

Je sens qu'il est avantageux pour les entrepreneurs que les deux services soient réunis, les
magasins de l'étape ne pouvant manquer d'être
d'un très-grand secours pour la nourriture des
chevaux nécessaires à la conduite des troupes.
Mais bien loin que l'utilité de cette réunion me
paroisse devoir engager à confier à une seule
compagnie l'entreprise de la conduite des équipages dans tout le Royaume, je pense que c'en
est une pour faire dans chaque province une
adjudication particulière des étapes, ainsi que
des fournitures nécessaires au transport des équipages. Les Intendans adjugeroient en même tems
les deux services; et je m'en occuperois si vous
adoptiez ma proposition, ce que je vous serai
infiniment obligé de vouloir bien me faire savoir
lorsque vous serez décidé.

Il y auroit un autre moyen de faire exécuter le
service du transport des équipages des troupes
qui épargneroit infiniment la dépense et qui, en
réduisant les détails de la régie à la plus grande
simplicité, couperoit par la racine une multitude
d'abus que les ordonnances les plus sages et l'attention la plus vigilante ne pourront jamais parvenir à empêcher dans le système actuel. Vous
savez que les voitures et les chevaux se payent
de gîte en gîte; et en réunissant au salaire pré-

tendu compétent que payent les régimens, ce que paye la province, il en coûte environ cent sols par cheval à chaque gîte. Par ce moyen, la plus grande partie des effets que transportent les régimens coûtent plus de transport qu'ils ne valent, et souvent il y auroit du profit à les vendre dans le lieu du départ, pour les remplacer par des effets neufs dans le lieu de l'arrivée. C'est un calcul aisé à faire d'après le nombre des gîtes sur une route un peu longue, et que j'ai fait plus d'une fois. Lorsqu'un invalide va de Paris en Roussillon, et que sa route porte qu'il lui sera fourni un cheval, il en coûteroit moins d'acheter le cheval à Paris que de payer tous ceux qui sont fournis sur la route. La chose est si palpable que certainement l'on n'auroit jamais imaginé de faire le service de cette manière, si on l'avoit, dès le commencement, payé en argent. Mais comme on l'exigeoit en nature, comme on étoit encore alors dans l'erreur que ce qui coûte au peuple ne coûte rien au Gouvernement, on s'imaginoit épargner beaucoup en obligeant les habitans des lieux de passage à faire le service pour rien, ou pour un prix absolument disproportionné à la charge qu'ils supportoient. L'expérience a fait voir que cette prétendue épargne étoit un fardeau énorme pour ceux sur lesquels il tomboit.

On a vu que les frais de ce service, converti en argent, étoient, quoique payés très-chèrement, un très-grand soulagement pour les provinces. En effet, on paye cent sols par cheval : un cheval fait à peu près le service d'une paire de bœufs, et il étoit très-commun de voir des propriétaires aimer mieux payer quinze francs, que de faire le service avec leurs bœufs. Vous voyez par là, Monsieur, qu'on doit évaluer ce service, dans les provinces où il se fait en nature, à bien plus haut prix que dans celles où tout se paye en argent. Lorsque cette dernière méthode aura été adoptée dans tout le royaume, le calcul de la dépense, comparé avec le poids des effets transportés, fera sentir, quand on voudra faire cet examen, et le ridicule, j'ôse le dire, du système actuel, et la facilité d'y suppléer à beaucoup moins de frais.

Rien n'est plus simple. Parmi les effets qu'un régiment est obligé de transporter, il en faut distinguer de deux sortes : les uns, et c'est la plus grande partie, ne sont d'aucun usage pendant la route; il suffit que le régiment les retrouve lorsqu'ils seront arrivés au lieu de sa destination. Pour cela, il suffit que l'officier chargé du détail fasse un marché avec des rouliers, à tant du quintal, comme feroit un négociant qui auroit la même quantité d'effets à faire transporter. Cette manière est assurément la plus simple, la plus sûre et la moins dispendieuse. A l'égard des effets dont le régiment a besoin dans sa route, ils ne sont pas en grande quantité. Un ou deux fourgons qui suivroient les régimens, suffiroient et au-delà pour les porter, et en outre les éclopés. L'on pourroit même en retrancher facilement la caisse militaire, en déposant son montant chez le trésorier du lieu du départ et prenant une rescription de pareille somme sur le trésorier du lieu de l'arrivée. Ces fourgons seroient un meuble appartenant aux régimens, et les officiers prendroient tels arrangemens qu'il leur conviendroit pour les faire conduire avec eux, en louant des chevaux, ou bien en en achetant pour les revendre lorsque la troupe seroit arrivée.

A l'égard des cas où il est d'usage de fournir un cheval de selle, ce qu'il y auroit de mieux à faire seroit de payer en argent à ceux auxquels cette fourniture est due, une somme pour leur en tenir lieu, avec laquelle ils s'arrangeroient comme ils le jugeroient à propos. Cette somme seroit certainement beaucoup moindre que ce qu'il en coûte aux provinces.

L'épargne qui résulteroit d'un pareil arrangement ne consisteroit pas seulement dans le moindre prix de la fourniture ; je ne doute pas que la réduction même sur la quantité des fournitures ne formât un objet plus considérable. Certainement on seroit beaucoup plus attentif à n'ordonner ces fournitures qu'en connoissance de cause et pour de bonnes raisons, lorsqu'en même tems on seroit dans le cas d'en débourser le prix, qu'on ne l'est lorsque ceux qui les ordonnent n'ont aucun rapport avec ceux qui les payent. Il en résulteroit la suppression d'une foule de disputes entre les troupes et les personnes chargées dans les provinces et dans les villes des détails de l'administration. Cet avantage et celui de la diminution des détails me paroissent inestimables.

Je ne vois, Monsieur, qu'une seule difficulté à cet arrangement, c'est que tous les frais devant en être supportés, ou par les régimens, ou par le Roi, le Ministre de la guerre y trouveroit une augmentation de dépense dont il ne voudroit probablement pas charger les fonds assignés à son département. Il est encore très-facile de lever cette difficulté. En effet, puisque dans l'état actuel, les provinces payent ce service, il seroit naturel qu'elles contribuassent au supplément dont il faudroit, pour les en décharger, augmenter les fonds de la guerre. Les provinces qui font déjà cette fourniture à prix d'argent, supportent une imposition pour cet objet, et sans doute vous serez obligé d'ordonner une pareille imposition sur toutes les autres provinces, si vous vous déterminez à suivre le même plan pour tout le royaume.

Comme la dépense sera certainement beaucoup moindre dans celui que je propose, on y subviendroit avec une imposition plus légère, et dès lors elles y trouveroient encore du soulagement.

Si vous goûtiez cette idée, Monsieur, vous pourriez en faire la proposition à M. le duc de Choiseul, et en concerter avec lui l'exécution. Je la lui aurois faite moi-même directement, si je n'avois cru plus convenable de vous en prévenir d'abord et d'attendre que vous m'ayez fait connoître votre façon de penser.

Je suis avec respect, etc.

AVIS

Pour l'Imposition de la Taille de la Géné-ralité de Limoges, en l'année 1770.

Il n'y a aucune différence entre le brevet de la prochaine année et celui de l'année présente 1769.

Mais le Roi ayant bien voulu accorder par un arrêt postérieur à l'expédition des commissions des tailles de 1769, une dimnuition de 280,000 liv. : si l'on imposoit en 1770 la somme de 1,942,293 liv. 2 s. qui sera portée par les commissions, il y auroit une augmentation réelle de 280,000 liv.

Nous passons, comme dans les Avis précédens, l'état statistique des récoltes, où la seule chose bien remarquable cette année est que l'on commençait à faire avec quelque succès du pain dans lequel la farine de froment ou celle de seigle se mêlaient avec la fécule de pommes de terre.

AVIS.

Nous n'avons cessé, depuis l'année 1766, de rappeller au Conseil que la Généralité de Limoges éprouve une surcharge excessive relativement aux facultés de ses habitans et à la proportion connue de l'imposition avec le revenu des fonds dans les autres Généralités. Nous avons dès lors prouvé dans un mémoire très-détaillé, que nous prions le Conseil de faire remettre sous ses yeux, que les fonds taillables payent au Roi, en y comprenant les vingtiemes, de quarante - cinq à cinquante pour cent du revenu total de la terre, ou presque autant qu'en retirent les propriétaires, et que, pour ramener les fonds de cette Généralité à la proportion des autres, il faudroit lui accorder une diminution effective de plus de 700,000 liv. Nous ne cesserons point d'insister sur cette vérité (comme nous l'avons fait l'année dernière et les précédentes), et de réclamer l'équité et la commisération de Sa Majesté, en la suppliant de mettre fin à une surcharge dont les effets ruineux affectent sensiblement la population et la culture de cette Généralité, et rendent le fardeau des impositions plus insupportable de jour en jour.

Nous avons eu occasion de développer les

effets de cette surcharge et de faire voir combien
elle mettoit de retard dans les recouvremens des
revenus du Roi, dans une lettre très-détaillée que
nous avons adressée à M. le Contrôleur-général,
le 16 octobre 1767, et que nous avons accompagnée d'un tableau destiné à lui mettre sous les
yeux la marche et l'analyse des recouvremens de
la Généralité de Limoges depuis 1754 jusqu'en
1767 (1). Nous avons déjà pris la liberté, l'année
dernière, de le supplier de se faire représenter
cette lettre et ce tableau, avec notre avis : nous
ne craindrons point de répéter encore l'espèce
de résumé que nous en présentions alors.

M. Turgot répète ici mot pour mot, et en le
guillemettant, ce qu'on a déjà lu dans son Avis
relatif à la taille de l'année 1768, pages 220 et 221
de ce volume.

Il reprend ensuite.

Nous avons plus récemment mis sous les yeux
du Conseil, dans une lettre que nous avons eu
l'honneur d'écrire à M. *d'Ormesson*, le 27 août
dernier (2), qui accompagne l'état des impositions de la province, un nouveau motif de justice
pour en diminuer le fardeau, en lui démontrant

_____

(1) Nous avons déjà dit que ces deux pièces n'ont point
été retrouvées.

(2) Nous n'avons pas cette lettre.

le préjudice qu'elle a souffert tant par l'excès de la somme à laquelle elle a été fixée pour l'abonnement des droits de Courtiers-Jaugeurs et d'Inspecteurs aux boucheries et aux boissons, abonnement porté au triple du produit des droits, que par le double emploi résultant de ce que les mêmes droits dont cette Généralité paye l'abonnement à si haut prix, ne s'en perçoivent pas moins en nature dans une très-grande partie de la province, par les Commis des Fermiers-généraux, et dans la ville même de Limoges, au profit du corps de ville, qui avoit acquis, dans le temps, les offices auxquels ces droits étoient attribués. Nous supplions le Conseil de vouloir bien prendre en considération les preuves que nous avons données dans cette lettre et de l'excès de l'abonnement, et du double emploi qui résulte de sa cumulation avec la perception en nature. Cet objet particulier est sans doute une des causes de la surcharge qu'éprouve la Généralité de Limoges; mais celle qu'il a occasionnée n'est qu'une petite partie de la surcharge totale.

Les motifs que nous venons de présenter sont anciens, et subsisteroient indépendamment des accidens particuliers et de l'intempérie des saisons. Malheureusement la mauvaise récolte des grains et l'anéantissement de toutes les espérances auxquelles

auxquelles la continuité des pluies ne permet plus de se livrer sur les récoltes d'automne, sollicitent encore d'une matière plus forte et plus pressante les bontés de Sa Majesté pour les peuples de cette province.

Les pluies excessives qui ont eu lieu pendant l'automne de 1768, avoient déjà beaucoup nui aux semailles. Plusieurs champs n'ont pu être ensemencés, et dans ceux qui l'ont été, les terres imbibées d'eau, et plustôt corroyées que labourées par la charrue, n'ont pu acquérir le degré d'ameublissement nécessaire pour le développement des germes. La sécheresse qui a régné au commencement du printemps n'a pas permis aux jeunes plantes de taller et de jetter beaucoup d'épis. A la fin du printemps, les pluies sont survenues et ont fait couler la fleur des grains. Les seigles surtout ont souffert, et dans toute la partie du Limousin, la récolte, après qu'on aura prélevé la semence, pourra suffire à peine pour nourrir les cultivateurs. Il n'en restera point pour garnir les marchés et fournir à la subsistance des ouvriers de toute espèce répandus dans les campagnes et dans les villes. Le succès des bleds noirs et des châtaignes, en fournissant aux cultivateurs, et en général aux habitans de la campagne, la subsistance de plusieurs mois, leur auroit laissé

Tome V.

17

la liberté de vendre une partie de leurs grains ; mais cette ressource paroît leur devoir être enlevée par les pluies qui n'ont pas cessé de tomber depuis le 15 du mois d'août jusqu'à présent ; en sorte que la province est menacée d'une véritable famine.

La même cause fera perdre la totalité des regains, c'est-à-dire, le tiers de la production des prairies ; les vignes qui donnoient à peu près l'espérance d'une demi-année, et qui, dans les Élections d'Angoulême et de Brive, forment une partie considérable du revenu, n'en donneront presque aucun, et l'année 1769 sera peut-être plus malheureuse encore que celle de 1767, une des plus fâcheuses qu'on ait essuyée depuis longtemps. Elle sera même plus malheureuse pour le Limousin, qui du moins en 1768 n'a pas souffert autant que les provinces du nord de la cherté des grains, et qui vraisemblablement éprouvera en 1770 tous les maux qu'entraîne la disette. Les grains sont augmentés dès le moment de la moisson, et le prix a haussé encore depuis. Il a été vendu des seigles à seize livres dix sols le septier de Paris, et l'augmentation semble devoir être d'autant plus forte que les pluies menacent de rendre les semailles aussi difficiles que l'année dernière.

On a d'autant plus lieu de craindre une augmentation excessive, que la cherté des transports
dans ce pays montueux, où ils ne se font qu'à
dos de mulet, rend les secours qu'on peut tirer
des autres provinces très-dispendieux et très-
lents, et que le seigle dont les habitans de la province font leur nourriture, ne suppporte pas le
haut prix des voitures, qui augmente sa valeur
ordinaire dans une proportion beaucoup plus
forte que celle du froment. — Le même accroissement dans le prix du transport qui n'augmen-
teroit le prix du froment que d'un tiers, aug-
menteroit celui du seigle de la moitié. D'ailleurs
le seigle a aussi très-mal réussi dans les provinces voisines, qui souffriront cependant un peu
moins que le Limousin, parce qu'elles recueillent plus de froment; mais qui ne pourront subvenir à ses besoins.

Le mal seroit un peu moins grand, si les pluies
venoient à cesser; il le seroit toujours assez pour
rendre les peuples fort malheureux et pour exiger une très-grande diminution dans les impositions. D'autant plus que le haut prix des bestiaux
qui avoit soutenu les recouvremens dans les deux
années qui viennent de s'écouler, paroît d'un
côté devoir baisser par la cessation des causes
particulières qui l'avoient produit, et dont une

des principales a été la disette des fourrages en Normandie, de laquelle est résultée la vente forcée d'un plus grand nombre de bœufs normands ; et que de l'autre, l'argent que ce commerce apportoit dans la province, sera nécessairement absorbé pour payer les grains qu'elle tirera du dehors, devenus nécessaires à la subsistance des habitans.

En ces tristes circonstances, la province n'a d'espérance que dans les bontés du Roi. Les titres qu'elle a pour les obtenir et que nous venons d'exposer, sont :

1°. La surcharge ancienne qu'elle éprouve.

2°. La masse des arrérages cumulés pendant la guerre dont elle reste encore chargée, et dont elle ne peut espérer de s'acquitter qu'autant que ses ressources ne seront pas entièrement épuisées par les impositions courantes.

3°. Le préjudice qu'elle essuie depuis 1723, par l'excès auquel a été porté l'abonnement des droits de courtiers-jaugeurs, et d'inspecteurs aux boucheries et aux boissons, lequel a été porté à une somme triple de valeur de ces droits ; et par le double emploi de l'abonnement cumulé avec la perception en nature des droits abonnés dans une partie de la province.

4°. Enfin la mauvaise récolte qu'elle vient d'avoir et les craintes trop bien fondées où elle est d'essuyer une famine.

Des motifs si pressans ne peuvent manquer de toucher le cœur de sa Majesté, et nous ôsons attendre de son amour pour ses peuples une diminution effective au moins de cinq cent mille livres sur les impositions de cette Généralité.

A Limoges, le 7 sepembre 1769.

MÉMOIRE
SUR LES PRÊTS D'ARGENT.

Il arriva en 1769, à Angouléme, que des débiteurs infidèles s'avisèrent de faire un procès criminel à leurs créanciers. M. *Turgot* regarda cette tentative comme très-immorale, et fut effrayé des conséquences qui pourroient en résulter pour le commerce de la Province et pour l'État.

Il crut que la cause tenant à la haute législation, devait être évoquée au Conseil d'État, et motiva sa demande par le Mémoire suivant, qui détermina en effet l'évocation.

Ce Mémoire a déjà été imprimé deux fois.

I.

Occasion du présent Mémoire.

Il y a quelques mois qu'une dénonciation faite au Sénéchal d'Angoulême contre un particulier, qu'on prétendoit avoir exigé des intérêts usuraires dans ses négociations d'argent, a excité une fermentation très-vive parmi les Négocians de cette ville. — Cette fermentation n'a cessé d'augmenter depuis par la suite qui a été donnée à la procédure, par les nouvelles dénonciations qui ont suivi la première, et par les menaces multipliées de tous les côtés contre tous les prêteurs d'argent. — Ces mouvemens ont produit l'effet qu'on devoit naturellement en attendre : l'inquiétude et le discrédit parmi les Négocians, le défaut absolu d'argent sur la place, l'interruption entière de toutes les spéculations du commerce, le décri de la place d'Angoulême au dehors, la suspension des paiemens, et le protêt d'une foule de lettres-de-change. Ces conséquences paroissent mériter l'attention la plus sérieuse de la part du Gouvernement ; et il semble d'autant plus important d'arrêter le mal dans son principe, que si l'espèce de jurisprudence qu'on voudroit établir à Angoulême devenoit générale, il n'y auroit aucune place de commerce qui ne fût exposée aux mêmes révolutions, et que le crédit, déjà trop ébranlé par les banqueroutes multipliées, seroit entièrement anéanti partout.

I I.

Objet et Plan de ce Mémoire.

L'objet du présent Mémoire est de mettre sous

les yeux du Conseil un récit de ce qui s'est passé
à Angoulême, des manœuvres qui ont été pra-
tiquées et des suites qu'elles ont eues. Ce récit
fera sentir les inconvéniens qui en résultent, et
la nécessité d'y apporter un prompt remède.

Pour y parvenir, on essaiera d'exposer les
principes d'après lesquels on croit que cette affaire doit être envisagée, et d'indiquer les moyens
qui paroissent les plus propres à ramener le
calme parmi les Négocians d'Angoulême, et à
garantir, dans la suite, le commerce, tant de
cette ville que des autres places du Royaume,
d'un genre de vexation aussi funeste.

III.

Idée générale du Commerce d'Angoulême.

Pour donner une idée juste de la manœuvre
des dénonciateurs de faits d'usure, pour en faire
connoître l'origine, et mettre en état d'apprécier
les effets qu'elle a dû produire, il est nécessaire d'entrer dans quelques détails sur la nature
du commerce d'Angoulême, et des négociations
qui s'y sont faites depuis quelques années.

La ville d'Angoulême, par sa situation sur la
Charente, dans le point du cours de cette rivière où elle commence à être navigable, sem-

bleroit devoir être très-commerçante : elle l'est
cependant assez peu. Il est probable qu'une des
principales causes qui se sont opposées au progrès de son commerce, est la facilité que toute
famille un peu aisée trouve à y acquérir la Noblesse en parvenant à la Mairie. Il résulte de là
que, dès qu'un homme a fait fortune par le commerce, il s'empresse de le quitter pour devenir
Noble. Les capitaux qu'il avoit acquis sont bientôt dissipés dans la vie oisive, attachée à son
nouvel état, ou du moins, ils sont entièrement
perdus pour le commerce. Le peu qui s'en fait
est donc tout entier entre les mains de gens presque sans fortune, qui ne peuvent former que des
entreprises bornées faute de capitaux, qui sont
presque toujours réduits à faire rouler leur commerce sur l'emprunt, et qui ne peuvent emprunter qu'à très-gros intérêt, tant à cause de la rareté effective de l'argent, qu'à cause du peu de
sûreté qu'ils peuvent offrir aux prêteurs.

Le commerce d'Angoulême se réduit à peu
près à trois branches principales : la fabrication
des papiers, le commerce des eaux-de-vie, et
les entreprises de forges, qui sont devenues très-
considérables dans ces derniers tems, par la
grande quantité de canons que le Roi a fait fabriquer depuis quelques années dans les forges

de l'Angoumois et du Périgord, situées à peu de distance d'Angoulême.

Le commerce des papeteries a un cours, en général, assez réglé; il n'en est pas de même de celui des eaux-de-vie : cette denrée est sujette à des variations excessives dans le prix, et ces variations donnent lieu à des spéculations très-incertaines, qui peuvent, ou procurer des profits immenses, ou entraîner des pertes ruineuses. Les entreprises que font les Maîtres de forges pour les fournitures de la Marine, exigent de leur part de très-grosses et très-longues avances, qui leur rentrent avec des profits d'autant plus considérables, qu'elles leur rentrent plus tard. Ils sont obligés, pour ne pas perdre l'occasion d'une grosse fourniture, de se procurer de l'argent à quelque prix que ce soit, et ils y trouvent d'autant plus d'avantages, qu'en payant la mine et le bois comptant, ils obtiennent une diminution très-forte sur le prix de ces matières premières de leurs entreprises.

I V.

Origine du haut prix de l'argent à Angouléme.

Il est aisé de comprendre que la circonstance

d'un commerce également susceptible de gros risques et de gros profits, et celle d'une place dégarnie de capitaux, se trouvant réunies dans la ville d'Angoulême, il en a dû résulter un taux courant d'intérêt assez haut et plus fort en général qu'il ne l'est dans les autres places de commerce. En effet, il est notoire que depuis une quarantaine d'années, la plus grande partie des négociations d'argent s'y sont faites sur le pied de huit ou neuf pour cent par an, et quelquefois sur le pied de dix, suivant que les demandes étoient plus ou moins nombreuses, et les risques à courir plus ou moins grands.

V.

Banqueroutes récentes à Angoulême; manœuvre dont elles ont été accompagnées.

Il est encore assez naturel que dans un commerce tel que je viens de dépeindre celui d'Angoulême, les banqueroutes soient très-fréquentes; et c'est ce qu'on voit effectivement. Il s'en est fait, depuis quelque tems, deux assez considérables, qu'on peut, sans jugement téméraire, regarder comme frauduleuses, et qui paroissent avoir beaucoup de connexité avec les manœuvres des dénonciations contre les prêteurs d'argent. Elles avoient été préparées par une autre manœuvre assez singulière. Le nommé T....-P...., un autre T...., distingué par le nom de la V.... (ce sont les deux banque-routiers), le nommé N....., ancien Aubergiste d'Angoulême, qui, depuis, s'étant jetté dans une foule d'entreprises mal concertées, se trouve réduit aux abois, et deux ou trois autres parti-culiers s'étoient concertés pour se faire des billets au profit les uns des autres, sans qu'il y eût aucune valeur réelle fournie, mais seulement un billet de pareille somme, signé de celui qui recevoit le premier. Ces billets étoient successivement en-dossés par tous ceux qui trempoient dans cette manœuvre. Dans cet état, le porteur d'un de ces billets s'en servoit, ou pour faire des paiemens, ou pour emprunter de l'argent d'un Banquier, ou de tout autre possesseur de capitaux : celui qui recevoit le billet, le voyant revêtu de plu-sieurs signatures, et n'imaginant pas que tous les signataires pussent manquer à la fois, le pre-noit sans difficulté. Pour éviter que la manœuvre ne fût découverte, les porteurs de billets avoient l'attention de ne jamais présenter à la même per-sonne les billets qui se compensoient récipro-quement. L'un portoit à un Banquier le billet fait, par exemple, par N.... au profit de T....-

P...., et on portoit à un autre le billet fait par
T....-P.... au profit de N.... Par ce moyen,
les auteurs de cette manœuvre avoient su se former un crédit sans aucun fonds, sur lequel ils
faisoient rouler différentes entreprises de commerce. On prétend que T....-P...., qui avoit
déjà fait, il y a quelques années, une première
banqueroute dans laquelle ses créanciers avoient
perdu 80 pour 100, avoit su, par ce crédit arti-
ficiel, se procurer des fonds très-considérables,
avec lesquels il a pris la fuite à la fin de l'été
dernier.

VI.

Connexité de la manœuvre des banquerou-
tiers avec celle des dénonciations de faits
d'usure.

Ceux qui avoient eu l'imprudence de donner
de l'argent sur ces billets frauduleux, ont paru
dans la disposition de poursuivre les endosseurs.
C'est alors que ceux-ci ont imaginé de se réunir
avec quelques autres particuliers ruinés comme
eux, et d'intimider ceux qui voudroient les poursuivre, en les menaçant de les dénoncer à la Justice comme ayant exigé des intérêts usuraires ;
ils ont, en effet, réalisé cette menace, et les troubles
arrivés dans le commerce d'Angoulême, sont

l'ouvrage de cette cabale. Les principaux chefs sont ce nommé N. .., dont j'ai déjà parlé, un nommé la P...., Maître de forge à Bourumil, près de Nontron, petite ville du Périgord, un nommé C ... M...., et plusieurs autres Marchands, banqueroutiers, ou prêts à l'être. Ces trois particuliers se sont associés avec un Procureur nommé T...., qui leur sert de Conseil et d'agent principal.

VII.

Dénonciation du sieur C.... de C....

Leur première démarche a été de faire dénoncer, par C.... M...., le sieur C.... de C...., comme coupable de négociations usuraires. Le Procureur du Roi a reçu la dénonciation le 26 septembre dernier. Il s'est rendu partie contre le sieur C...., et un très-grand nombre de témoins ont été assignés à sa requête.

VIII.

Restitutions imprudemment faites par la famille de C....; manœuvres odieuses des dénonciateurs.

Le sieur de C...., qu'on dit avoir prêté de l'argent, non-seulement à des Négocians, mais à différens particuliers, à un taux véritablement excessif, a été intimidé, et s'est caché. Sa famille alarmée, et craignant que le Sénéchal ne prononçât contre lui des condamnations flétrissantes, a voulu appaiser les dénonciateurs et les témoins, en offrant de restituer l'argent qu'il avoit touché au-delà du taux fixé par les loix. Cette facilité n'a pas manqué d'encourager la cabale et de multiplier les demandes à l'infini. On dit, mais je n'ai sur cela aucun détail précis, que ceux qui prétendoient avoir quelque témoignage à porter contre le sieur de C . . . ., se présentoient sans preuves, sans registres, qui constatassent ni les négociations dont ils se plaignoient, ni le montant des intérêts exigés : ils fixoient arbitrairement ce qu'ils vouloient, et la menace de déposer faisoit leur titre. Le Procureur T . . . . les accompagnoit, et l'on ne manquoit pas de stipuler sa part du butin. On assure que la famille du sieur de C . . . . a déboursé plus de soixante-mille livres pour satisfaire l'avidité de ces exacteurs, et que cette somme a absorbé la plus grande partie de la fortune de ce particulier, qui se trouve entièrement ruiné ; mais cette malheureuse famille n'a rien gagné à cette extravagante prodigalité ; et l'on m'a mandé d'Angoulême, que ceux dont elle avoit payé si chèrement

le silence, n'en avoient pas moins fait les dépo-
sitions les plus fortes, lorsqu'ils avoient été assignés comme témoins.

I X.

Menaces faites aux autres prêteurs d'argent, par la cabale des dénonciateurs.

Encouragés par un pareil succès, les chefs de
la cabale n'ont pas manqué de faire usage des
mêmes armes contre les autres prêteurs d'argent
de la ville d'Angoulême. N . . . . . et la P . . . . . ,
qui paroissent être les deux plus actifs, ont
ameuté de tous côtés ceux qui pouvoient avoir
fait des négociations à gros intérêts avec les capitalistes d'Angoulême. J'ai sous les yeux des
lettres écrites par la P . . . . , qui prouvent qu'il
a cherché jusqu'au fond du Limousin des particuliers qui pouvoient avoir payé de gros intérêts
aux prêteurs d'Angoulême, et qu'il leur offroit
de conduire leurs affaires. Ce même la P . . . . . ,
qui, ayant fait de grandes entreprises pour la
Marine, avoit été plus qu'un autre dans le cas
d'emprunter à gros intérêts, a écrit plusieurs
lettres à différens particuliers, par lesquelles il
exige d'eux des sommes considérables, en les
menaçant de les dénoncer. Il avoit écrit entre
autres

à un nommé R...., en lui mandant qu'il lui falloit six sacs de mille francs, et qu'on lui remît un billet de 622 liv. qu'il avoit négocié avec ce R.... *Il les faut,* disoit-il; *il les faut, etc. J'ai été mis sur le grabat, parce que j'étois Maître de Forge et honnête homme; il faut que je tâche de me relever.... Il faut finir ce soir à quatre heures.* Je n'ai point vu cette lettre en original, parce que le fils du sieur R.... ayant eu l'imprudence, dans le premier mouvement de son indignation, d'aller trouver le sieur de la P...., et de le menacer de voie de fait, celui-ci en a pris occasion de rendre plainte contre lui au criminel, et a, depuis, accommodé l'affaire, en exigeant qu'on lui remît sa lettre, et que R..... s'engageât à n'en point faire usage contre lui; mais comme elle avoit été ouïe de plusieurs personnes, je suis assuré qu'elle contenoit, en substance, ce que je viens de marquer.

X.

Nouvelles restitutions par les prêteurs inti- midés; multiplications des demandes en conséquence.

Plusieurs des prêteurs, ainsi menacés, sont entrés en accommodement ainsi que la famille

Tome V.   18

du sieur de C.... ; et cela n'a servi qu'à exciter de plus en plus cette cabale, et à multiplier le nombre des demandeurs. Tous ceux qui se sont imaginé avoir été lésés dans quelques négociations d'argent se sont réveillés, et la nuée grossit de jour en jour. On ne se contente pas de demander la restitution des intérêts, ou des escomptes, pris au-dessus de cinq ou six pour cent, on va jusqu'à demander l'intérêt de ces intérêts : j'en ai eu l'exemple sous les yeux dans une lettre, signée D. C...., laquelle est conçue en ces termes :

En 1763, le 20 décembre, vous m'avez pris 60 liv. sur un billet de 1000 liv. à l'ordre de M. B...., endossé par M. C.... père. Je vous demande 30 liv. de restitution et 18 liv. d'intérêt. Si vous ne me les renvoyez, je pars immédiatement après mon déjeûner pour Ruelle, pour chercher le certificat, et, à mon retour, je vous dénonce. Puisque vous m'avez fait la grace de ne pas vous en rapporter à moi, comptez sur ma parole d'honnête homme.

On a redemandé à des enfans de prétendues restitutions, pour des affaires traitées aves leurs pères, décédés depuis plusieurs années, et cela sans produire aucun acte, aucun registre, ni

aucune autre preuve que la simple menace de
dénoncer. Ce trait prouve l'espèce de vertige
que le succès des premiers dénonciateurs a imprimé dans les esprits.

Un Collecteur, dont le père avoit autrefois emprunté de l'argent d'un Receveur des
Tailles, se trouvant arréragé de plus de 2000 l.
sur son recouvrement, a bien eu l'audace de lui
écrire qu'il prétendoit compenser cette somme
avec les escomptes que ce Receveur avoit pris
autrefois de lui, ou de son père.

L'avidité et l'acharnement des dénonciateurs
d'un côté ; de l'autre, la terreur de tous les Négocians prêteurs d'argent, n'ont pu qu'être infiniment augmentées, par la facilité avec laquelle
les Officiers de justice d'Angoulême ont paru se
prêter à ces accusations d'usure.

X I.

Influences funestes de cette fermentation sur
le crédit et le commerce d'Angoulême.

L'effet des poursuites faites sur ces accusations
a dû être, et a été le discrédit le plus absolu
dans tout le commerce d'Angoulême. L'autori-
sation donnée à la mauvaise foi des emprunteurs
a fermé toutes les bourses des prêteurs, dont la

fortune se trouve d'ailleurs ébranlée par cette secousse. Aucun engagement échu ne se renouvelle ; toutes les entreprises sont arrêtées ; les Fabricans sont exposés à manquer, par l'impossibilité de trouver aucun crédit pour attendre la rentrée de leurs fonds. J'ai déjà fait mention au commencement de ce Mémoire de la grande quantité de lettres-de-change qui ont été protestées depuis ces troubles. — J'ai appris que les Marchands, qui vendent les étoffes destinées à la consommation de la ville, s'étant adressés, suivant leur usage, à Lyon pour donner leurs commissions, on leur a répondu qu'on ne feroit aucune affaire avec Messieurs d'Angoulême, qu'argent comptant. Ce discrédit influe même sur la subsistance des peuples : les récoltes ayant manqué dans la province, elle a besoin pour en remplir le vuide, des ressources du commerce ; la ville d'Angoulême étant située sur une rivière navigable, on devoit s'attendre qu'elle seroit toujours abondamment pourvue, et que ses négocians s'empresseroient de former des magasins, non - seulement pour son approvisionnement, mais même pour celui d'une partie de la province ; mais l'impossibilité où le discrédit général les a mis de faire aucune spéculation, rend cette ressource absolument nulle.

X I I.

Nécessité d'arrêter le cours de ces vexations.

Il seroit superflu de s'étendre sur les tristes conséquences d'une pareille révolution. C'est un grand mal que le dérangement de toutes les opérations du commerce, l'interruption de la circulation de l'argent, l'alarme répandue parmi les Négocians d'une ville, et l'ébranlement de leur fortune. C'en est un autre non moins grand que le triomphe d'une cabale de fripons, qui, après avoir abusé de la crédulité des particuliers, pour se procurer de l'argent sur des billets frauduleux, ont eu l'adresse plus coupable encore de chercher dans les loix mal entendues un moyen, non-seulement de se garantir des poursuites de leurs créanciers, mais encore d'exercer contre eux la vengeance la plus cruelle ; de les ruiner, de les diffamer, et de s'enrichir de leurs dépouilles. Ce succès de la mauvaise foi, et cette facilité donnée à des Négocians de revenir contre les engagemens contractés librement, seroient aussi scandaleux que funestes au commerce, non-seulement d'une place, mais de toutes celles du Royaume. Il est donc aussi nécessaire que juste d'apporter à ce mal un remède efficace, et d'arrêter le cours d'un genre de vexation aussi

odieux, d'autant plus dangereux, qu'il se couvre
des apparences du zèle pour l'observation des
loix.

XIII.

Difficulté de remédier à ces maux.

Mais, par cela même que le mal a, en quelque
sorte, sa racine dans des principes, ou des préjugés regardés comme consacrés par les loix, il
peut n'être pas facile de se décider sur le remède
convenable, et sur la manière de l'appliquer.

XIV.

*Vice de nos loix sur la matière de l'intérêt
de l'argent; impossibilité de les observer
en rigueur; inconvéniens de la tolérance
arbitraire, à laquelle on s'est réduit dans
la pratique.*

J'oserai trancher le mot. Les lois reconnues
dans les tribunaux sur la matière de l'intérêt de
l'argent sont mauvaises ; notre législation s'est
conformée aux préjugés rigoureux sur l'usure,
introduits dans les siècles d'ignorance par des
théologiens, qui n'ont pas mieux entendu le sens
de l'Écriture, que les principes du droit naturel.
L'observation rigoureuse de ces loix seroit des-
tructive de tout commerce; aussi ne sont-elles

pas observées rigoureusement : elles interdisent
toute stipulation d'intérêt, sans aliénation du capital; elles défendent, comme illicite, tout intérêt stipulé au-delà du taux fixé par les ordonnances du Prince. Et c'est une chose notoire, qu'il
n'y a pas sur la terre une place de commerce, où
la plus grande partie du commerce ne roule sur
l'argent emprunté sans aliénation du capital, et
où les intérêts ne soient réglés par la seule convention, d'après l'abondance plus ou moins grande
de l'argent sur la place, et la solvabilité plus ou
moins sûre de l'emprunteur. La rigidité des loix a
cédé à la force des choses : il a fallu que la jurisprudence modérât dans la pratique ses principes
spéculatifs ; et l'on en est venu à tolérer ouvertement le prêt par billet, l'escompte, et toute espèce
de négociation d'argent entre commerçans. Il en
sera toujours ainsi toutes les fois que la loi dé-
fendra ce que la nature des choses rend nécessaire. Cependant cette position, où les loix ne sont
point observées, mais subsistent sans être révoquées, et sont même encore observées en partie,
entraîne de très-grands inconvéniens. D'un côté,
l'inobservation connue de la loi diminue le respect que tous les citoyens devroient avoir pour
tout ce qui porte ce caractère ; de l'autre, l'exis-

tence de cette loi entretient un préjugé fâcheux, flétrit une chose licite en elle-même, une chose dont la société ne peut se passer, et que, par conséquent, une classe nombreuse de citoyens est obligée de se permettre. Cette classe de citoyens en est dégradée, et ce commencement d'avilissement dans l'opinion publique affoiblit pour elle le frein de l'honneur, ce précieux appui de l'honnêteté. L'auteur de l'Esprit des Loix a très-bien remarqué, à l'occasion même des préjugés sur l'usure, que quand les loix défendent une chose nécessaire, elles ne réussissent qu'à rendre malhonnêtes gens ceux qui la font. D'ailleurs, les cas où la loi est observée, et ceux où l'infraction en est tolérée, n'étant point spécifiés par la loi même, le sort des citoyens est abandonné à une jurisprudence arbitraire et changeante comme l'opinion. Ce qu'une foule de citoyens pratiquent ouvertement, et pour ainsi dire, avec le sceau de l'approbation publique, sera puni sur d'autres comme un crime; en sorte que, pour ruiner et flétrir un citoyen qui se reposoit avec confiance sur la foi d'une tolérance notoire, il ne faut qu'un juge peu instruit ou aveuglé par un zèle mal entendu.

Les Jurisdictions consulaires admettent les

intérêts stipulés sans aliénation du capital (1),
tandis que les Tribunaux ordinaires les réprou-
vent et les imputent sur le capital. Il existe des
peines prononcées contre l'usure ; ces peines
sont, pour la première fois, l'amende honorable,
le bannissement, la condamnation en de grosses
amendes ; et, pour la seconde fois, la confisca-
tion de corps et de biens, c'est-à-dire, la condamnation à une peine qui entraîne la mort civile; telle que la condamnation aux galères à
perpétuité, ou le bannissement perpétuel. L'Ordonnance de Blois qui prononce ces peines, ne
fait aucune distinction entre tous les différens
cas que les Théologiens et les Jurisconsultes ont
compris sous la dénomination d'usure ; ainsi, à
ne considérer que la lettre de la loi, tout homme
qui prête, sans aliéner le capital, tout homme

---

(1) Je n'ignore pas que les Jurisdictions consulaires
ne prononcent jamais expressément, qu'il soit dû des
intérêts en vertu de la seule stipulation sur simple billet,
sans aliénation du capital ; mais il n'en est pas moins
vrai que dans le fait elles autorisent équivalemment ces
intérêts, puisque les billets dont elles ordonnent le paiement comprennent ordinairement l'intérêt outre le capital, et que les Juges-Consuls ne s'arrêtent point aux
allégations que feroit le débiteur, d'avoir compris dans
son billet le capital et l'intérêt. (*Note de l'Auteur.*)

qui escompte des billets sur la place, tout homme
qui prête à un taux au-dessus de celui de l'Ordonnance, a mérité ces peines, et l'on peut bien
dire qu'il n'y a pas un Commerçant, pas un
Banquier, pas un homme intéressé dans les affaires du Roi, qui n'y fût exposé. Il est notoire
que le service courant de presque toutes les parties de la finance ne se fait que par des négociations de cette espèce.

On répondra sans doute, et cette réponse se
trouve même dans des Auteurs de Droit, d'ailleurs très-estimables, que les Tribunaux ne pour-
suivent par la voie criminelle, que les usures
énormes; mais cette réponse même est un aveu
de l'arbitraire inséparable de toute exécution
qu'on voudra donner à cette loi : car quelle règle
pourra servir à distinguer l'usure énorme et punissable de l'usure médiocre et tolérable. Ne
sait-on pas même qu'il y a des usures qu'on est
obligé de tolérer? Il n'y en a peut-être pas de
plus forte que celle qu'on connoît à Paris, sous
le nom de prêt à la petite semaine ; elle a été
quelquefois jusqu'à deux sols par semaine, pour
un écu de trois livres : c'est sur le pied de cent
soixante-treize et un tiers pour cent. Cependant
c'est sur cette usure vraiment énorme que roule
le détail du commerce des denrées qui se vendent

à la halle et dans les marchés de Paris. Les emprunteurs ne se plaignent pas des conditions de
ce prêt sans lequel ils ne pourroient faire un commerce qui les fait vivre, et les prêteurs ne s'en-
richissent pas beaucoup, parce que cet intérêt
exorbitant n'est guère que la compensation du
risque que court le capital. En effet, l'insolvabilité d'un seul emprunteur enlève tout le profit que
le prêteur peut faire sur trente; en sorte que si le
risque d'infidélité ou d'insolvabilité de l'emprunteur étoit d'un sur trente, le prêteur ne tireroit
aucun intérêt de son argent; et que si ce risque
étoit plus fort, il perdroit sur son capital.

Maintenant si le ministère public est obligé de
fermer les yeux sur une usure aussi forte, quelle
sera donc l'usure qu'il pourra poursuivre sans
injustice? Prendra-t-il le parti de rester tranquille, et d'attendre, pour faire parler la loi,
que l'emprunteur, qui se croit lésé, provoque
son activité par une plainte ou une dénonciation?
Il ne sera donc que l'instrument de la mauvaise
foi des fripons, qui voudront revenir contre les
engagemens contractés librement: la loi ne pro-
tégera que ceux qui sont indignes de sa protection; et le sort de ceux-ci sera plus avantageux
que celui des hommes honnêtes, qui, fidèles à
leurs conventions, rougiroient de profiter d'un

moyen que la loi leur offre pour les en dé-
gager.

X V.

Ce qui se passe à Angoulême est une preuve
des inconvéniens attachés à l'arbitraire de
la jurisprudence.

Toutes ces réflexions s'appliquent naturellement à ce qui se passe à Angoulême, où les
Juges ont reçu des dénonciations, et instruit
une procédure criminelle à l'occasion de prêts,
auxquels des Juges plus familiarisés avec la connoissance des opérations du commerce, n'auroient fait aucune attention. Si l'admission de
ces dénonciations a donné au commerce une secousse dangereuse, a compromis injustement la
fortune et l'honneur des particuliers, a fait
triompher la manœuvre odieuse d'une cabale
de fripons ; ces Magistrats ont à dire pour leur
défense, qu'ils n'ont fait que se conformer aux
loix ; que si l'exécution de ces loix entraîne des
inconvéniens, c'est au Gouvernement à y pourvoir par l'exercice de la puissance législative ;
que ce n'est point au Juge à les prévoir ; que
l'exactitude est son mérite, comme la sagesse et
l'étendue des vues est celui du Législateur. Cette
apologie n'est pas sans fondement ; et il est cer-

tain qu'on ne peut blâmer les Juges d'Angoulême, que d'après les principes d'une jurisprudence qu'aucune loi n'a consacrée.

XVI.

Raisons qui paroissent devoir décider à sai-
sir cette occasion pour réformer la loi ou
fixer la jurisprudence.

Faut-il pour cela rester dans l'inaction, et
voir avec indifférence une fermentation dont les
suites peuvent être aussi funestes au commerce?
Je ne puis le penser; et je crois, au contraire,
que cette occasion doit déterminer le Gouvernement, ou à réformer tout-à-fait les loix sur cette
matière, d'après les vrais principes, ou du moins
à fixer d'une manière à faire cesser tout arbitraire, la jurisprudence qui doit tempérer la rigueur des loix existantes. Je crois enfin que,
dans tous les cas, il est juste et nécessaire de
venir au secours du commerce et des particuliers mal-à-propos vexés, par ce qui s'est passé
à Angoulême, et de les faire jouir du moins des
tempéramens que la jurisprudence générale ap-
porte à la sévérité des loix et de la liberté
qu'elle laisse à cet égard aux opérations du commerce.

XVII.

Motifs qui engagent à envisager les vrais principes de cette matière en eux-mêmes, et en faisant abstraction pour le moment des tempéramens que les circonstances peuvent exiger.

Quand je parle de changer les loix et de les ramener entièrement aux vrais principes de la matière, je ne me dissimule point les obstacles que peuvent mettre à cette réforme les préjugés d'une partie des Théologiens et des Magistrats; je sens tout ce que les circonstances peuvent commander de lenteur, de circonspection, de timidité même. Ce n'est point à moi à examiner à quel point la théorie doit céder dans la pratique à des ménagemens nécessaires; mais je n'en crois pas moins utile de fixer entièrement nos idées sur le véritable point de vue sous lequel on doit envisager la matière de l'intérêt de l'argent, et les conventions auxquelles on a donné le nom d'usure. Il faut connoître les vrais principes lors même qu'on est obligé de s'en écarter; afin de savoir du moins précisément à quel point on s'en écarte; afin de ne s'en écarter qu'autant exactement que la nécessité l'exige, afin de ne pas du moins suivre les conséquences d'un préjugé qu'on craint de renverser, comme on suivroit celles d'un principe dont la vérité seroit reconnue.

XVIII.

Examen et développement des vrais principes du droit naturel, sur la matière de l'intérêt de l'argent.

C'est d'après ce point de vue que je hasarde d'entrer ici dans une discussion assez étendue, pour faire voir le peu de fondement des opinions de ceux qui ont condamné l'intérêt du prêt fait sans aliénation du capital, et la fixation de cet intérêt par la seule convention. Quoique les lumières des personnes auxquelles ce Mémoire est destiné, pussent et dussent peut-être me dispenser d'appuyer sur des raisonnemens dont l'évidence est, pour ainsi dire, trop grande ; la multitude de ceux qui conservent les préjugés que j'ai à combattre, et les motifs respectables qui les y attachent, m'excuseront auprès d'elles ; et je suis persuadé que ceux dont j'attaque les opinions auront beaucoup plus de peine à me pardonner.

XIX.

Preuve de la légitimité du prêt à intérêt, tirée du besoin absolu que le commerce en a ; développement de cette nécessité.

C'est d'abord une preuve bien forte contre les principes adoptés par les Théologiens rigoristes, sur la matière du prêt à intérêt, que la nécessité absolue de ce prêt, pour la prospérité et pour le soutien du commerce; car quel homme raisonnable et religieux en même tems, peut supposer que la Divinité ait interdit une chose absolument nécessaire à la prospérité des Sociétés? Or, la nécessité du prêt à intérêt pour le commerce, et par conséquent pour la société civile, est prouvée d'abord par la tolérance que le besoin absolu du commerce a forcé d'accorder à ce genre de négociations, malgré les préjugés rigoureux et des Théologiens et des Jurisconsultes : cette nécessité est d'ailleurs une chose évidente par elle-même. J'ai déjà dit, qu'il n'y a pas sur la terre une place de commerce où la plus grande partie des entreprises ne roulent sur l'argent emprunté; il n'est pas un seul Négociant, peut-être, qui ne soit souvent obligé de recourir à la bourse d'autrui : le plus riche en capitaux

capitaux ne pourroit même s'assurer de n'avoir jamais besoin de cette ressource qu'en gardant une partie de ses fonds oisifs , et en diminuant par conséquent l'étendue de ses entreprises. Il n'est pas moins évident que ces capitaux étrangers, nécessaires à tous les Négocians, ne peuvent leur être confiés par les propriétaires, qu'autant que ceux-ci y trouveront un avantage capable de les dédommager de la privation d'un argent dont ils pourroient user, et des risques attachés à toute entreprise de commerce. Si l'argent prêté ne rapportoit point d'intérêt, on ne le prêteroit point; si l'argent prêté pour des entreprises incertaines ne rapportoit pas un intérêt plus fort que l'argent prêté sur de bonnes hypothèques, on ne prêteroit jamais d'argent à des Négocians. S'il étoit défendu de retirer des intérêts d'un argent qui doit rentrer à des échéances fixes, tout argent, dont le propriétaire prévoiroit avoir besoin dans un certain tems, sans en avoir un besoin actuel, seroit perdu pendant cet intervalle pour le commerce: il resteroit oisif dans les coffres du propriétaire, qui n'en a pas besoin, et seroit comme anéanti pour celui qui en auroit un besoin urgent. L'exécution rigoureuse d'une pareille défense enleveroit à la circulation des sommes immenses, que la confiance de les retrouver au besoin y fait verser à l'avantage réciproque des prêteurs et des emprunteurs ; et le vuide s'en feroit nécessairement sentir, par le haussement de l'intérêt de l'argent, et par la cessation d'une grande partie des entreprises de commerce.

X X.

Nécessité d'abandonner la fixation de l'intérêt dans le commerce aux conventions des Négocians, et aux cours des différentes causes qui le font varier ; indication de ces causes.

Il est donc d'une nécessité absolue, pour entretenir la confiance et la circulation de l'argent, sans laquelle il n'est point de commerce, que le prêt d'argent à intérêt sans aliénation du capital, et à un taux plus fort que le denier fixé pour les rentes constituées, soit autorisé dans le commerce. Il est nécessaire que l'argent y soit considéré comme une véritable marchandise dont le prix dépend de la convention, et varie comme celui de toutes les autres marchandises, à raison du rapport de l'offre à la demande. L'intérêt étant le prix de l'argent prêté, il hausse quand il y a plus d'emprunteurs et moins de prêteurs ;

il baisse au contraire quand il y a plus d'argent offert à prêter, qu'il n'en est demandé à emprunter. C'est ainsi que s'établit le prix courant de l'intérêt ; mais ce prix courant n'est pas l'unique règle qu'on suive, ni qu'on doive suivre pour fixer le taux de l'intérêt dans les négociations particulières. Le risque que peut courir le capital dans les mains de l'emprunteur, le besoin de celui-ci, et les profits qu'il espère tirer de l'argent qu'on lui prête, sont des circonstances qui, en se combinant diversement entre elles, et avec le prix de l'intérêt, doivent souvent en porter le taux plus haut qu'il ne l'est dans le cours ordinaire du commerce. Il est assez évident qu'un prêteur ne peut se déterminer à risquer son capital, que par l'appât d'un profit plus grand, et il ne l'est pas moins que l'emprunteur se déterminera à payer un intérêt plus fort qu'autant que ses besoins seront plus urgens, et qu'il espérera tirer de cet argent un plus grand profit.

X X I.

Les inégalités du taux, à raison de l'inégalité des risques, n'ont rien que de juste.

Que peut-il y avoir à cela d'injuste ?
Peut-on exiger d'un propriétaire d'argent

qu'il risque son fonds, sans aucun dédomma-
gement?

Il peut ne pas prêter, dit-on : sans doute; et
c'est cela même qui prouve qu'en prêtant, il
peut exiger un profit qui soit proportionné à son
risque. Car, pourquoi voudroit-on priver celui
qui, en empruntant, ne peut donner de sûretés
satisfaisantes d'un secours dont il a un besoin
absolu?

Pourquoi voudroit-on lui ôter les moyens de
tenter des entreprises dans lesquelles il espère
s'enrichir?

Aucune loi, ni civile ni religieuse, n'oblige
personne à lui procurer des secours gratuits;
pourquoi la loi civile ou religieuse défendroit-
elle de lui en procurer au prix auquel il consent de les payer pour son propre avantage?

X X I I.

La légitimité du prêt à intérêt est indépen-
dante des suppositions de profit cessant,
ou naissant.

L'impossibilité absolue de faire subsister le
commerce sans le prêt à intérêt, n'a pu être mé-
connue par ceux-mêmes qui affectent le plus de
le condamner.

La pluspart ont cherché à éluder la rigueur de leurs propres principes par des distinctions et des subterfuges scholastiques, de profit cessant pour le prêteur, de profit naissant pour l'emprunteur ; comme si l'usage que l'acheteur fait de la chose vendue étoit une circonstance essentielle à la légitimité du prix ; comme si le propriétaire d'un meuble qui n'en fait aucun usage, étoit obligé à l'alternative de le donner ou de le garder ; comme si le prix que le boulanger retire du pain qu'il vend n'étoit pas également légitime, soit que l'acheteur s'en nourrisse, soit qu'il le laisse perdre.

Si l'on veut que la simple possibilité de l'usage lucratif de l'argent suffise pour en légitimer l'intérêt, cet intérêt sera légitime dans tous les cas ; car il n'y en a aucun où le prêteur et l'emprunteur ne puissent toujours, s'ils le veulent, faire de leur argent quelque emploi lucratif.

Il n'est aucun argent, avec lequel on ne puisse ou se procurer un immeuble qui porte un revenu, ou faire un commerce qui donne un profit ; ce n'est assurément pas la peine d'établir en thèse générale que le prêt à intérêt est défendu, pour établir en même tems un principe d'où résulte une exception aussi générale que la prétendue règle.

XXIII.

La légitimité du prêt à intérêt est une consé-
quence immédiate de la propriété qu'a le
prêteur de la chose qu'il prête.

Mais ce ne sont point ces vaines subtilités
qui rendent légitime le prêt à intérêt, ce n'est
pas même son utilité, ou plutôt la nécessité dont
il est pour le soutien du commerce; il est licite
par un principe plus général et plus respectable
encore, puisqu'il est la base sur laquelle porte
tout l'édifice des sociétés; je veux dire par le
droit inviolable, attaché à la propriété, d'être
maître absolu de sa chose, de ne pouvoir en
être dépouillé que de son consentement, et de
pouvoir mettre à son consentement telle condition que l'on juge à propos. Le propriétaire d'un
effet quelconque peut le garder, le donner, le
vendre, le prêter gratuitement, ou le louer,
soit pour un temps certain, soit pour un temps
indéfini. S'il vend ou s'il loue, le prix de la
vente ou du louage n'est limité que par la volonté de celui qui achète ou qui prend à loyer;
et tant que cette volonté est parfaitement libre,
et qu'il n'y a pas d'ailleurs de fraude de la part
de l'une ou de l'autre partie, le prix est toujours

juste, et personne n'est lèsé. Ces principes sont
avoués de tout le monde, quand il s'agit de toute
autre chose que de l'argent; et il est évident
qu'ils ne sont pas moins applicables à l'argent
qu'à toute autre chose. La propriété de l'argent
n'est pas moins absolue que celle d'un meuble,
d'une pièce d'étoffe, d'un diamant; celui qui le
possède n'est pas plus tenu de s'en dépouiller
gratuitement : le donner, le prêter gratuitement
est une action louable que la générosité inspire,
que l'humanité et la charité exigent quelquefois,
mais qui n'est jamais de l'ordre de la justice rigoureuse. On peut aussi ou donner ou prêter
toutes sortes de denrées, et on le doit aussi dans
certains cas. Hors de ces circonstances, où la
charité exige qu'on se dépouille soi-même pour
secourir les malheureux, on peut vendre son
argent, et on le vend en effet lorsqu'on le donne
en échange de toute autre marchandise; on le
vend, lorsqu'on le donne en échange d'un fonds
de terre ou d'un revenu équivalent, comme
quand on le place à constitution; on le vend
contre de l'argent, lorsqu'on donne de l'argent
dans un lieu pour en recevoir dans un autre,
espèce de négociation connue sous le nom de
change de place en place, et dans laquelle on
donne moins d'argent dans un lieu, pour en re-

cevoir plus dans un autre; comme, dans la négociation du prêt à intérêt, on donne moins d'argent dans un temps pour en recevoir davantage dans un autre, parce que la différence du temps, comme celle des lieux, met une différence réelle dans la valeur de l'argent.

XXIV.

La propriété de l'argent emporte le droit de le vendre, et le droit d'en tirer un loyer.

Puisqu'on vend l'argent comme tout autre effet, pourquoi ne le loueroit-on pas comme tout autre effet? et l'intérêt n'étant que le loyer de l'argent prêté pour un temps, pourquoi ne seroit-il pas permis de le recevoir? Par quel étrange caprice la morale ou la loi prohiberoient-elles un contrat libre entre deux parties, qui toutes deux y trouvent leur avantage; et peut-on douter qu'elles ne l'y trouvent, puisqu'elles n'ont pas d'autre motif pour s'y déterminer? Pourquoi l'emprunteur offriroit-il un loyer de cet argent pour un temps, si, pendant ce temps, l'usage de cet argent ne lui étoit avantageux? Et, si l'on répond que c'est le besoin qui le force à se soumettre à cette condition, est-ce que ce n'est pas un avantage que la satisfaction d'un véritable besoin? est-ce que ce n'est pas le plus grand de tous? c'est aussi le besoin qui force un homme à prendre du pain chez un boulanger; le boulanger en est-il moins en droit de recevoir le prix du pain qu'il vend?

XXV.

Fausses idées des Scolastiques sur la prétendue stérilité de l'argent: Fausses conséquences qu'ils en ont tirées contre la légitimité de l'intérêt.

Ces notions sont si simples, elle sont d'une évidence si palpable, qu'il semble que les détails dans lesquels on entre pour les prouver, ne puissent que les affoiblir, en fatiguant l'attention; et l'on a peine à concevoir comment l'ignorance et quelques fausses subtilités ont pu les obscurcir. Ce sont les théologiens scholastiques qui ont introduit les préjugés qui règnent encore chez beaucoup de personnes sur cette matière. Ils sont partis d'un raisonnement qu'on dit être dans Aristote; et, sous prétexte que l'argent ne produit point d'argent, ils en ont conclu qu'il n'êtoit pas permis d'en retirer par la voie du prêt. Ils oublioient qu'un bijou, un meuble, et tout autre effet, à l'exception des

fonds de terre et de bestiaux, sont aussi stériles
que l'argent, et que cependant personne n'a
jamais imaginé qu'il fût défendu d'en tirer un
loyer; ils oublioient que la prétendue stérilité
de l'argent, si l'on pouvoit en conclure quelque chose, rendroit l'intérêt d'un capital aliéné
à perpétuité, aussi criminel que l'intérêt du capital aliéné à temps; ils oublioient que cet argent prétendu stérile est chez tous les peuples
du monde l'équivalent, non pas seulement de
toutes les marchandises, de tous les effets mo-
biliers stériles comme lui, mais encore des fonds
de terre qui produisent un revenu très-réel; ils
oublioient que cet argent est l'instrument nécessaire de toutes les entreprises d'agriculture, de
fabrique, de commerce; qu'avec lui l'agriculteur,
le fabriquant, le négociant se procurent des profits immenses, et ne peuvent se les procurer sans
lui; que, par conséquent, sa prétendue stérilité
dans le commerce, n'est qu'une erreur palpable,
fondée sur une misérable équivoque; ils oublioient, enfin, ou ils ignoroient que la légitimité du prix qu'on retire, soit de la vente, soit
du loyer d'une chose quelconque, n'est fondée
que sur la propriété qu'a de cette chose celui
qui la vend ou qui la loue, et non sur aucun
autre principe.

Ils ont encore employé un autre raisonnement qu'un jurisconsulte, d'ailleurs très-estimable, (M. Pothier d'Orléans), s'est attaché à développer dans son Traité des Contrats de bienfaisance, et auquel je m'arrêterai par cette raison.

X X V I.

Autre raisonnement contre la légitimité de l'intérêt, tiré de ce que la propriété de l'argent passe à l'emprunteur au moment du prêt, d'où l'on conclut qu'il ne peut rien devoir au prêteur, pour l'usage qu'il en fait.

« L'équité, dit-il, veut que dans un contrat
» qui n'est pas gratuit, les valeurs données de
» part et d'autres soient égales, et que chacune
» des parties ne donne pas plus qu'elle n'a reçu,
» et ne reçoive pas plus qu'elle n'a donné. Or,
» tout ce que le prêteur exige dans le prêt au-
» delà du sort principal, est une chose qu'il re-
» çoit au-delà de ce qu'il a donné, puisqu'en
» recevant le sort principal seulement, il reçoit
» l'équivalent exact de ce qu'il a donné.

» On peut, à la vérité, exiger, pour les choses
» dont on peut user sans les détruire, un loyer:
» parce que cet usage pouvant être, du moins

» par l'entendement, distingué d'elles-mêmes,
» est appréciable; il a un prix distingué de la
» chose : d'où il suit que lorsque j'ai donné à
» quelqu'un une chose de cette nature pour s'en
» servir, je peux en exiger le loyer, qui est le
» prix de l'usage que je lui en ai accordé, outre
» la restitution de la chose qui n'a pas cessé de
» m'appartenir.

» Mais il n'en est pas de même des choses
» qui se consomment par l'usage, et que les
» Jurisconsultes appellent *choses fungibles*.
» Comme l'usage qu'on en fait les détruit, on
» n'y peut pas concevoir un usage de la chose
» outre la chose même, et qui ait un prix outre
» celui de la chose; d'où il suit qu'on ne peut
» céder à quelqu'un l'usage d'une chose, sans
» lui céder entièrement la chose, et lui en trans-
» férer la propriété.

» Quand je vous prête une somme d'argent
» pour vous en servir, à la charge de m'en rendre
» autant, vous ne recevez de moi que cette
» somme d'argent, et rien de plus. L'usage que
» vous aurez de cette somme d'argent est ren-
» fermé dans le droit de propriété que vous ac-
» quérez de cette somme; ce n'est pas quelque
» chose que vous ayez outre la somme d'argent,
» ne vous ayant donné que la somme d'argent,

» et rien de plus ; je ne peux donc exiger de
» vous rien de plus que cette somme, sans
» blesser la justice, qui ne veut pas qu'on exige
» plus qu'on a donné. »

M. Pothier a soin d'avertir que ce raisonnement entre dans un argument employé par Saint
Thomas-d'Aquin, qui, se fondant sur le même
principe, que les choses fungibles, qui font la
matière du prêt, n'ont point un usage qui soit
distingué de la chose même, en conclut que
vendre cet usage, en exigeant l'intérêt, c'est
vendre une chose qui n'existe pas, ou bien exiger deux fois le prix de la même chose, puisque
le principal rendu est exactement l'équivalent
de la chose prêtée ; et que n'y ayant aucune valeur donnée au-delà de la chose prêtée, l'intérêt
qu'on recevroit au-delà en seroit un double prix.

XXVII.

Réfutation de ce raisonnement.

Ce raisonnement n'est qu'un tissu d'erreurs
et d'équivoques faciles à démêler.

La première proposition, que dans tout contrat aucune des parties ne peut, sans injustice,
exiger plus qu'elle n'a donné, a un fondement
vrai ; mais la manière dont elle est énoncée
renferme un sens faux et qui peut induire en

erreur. Dans tout échange de valeur contre valeur (et toute convention proprement dite, ou
à titre onéreux, peut être regardée comme un
échange de cette espèce), il y a un sens du mot
valeur dans lequel la valeur est toujours égale
de part et d'autre; mais ce n'est point par un
principe de justice, c'est parce que la chose ne
peut être autrement. L'échange étant libre de
part et d'autre, ne peut avoir pour motif que
la préférence que donne chacun des contractans
à la chose qu'il reçoit sur celle qu'il donne. Cette
préférence suppose que chacun attribue à la
chose qu'il acquiert une plus grande valeur qu'à
la chose qu'il cède relativement à son utilité personnelle, à la satisfaction de ses besoins ou de
ses désirs. Mais cette différence de valeur est
égale de part et d'autre; c'est cette égalité qui
fait que la préférence est exactement réciproque
et que les parties sont d'accord. Il suit de là
qu'aux yeux d'un tiers les deux valeurs échangées
sont exactement égales l'une à l'autre; et que
par conséquent, dans tout commerce d'homme à
homme, on donne toujours valeur égale pour
valeur égale. Mais cette valeur dépend uniquement de l'opinion des deux contractans sur le
degré d'utilité des choses échangées pour la satisfaction de leurs désirs ou de leurs besoins:

elle n'a en elle-même aucune réalité, sur laquelle on puisse se fonder pour prétendre que l'un des deux contractans a fait tort à l'autre. S'il n'y avoit que deux échangeurs, les conditions de leur marché seroient entièrement arbitraires; et à moins que l'un des deux n'eût employé la violence ou la fraude, les conditions de l'échange ne pourroient en aucune manière intéresser la morale. Quand il y a plusieurs échangeurs, comme chacun d'eux est intéressé à ne pas acheter plus cher de l'un, ce qu'un autre consent à lui donner à meilleur marché, il s'établit par la comparaison de la totalité des offres à la totalité des demandes, une valeur courante, qui ne diffère de celle qui s'êtoit établie dans l'échange entre deux hommes seuls, que parce qu'elle est le milieu entre les différentes valeurs qui auroient résulté du débat des contractans pour chaque change considéré à part. Mais cette valeur moyenne ou courante n'acquiert aucune réalité indépendante de l'opinion et de la comparaison des besoins réciproques : elle ne cesse pas d'être continuellement variable, et il ne peut en résulter aucune obligation de donner telle ou telle marchandise, pour tel ou tel prix. Le propriétaire est toujours le maître de la garder, et par conséquent de fixer les conditions sous lesquelles il consent à s'en dessaisir.

Il est bien vrai que dans un commerce animé et exercé par une foule de mains, chaque vendeur et chaque acheteur en particulier entre pour si peu dans la formation de cette opinion générale et dans l'évaluation courante qui en résulte, que cette évaluation peut être regardée comme un fait indépendant d'eux, et dans ce sens l'usage autorise à appeller cette valeur courante la vraie valeur de la chose; mais cette expression, plus commode que précise, ne pouvant altérer en rien le droit absolu que la propriété donne au vendeur sur la marchandise, et à l'acheteur sur l'argent, l'on ne peut en conclure que cette valeur puisse servir de fondement à aucune règle morale; et il reste exactement vrai que les conditions de tout échange ne peuvent être injustes qu'autant que la violence ou la fraude y ont influé.

Qu'un jeune étranger arrive dans une ville, et que pour se procurer les choses dont il a besoin, il s'adresse à un marchand fripon; si celui-ci abuse de l'ignorance de ce jeune homme en lui vendant au double de la valeur courante, ce marchand commet certainement une injustice envers ce jeune homme. Mais en quoi consiste cette

cette injustice ? est-ce en ce qu'il lui a fait payer
la chose au-delà de sa valeur réelle et intrinsèque ? Non ; car cette chose n'a point, à proprement parler, de valeur réelle et intrinsèque, à
moins qu'on n'entende par-là le prix qu'elle a
coûté au vendeur (prix qui n'est point sa valeur dans le commerce, sa valeur vénale uniquement fixée par le rapport de l'offre à la de-
demande). La même chose qui vaut aujourd'hui
dans le commerce un louis, ne vaudra peut-
être dans quinze jours que douze francs, parce
qu'il en sera arrivé une grande quantité, ou
seulement parce que l'empressement de la nouveauté sera passé. Si donc ce jeune homme a été
lésé, c'est par une autre raison ; c'est parce qu'on
lui a fait payer six francs dans une boutique, ce
qu'il auroit eu pour trois livres dans la boutique
voisine, et dans toutes les autres de la ville ;
c'est parce que cette valeur courante de trois
livres est une chose notoire ; c'est parce que par
une espèce de convention tacite et générale,
lorsqu'on demande à un Marchand le prix d'une
marchandise, on lui demande ce prix courant ;
c'est parce que quiconque soupçonneroit le moins
du monde la sincérité de sa réponse, pourroit
la vérifier sur-le-champ ; et que par conséquent
il ne peut demander un autre prix sans abuser

Tome V.

de la confiance avec laquelle on s'en est rapporté
à lui ; sans manquer, en un mot, à la bonne foi.
Ce cas rentre donc dans celui de la fraude, et
c'est à ce titre seul qu'il est condamnable. On dit
et l'on doit dire que ce Marchand a trompé, mais
non qu'il a volé ; ou si l'on se sert quelquefois de
cette dernière expression, ce n'est que dans un
sens impropre et métaphorique.

Il faut conclure de cette explication que dans
tout échange, dans toute convention qui a pour
base deux conditions réciproques, l'injustice ne
peut être fondée que sur la violence, la fraude,
la mauvaise foi, l'abus de confiance, et jamais
sur une prétendue inégalité métaphysique entre
la chose reçue et la chose donnée.

La seconde proposition du raisonnement que
je combats est encore fondée sur une équivoque
grossière, et sur une supposition qui est précisément ce qui est en question. Ce que le prêteur
exige, dit-on, de plus que le sort principal, est une
chose qu'il reçoit au-delà de ce qu'il a donné ;
puisqu'en recevant le sort principal seulement,
il reçoit l'équivalent exact de ce qu'il a donné.
— Il est certain qu'en rendant le sort principal,
l'emprunteur rendra précisément le même poids
de métal que le prêteur lui avoit donné. Mais
où nos raisonneurs ont-ils vu qu'il ne fallût

considérer dans le prêt que le poids du métal prêté et rendu, et non la valeur, ou plustôt l'utilité dont il est pour celui qui prête et pour celui qui emprunte? Où ont-ils vu que pour fixer cette valeur il fallût n'avoir égard qu'au poids du métal livré dans les deux époques différentes, sans comparer la différence d'utilité qui se trouve à l'époque du prêt entre une somme possédée actuellement et une somme égale qu'on recevra dans une époque éloignée. Cette différence n'est-elle pas notoire, et le proverbe trivial *un tiens vaut mieux que deux tu l'auras*, n'est-il pas l'expression naïve de cette notoriété? Or si une somme actuellement possédée vaut mieux; si elle est plus utile, si elle est préférable à l'assurance de recevoir une pareille somme dans une ou plusieurs années, il n'est pas vrai que le prêteur reçoive autant qu'il donne lorsqu'il ne stipule point l'intérêt; car il donne de l'argent et ne reçoit qu'une promesse. Or s'il reçoit moins, pourquoi cette différence ne seroit-elle pas compensée par l'assurance d'une augmentation sur la somme, proportionnée au retard? Cette compensation est précisément l'intérêt de l'argent.

On est tenté de rire quand on entend des gens raisonnables, et d'ailleurs éclairés, fonder

sérieusement la légitimité du loyer des choses
qui ne se consomment point par l'usage, sur
ce que cet usage pouvant être distingué de la
chose, du moins par l'entendement, est appréciable ; et soutenir que le loyer des choses qui se
détruisent par l'usage est illégitime, parce qu'on
n'y peut pas concevoir un usage distingué de la
chose ; est-ce par de pareilles abstractions qu'il
faut appuyer les règles de la morale et de la
probité ? Eh ! non, non ; les hommes n'ont pas
besoin d'être métaphysiciens pour être honnêtes gens. Les règles morales pour juger de la
légitimité des conventions se fondent, comme
les conventions elles-mêmes, sur l'avantage
réciproque des parties contractantes, et non sur
les qualités intrinsèques et métaphysiques des
objets du contrat, lorsque ces qualités ne changent rien à l'avantage des parties. Ainsi quand
j'ai loué un diamant, j'ai consenti à en payer
le loyer, parce que ce diamant m'a été utile ;
ce loyer n'en est pas moins légitime, quoique je rende le diamant, et que ce diamant
ait la même valeur que lorsque je l'avois reçu.
Par la même raison j'ai pu consentir à payer un
loyer de l'argent dont je m'engage à rendre
dans un certain temps une égale quantité, parce
que quand je le rendrai j'en aurai tiré une uti-

lité; et ce loyer pourra être reçu aussi légitimement dans un cas que dans l'autre, puisque
mon utilité est la même dans les deux cas. La
circonstance que l'argent rendu n'est pas précisément l'argent qui m'avoit été livré, est absolument indifférente à la légitimité du loyer,
puisqu'elle ne change rien à l'utilité réelle que
j'en ai tiré, et que c'est cette utilité seule que
je paye lorsque je paye un loyer; qu'importe
que ce que je rends soit précisément la même
chose qui m'avoit été livrée, puisque celle que
je rends a précisément la même valeur? Ce
que je rends dans les deux cas n'est-il pas toujours
exactement l'équivalent de ce que j'ai reçu; et
si j'ai payé dans un cas la liberté de m'en servir
durant l'intervalle, en quoi suis-je lésé de la
payer dans l'autre? Quoi! l'on aura pu me faire
payer la mince utilité que j'aurai retirée d'un
meuble ou d'un bijou, et ce sera un crime de
me faire payer l'avantage immense que j'aurai
retiré de l'usage d'une somme d'argent pendant
le même temps, et cela parce que l'entendement subtil d'un jurisconsulte peut dans un cas
séparer de la chose son usage, et ne le peut
pas dans l'autre? Cela est, en vérité, trop ridicule.

Mais, disent nos raisonneurs, (car il faut les

suivre dans leur dernier retranchement) l'on
ne peut pas me faire payer cet usage de l'argent,
parce que cet argent étoit à moi ; j'en étois
propriétaire, parce qu'il est de la nature du prêt
des choses fungibles que la propriété en soit
transportée par le prêt, sans quoi elles seroient
inutiles à l'emprunteur.

Misérable équivoque encore ! Il est vrai que
l'emprunteur devient propriétaire de l'argent
considéré physiquement comme une certaine
quantité de métal. Mais est-il vraiment propriétaire de la valeur de cet argent ? Non sans
doute, puisque cette valeur ne lui est confiée
que pour un tems, et pour la rendre à l'é-
chéance. D'ailleurs, sans entrer dans cette discussion qui se réduit à une vraie question de mots,
que peut-on conclure de la propriété que j'ai,
dit-on, de cet argent ? Cette propriété, ne la
tiens-je pas de celui qui m'a prêté l'argent ?
N'est-ce pas par son consentement que je l'ai
obtenue, et ce consentement, les conditions
n'en ont-elles pas été réglées entre lui et moi ?
A la bonne heure, que l'usage que je ferai de
cet argent soit l'usage de ma chose ; que l'utilité
qui m'en reviendra soit un accessoire de ma
propriété. Tout cela sera vrai, mais quand ?
quand l'argent sera à moi, quand cette propriété

m'aura été transmise ; et quand me l'aura-t-elle été ? quand je l'aurai achetée et payée. Or, à quel prix acheterai-je cette propriété ? Qu'est-ce que je donne en échange ? N'est-il pas évident que c'est l'engagement que je prends de rembourser à une certaine échéance une certaine somme quelle qu'elle soit ? N'est-il pas tout aussi évident que si cette somme n'est qu'exactement égale à celle que je reçois, mon engagement ne fera pas l'équivalent de la propriété que j'acquiers dans le moment actuel ? N'est-il pas évident que, pour fixer cet équivalent de façon que notre avantage soit égal de part et d'autre, nous devons avoir égard à l'utilité dont me sera cette propriété que j'acquiers et que je n'ai point encore, et à l'utilité dont cette propriété pourroit être au prêteur, pendant le temps qu'il en sera privé ? Le raisonnement des jurisconsultes prouvera si l'on veut que je ne dois pas payer l'usage d'une chose, lorsque j'en ai déjà acquis la propriété ; mais il ne prouve pas que je n'aye pu, en me déterminant à acquérir cette propriété, en fixer le prix d'après la considération de cet usage attaché à la propriété. En un mot, tous ces raisonnemens supposent toujours ce qui est en question, c'est-à-dire, que l'argent reçu aujourd'hui, et l'argent qui doit être rendu dans un

an sont deux choses parfaitement égales. Les
auteurs qui raisonnent ainsi oublient que ce n'est
pas la valeur de l'argent, lorsqu'il aura été rendu, qu'il faut comparer avec la valeur de l'argent, au moment où il est prêté; mais que c'est
la valeur de la promesse d'une somme d'argent,
qu'il faut comparer avec une somme d'argent
effective. Ils supposent que c'est l'argent rendu
qui est, dans le contrat de prêt, l'équivalent de
l'argent prêté ; et ils supposent en cela une
chose absurde ; car c'est au moment du contrat, qu'il faut considérer les conditions respec-
tives; et c'est dans ce moment qu'il faut en établir l'égalité. Or, au moment du prêt, il n'existe
certainement qu'une somme d'argent d'un côté,
et une promesse de l'autre. Si ces Messieurs
supposent qu'une somme de mille francs et une
promesse de mille francs ont précisément la
même valeur, ils font une supposition plus absurde encore; si ces deux choses étoient équiva-
lentes, pourquoi emprunteroit-on ?

Il est bien singulier qu'ils partent du principe
de l'égalité de valeur qui doit avoir lieu dans les
conventions, pour établir un système suivant
lequel l'avantage est tout entier pour une des
parties, et entièrement nul pour l'autre. Rien
n'est assurément plus palpable; car, quand on

me rend, au bout de quelques années, un argent que j'ai prêté sans intérêt, il est bien clair que je n'ai rien gagné, et qu'après avoir été privé de son usage et avoir risqué de le perdre, je n'ai précisément que ce que j'aurois, si je l'avois gardé pendant ce temps dans mon coffre. Il n'est pas moins clair que l'emprunteur a tiré avantage de cet argent, puisqu'il n'a eu d'autre motif pour l'emprunter que cet avantage. J'aurai donc donné quelque chose pour rien. J'aurai été généreux; mais si par ma générosité j'ai donné quelque chose de réel, j'ai donc pu le vendre sans injustice.

C'est faire bien de l'honneur aux sophismes frivoles des adversaires du prêt à intérêt, que de les réfuter aussi longuement que je l'ai fait. Ce ne sont pas leurs raisonnemens qui ont jamais persuadé personne.—Mais quand on est persuadé par le préjugé de l'éducation, par des autorités qu'on respecte, par la connexité supposée d'un systême avec des principes consacrés, alors on fait usage de toutes les subtilités imaginables pour défendre des opinions auxquelles on est attaché; on n'oublie rien pour se faire illusion à soi-même, et les meilleurs esprits en viennent quelquefois à bout.

XXVIII.

Examen et réfutation des argumens qu'on tire de l'Écriture contre la légitimité du prêt à intérêt.

Il est vraisemblable que les jurisconsultes n'auroient pas pris tant de peine pour obscurcir les notions simples du bon sens, si les théologiens scolastiques ne les avoient entraînés dans cette fausse route, et ne leur avoient persuadé que la religion proscrivoit absolument le prêt à intérêt. Ceux-ci, pleins de leurs préjugés, ont cru en avoir la confirmation dans le fameux passage de l'Évangile : mutuum date nihil indè sperantes ; *prêtez, sans en espérer aucun avantage* (S. Luc, chap. 6 , verset 35). Des gens de bon sens n'auroient vu dans ce passage qu'un précepte de charité. Tous les hommes doivent se secourir les uns les autres. Un homme riche qui, voyant son semblable dans la misère, au lieu de subvenir à ses besoins, lui vendroit ses secours, manqueroit aux devoirs du christianisme et à ceux de l'humanité. Dans de pareilles circonstances, la charité ne prescrit pas seulement de prêter sans intérêt; elle ordonne de prêter, et de donner s'il le faut; faire de ce

précepte de charité un précepte de justice rigoureuse, c'est choquer également la raison et
le sens du texte. Ces mêmes théologiens ne pré-
tendent pas que ce soit un devoir de justice de
prêter son argent. Il faut donc qu'ils conviennent
que les premiers mots du passage *mutuum date*
ne renferment qu'un précepte de charité. Or, je
demande pourquoi ils veulent que la fin du passage s'entende d'un devoir de justice. Quoi! le
prêt lui-même ne sera pas un précepte rigoureux, et l'accessoire, la condition du prêt en
sera un? JÉSUS-CHRIST aura dit aux hommes:
« Il vous est libre de prêter, ou de ne pas
» prêter; mais si vous prêtez, gardez-vous bien
» de retirer aucun intérêt de votre argent : et
» quand même un négociant vous en demande-
» roit pour une entreprise dans laquelle il espère
» faire de grands profits, ce seroit un crime à
» vous d'accepter l'intérêt qu'il vous offre. Il
» faut absolument, ou lui prêter gratuitement,
» ou ne lui point prêter du tout. Vous avez,
» à la vérité, un moyen de rendre l'intérêt lé-
» gitime ; c'est de prêter votre capital pour un
» temps indéfini, et de renoncer à en exiger le
» remboursement que votre débiteur vous fera
» quand il voudra, ou quand il pourra. Si vous
» y trouvez de l'inconvénient du côté de la sû-

» reté, ou si vous prévoyez que vous aurez be-
» soin de votre argent dans un certain nombre
» d'années, vous n'avez pas d'autre parti à pren-
» dre que celui de ne point prêter. Il vaut mieux
» laisser manquer à ce négociant l'occasion la
» plus précieuse, que de commettre un péché
» pour la lui faciliter. » Voilà ce que les théologiens rigoristes ont vu dans ces cinq mots,
mutuum date nihil indè sperantes, parce qu'ils
les ont lus avec les préjugés que leur donnoit
une fausse méthaphysique. Tout homme qui lira
ce texte sans prévention y verra ce qui y est,
c'est-à-dire, que JÉSUS-CHRIST a dit à ses disci-
ples : « Comme hommes, comme chrétiens, vous
» êtes tous frères, tous amis, traitez-vous en
» frères et en amis, secourez-vous dans vos
» besoins, que vos bourses vous soient ouver-
» tes les uns aux autres, et ne vous vendez pas
» les secours que vous vous devez réciproque-
» ment, en exigeant l'intérêt d'un prêt dont la
» charité vous fait un devoir. » C'est là le vrai
sens du passage en question. L'obligation de
prêter sans intérêt et celle de prêter sont évidemment relatives l'une à l'autre. Elles sont du
même ordre, et toutes deux énoncent un devoir
de charité, et non un précepte de justice rigoureuse applicable à tous les cas où l'on peut prêter.

On peut d'autant moins en douter, que ce passage se trouve dans le même chapitre, à la suite de toutes ces maximes connues sous le nom de *Conseils Evangéliques*, que tout le monde convient n'être proposés que comme un moyen d'arriver à une perfection à laquelle tous ne sont pas appellés, et qui, même pour ceux qui y seroient appellés ne sont point applicables, dans leur sens littéral, à toutes les circonstances de la vie. « Faites du bien à ceux qui vous » haïssent; bénissez ceux qui vous maudissent ; » si l'on vous donne un soufflet, tendez l'autre » joue ; laissez prendre votre habit à celui qui » vous ôte votre tunique ; donnez à quiconque » vous demande ; et quand on vous ôte ce qui est » à vous, ne le réclamez pas. » C'est après toutes ces expressions, et dans le même discours, qu'on lit le passage sur le prêt gratuit, conçu en ces termes : *Verum tamen diligite inimicos vestros : benefacite, et mutuum date nihil indè sperantes : et erit merces vestra multa et eritis filii altissimi, quià ipse benignus est super ingratos et malos;* « Aimez vos enne- » mis : soyez bienfaisant, et prêtez sans en es- » pérer aucun avantage, et votre récompense » sera grande, et vous serez les fils du Très- » Haut ; parce que lui-même fait du bien aux

» ingrats et aux méchans. » **Ce** passage , rapporté tout au long, en dit peut-être plus que
toutes les discussions auxquelles je me suis livré;
et il n'est pas concevable que personne ne s'é-
tant jamais avisé de regarder les autres maximes
répandues dans ce chapitre, et que j'ai citées,
comme des préceptes de justice rigoureuse, on
s'obstine à vouloir interpréter différemment les
expressions qui concernent le prêt gratuit.

Il faudroit trop de tems pour développer avec
le même détail les passages de l'ancien Testament, que les théologiens citent encore à l'appui des mêmes préjugés ; on doit les expliquer
de la même manière ; et, ce qui le prouve incontestablement, c'est la permission expresse
dans les loix de Moïse , de prêter à intérêt aux
étrangers. *Non fœnerabis fratri tuo ad usuram
pecuniam, ne fruges, ne quamlibet aliam rem,
sed alieno ;* « tu ne prêteras point à ton frère à
» intérêt, ni de l'argent, ni des fruits, ni aucune
» autre chose, mais à l'étranger. » La loi divine n'a
certainement pas pu permettre expressément aux
Juifs de pratiquer avec les étrangers, ce qui auroit été défendu par le droit naturel. Dieu ne
peut autoriser l'injustice. Je sais que quelques
théologiens ont eu assez peu de bon sens pour
dire le contraire. Mais cette réponse vraiment

scandaleuse ne fait que prouver leur embarras,
et laisser à l'objection la force d'une vraie démonstration aux yeux de ceux qui ont des notions saines de DIEU et de la justice.

XXIX.

*Véritable origine de l'opinion qui condamne
le prêt à intérêt.*

Il se présente ici une réflexion. Comment a-t-il
pu arriver que, malgré l'évidence et la simplicité
des principes qui établissent la légitimité du prêt
à intérêt, malgré la futilité des sophismes qu'on
a entassés pour obscurcir une chose si claire,
l'opinion qui le condamne ait pu se répandre
aussi généralement, et flétrir presque par-tout
le prêt à intérêt, sous le nom d'usure? On conçoit aisément que l'autorité des théologiens ri-
gides a beaucoup contribué à étendre cette opinion, et à l'enraciner dans les esprits; mais comment ces théologiens eux-mêmes ont-ils pu se
tromper aussi grossièrement? Cette erreur a sans
doute une cause; et il est important de la développer pour achever d'approfondir le sujet de
l'usure, et de le considérer sous toutes les faces.
La source du préjugé des théologiens n'est pas
difficile à trouver. Ils n'ont imaginé des raisons

pour condamner l'usure ou le prêt à intérêt, que parce qu'elle étoit déjà flétrie par le cri des peuples auxquels les usuriers ont été de tout tems odieux. Il est dans la nature des choses, et des hommes, qu'ils le deviennent. Car, quoiqu'il soit doux de trouver à emprunter, il est dur d'être obligé de rendre. Le plaisir d'être secouru dans son besoin passe avec la satisfaction de ce besoin ; bientôt le besoin renaît, la dette reste, et le poids s'en fait sentir à tous les instans, jusqu'à ce qu'on ait pu s'acquitter ; de plus, on ne prête jamais qu'un superflu, et l'on emprunte souvent le nécessaire ; et quoique la justice rigoureuse soit entièrement pour le prêteur-créancier, qui ne réclame que ce qui est à lui, l'humanité, la commisération, la faveur penchent toujours pour le débiteur. On sent que celui-ci, en rendant, sera réduit à la dernière misère, et que le créancier peut vivre, malgré la privation de ce qui lui est dû. Ce sentiment a lieu, lors même que le prêt a été purement gratuit ; à plus forte raison, lorsque le secours donné à l'emprunteur ne l'ayant été que sous la condition d'un intérêt, il a reçu le prêt sans reconnoissance ; c'est alors qu'il souffre avec amertume et avec indignation les poursuites que fait contre lui son créancier, pour
l'obliger

l'obliger à rendre. Dans les sociétés naissantes, lorsque l'on connoît à peine le commerce, et encore aujourd'hui, dans celles où le commerce n'est pas très-animé, il y a peu d'entreprises lucratives, on emprunte peu pour elles; on ne le fait guères que pour satisfaire à un besoin pressant; le pauvre et l'homme dérangé empruntent; l'un ni l'autre ne peuvent rendre qu'en conséquence d'événemens heureux, ou par le moyen d'une extrême économie; l'un et l'autre sont donc souvent insolvables, et le prêteur court des risques d'autant plus grands. — Plus le prêteur risque de perdre son capital, plus il faut que l'intérêt soit fort pour contrebalancer ce risque par l'appât du profit. Il faut gagner sur l'intérêt qu'on tire du petit nombre d'emprunteurs solides, le capital et les intérêts qu'on perdra par la banqueroute de ceux qui ne le seront pas. Ainsi, plus le besoin qui fait emprunter est urgent, plus l'intérêt est fort. C'est par cette raison que l'intérêt à Rome étoit excessif. Celui de douze pour cent passoit pour très-modéré. On sait que ce même intérêt de douze pour cent a été long-tems en France l'intérêt courant. Avec un intérêt aussi fort, quiconque ne fait pas un emploi prodigieusement lucratif de l'ar-

gent qu'il emprunte, quiconque emprunte pour
vivre ou pour dépenser, est bientôt entièrement
ruiné et réduit à l'impuissance absolue de payer.
Il est impossible que dans cet état le créancier
qui lui redemande son dû ne lui soit pas odieux.
Il le seroit quand même il ne redemanderoit
que la somme précise qu'il a prêtée ; car, à qui
ne peut rien payer, il est égal qu'on lui demande
peu ou beaucoup ; mais alors le débiteur n'ôse-
roit pas avouer cette haine, il sentiroit quelle
injustice atroce il y auroit à se faire du bien-
fait un titre pour haïr le bienfaiteur ; il ne pourroit se cacher que personne ne partageroit une
haine aussi injuste et ne compâtiroit à ses plaintes. S'il les fait tomber au contraire sur l'énormité
des intérêts que le créancier a exigés de lui en
abusant de son besoin, il trouve dans tous les
cœurs la faveur qu'inspire la pitié ; et la haine
contre l'usurier devient une suite de cette pitié:
cette haine est d'autant plus générale que le
nombre des indigens emprunteurs est plus grand,
et celui des riches prêteurs plus petit. On voit
que dans les dissentions entre le Peuple et les
Grands, qui ont agité si long-tems la République Romaine, le motif le plus réel des plaintes du Peuple étoit l'énormité des usures, et la
dureté avec laquelle les Patriciens exigeoient le

paiement de leurs créances. La fameuse retraite sur le Mont sacré n'eut pas d'autre cause. Dans toutes les Républiques anciennes, l'abolition des dettes fut toujours le vœu du Peuple et le cri des ambitieux qui captoient la faveur populaire. Les riches furent quelquefois obligés de l'accorder pour calmer la fougue du Peuple, et prévenir des révolutions plus terribles. Mais c'étoit encore un risque de plus pour les prêteurs ; et par conséquent l'intérêt de l'argent n'en devenoit que plus fort.

La dureté avec laquelle les loix, toujours faites par les riches, autorisoient à poursuivre les débiteurs, ajoutoient infiniment à l'indignation du Peuple débiteur contre les usures et les usuriers ; tous les biens, et la personne même du débiteur étoient affectés à la sûreté de la dette. Quand il étoit insolvable, il devenoit l'esclave de son créancier; celui-ci étoit autorisé à le vendre à son profit, et à user à son égard du pouvoir illimité que l'ancien droit donnoit au maître sur l'esclave, lequel s'étendoit jusqu'à le faire mourir arbitrairement. Un tel excès de rigueur ne laissoit envisager aux malheureux obérés qu'un avenir plus affreux que la mort, et l'impitoyable créancier lui paroissoit le plus cruel de ses ennemis. Il étoit donc dans la nature des choses que l'usurier, ou le préteur à intérêt, fut partout l'objet de l'exécration publique, et regardé comme une sangsue avide engraissée de la substance et des pleurs des malheureux.

Le Christianisme vint et rappella les droits de l'humanité trop oubliés. L'esprit d'égalité, l'amour de tous les hommes, la commisération pour les malheureux qui forment le caractère distinctif de cette Religion, se répandirent dans les esprits; le riche fut adouci, le pauvre fut secouru et consolé. Dans une Religion qui se déclaroit la protectrice des pauvres, il étoit naturel que les Prédicateurs, en se livrant à l'ardeur de leur zèle, adoptassent une opinion qui étoit devenue le cri du pauvre, et que, n'envisageant point le prêt à intérêt en lui-même et dans ses principes, ils le confondissent avec la dureté des poursuites exercées contre les débiteurs insolvables. De là, dans les anciens Docteurs de l'Eglise, cette tendance à regarder le prêt à intérêt comme illicite : tendance qui cependant n'alla pas (et il est important de le remarquer) jusqu'à regarder cette opinion comme essentiellement liée avec la foi. Le Droit romain, tel que nous l'avons, rédigé dans un tems où le Christanisme étoit la seule Religion de l'Empire, et dans lequel le prêt à intérêt est expressément autorisé, prouve incontestablement que ce prêt n'étoit point proscrit par la Religion.

Cependant l'opinion la plus rigide et la plus populaire prit peu à peu le dessus, et le plus grand nombre des Théologiens s'y rangea surtout dans les siècles d'ignorance qui suivirent; mais tandis que le cri des Peuples contre le prêt à intérêt le faisoit proscrire, l'impossibilité de l'abolir entièrement fit imaginer la subtilité de l'aliénation du capital; et c'est ce système, qui étant devenu presque général parmi les Théologiens, a été adopté aussi par les Jurisconsultes, à raison de l'influence beaucoup trop grande qu'ont eu sur notre jurisprudence et notre législation les principes du droit canon.

Dans cette espèce de génération des opinions contraires au prêt à intérêt, on voit que les peuples poursuivis par d'impitoyables créanciers, ont imputé leur malheur à l'usure, et l'ont regardée d'un œil de haine; que les personnes pieuses et les prédicateurs ont partagé cette impression et déclamé contre l'usure; que les Théologiens persuadés par ce cri général que l'usure étoit condamnable en elle-même, ont cherché des raisons pour prouver qu'elle devoit être condamnée, et qu'ils en ont trouvé mille mau-

vaises, parce qu'il étoit impossible d'en trouver une bonne; qu'enfin les Jurisconsultes entraînés par leur respect pour les décisions des
Théologiens, ont introduit les mêmes principes
dans notre législation.

XXX.

Affoiblissement des causes qui avoient rendu
le prêt à intérêt odieux aux peuples.

Cependant les causes qui avoient autrefois
rendu odieux le prêt à intérêt, ont cessé d'agir
avec autant de force. L'esclavage étant aboli
parmi nous, l'insolvabilité a eu des suites moins
cruelles ; elle n'entraîne plus la mort civile, ni
la perte de la liberté. La contrainte par corps
que nous avons conservée est à la vérité une
loi dure et cruelle pour le pauvre ; mais la
dureté en a du moins été mitigée par beaucoup
de restrictions, et bornée à un certain ordre de
créances. La suppression de l'esclavage a donné
aux arts et au commerce une activité inconnue
aux peuples anciens chez lesquels chaque particulier aisé faisoit fabriquer par ses esclaves
presque tout ce dont il avoit besoin. Aujour-
d'hui l'exercice des arts mécaniques est une
ressource ouverte à tout homme laborieux.

Cette foule de travaux et les avances qu'ils exigent nécessairement présentent de tous côtés à
l'argent des emplois lucratifs : les entreprises
du commerce multipliées à l'infini emploient
des capitaux immenses. Les pauvres, que l'impuissance de travailler réduit à une misère absolue, trouvent dans le superflu des riches, et
dans les charités de toute espèce dont la Religion
a multiplié les établissemens, des secours qui
ne paroissent pas avoir eu lieu chez les peuples
de l'antiquité, et qui, en effet, y étoient moins
nécessaires , puisque , par la constitution des
sociétés, le pauvre, réduit au dernier degré de
la misère, tomboit naturellement dans l'esclavage. D'un autre côté, l'immensité des capitaux
accumulés de siècle en siècle par l'esprit d'économie inséparable du commerce, et grossis
surtout par l'abondance des trésors apportés
de l'Amérique, a fait baisser dans toute l'Europe le taux de l'intérêt. De toutes ces circonstances réunies , il est résulté que les emprunts
faits par le pauvre pour subsister ne sont plus
qu'un objet à peine sensible dans la somme totale
des emprunts ; que la plus grande partie des
prêts se font à l'homme riche, ou du moins à
l'homme industrieux, qui espère se procurer de
grands profits par l'emploi de l'argent qu'il em-

prunte. Dès-lors le prêt à intérêt a dû devenir
moins odieux, puisque par l'activité du commerce il est devenu au contraire une source
d'avantages pour l'emprunteur. Aussi s'est-on
familiarisé avec lui dans toutes les villes de
commerce, au point que les Magistrats et les
Théologiens mêmes en sont venus à le tolérer.
La condamnation du prêt en lui-même, ou de
l'intérêt exigé sans aliénation du capital, est devenue une spéculation abandonnée aux Théologiens rigoristes; et, dans la pratique, toutes
les opérations et de commerce et de finance
roulent sur le prêt à intérêt, sans aliénation du
capital.

XXXI.

*A quel genre d'usure se borne aujourd'hui
la flétrissure attachée au nom d'usurier?*

Le nom d'usurier ne se donne presque plus,
dans la société, qu'aux prêteurs à la petite-
semaine, à cause du taux élevé de l'intérêt qu'ils
exigent ; à quelques fripiers qui prêtent sur
gages aux petits bourgeois et aux artisans dans
la détresse ; enfin à ces hommes infâmes qui
font métier de fournir, à des intérêts énormes,
aux enfans de famille dérangés, de quoi subvenir à leur libertinage et à leurs folles dépenses.

Ce n'est plus que sur ces trois espèces d'usuriers que tombe la flétrissure attachée à ce nom, et eux seuls sont encore quelquefois les objets de la sévérité des loix anciennes qui subsistent contre l'usure. De ces trois sortes d'usuriers, il n'y a cependant que les derniers qui fassent dans la société un mal réel. Les prêteurs à la petite-semaine fournissent aux agens d'un commerce indispensable les avances dont ceux-ci ne peuvent se passer; et si ce secours est mis à un prix très-haut, ce haut prix est la compensation des risques que court le capital par l'insolvabilité fréquente des empruteurs, et de l'avilissement attaché à cette manière de faire valoir son argent. Car cet avilissement écarte nécessairement de ce genre de commerce beaucoup de capitalistes dont la concurrence pourroit seule diminuer le taux de l'intérêt. Il ne reste que ceux qui se déterminent à passer par-dessus la honte, et qui ne s'y déterminent que par l'assurance d'un grand profit. Les petits marchands qui empruntent ainsi à la petite semaine sont bien loin de se plaindre des prêteurs, dont ils ont à tout moment besoin, et qui, au fond, les mettent en état de gagner leur vie. Aussi la Police et le Ministère public les laissent-ils fort tranquilles. Les prêteurs sur gage à gros

intérêts, les seuls qui prêtent véritablement au
pauvre pour ses besoins journaliers, et non pour
le mettre en état de gagner, ne font point le
même mal que ces anciens usuriers qui con-
duisoient par degrés à la misère et à l'esclavage
les pauvres citoyens auxquels ils avoient procuré des secours funestes. Celui qui emprunte
sur gage emprunte sur un effet dont il lui est
absolument possible de se passer. S'il n'est pas
en état de rendre le capital et les intérêts, le
pis qui puisse lui arriver est de perdre son gage,
et il ne sera pas beaucoup plus malheureux qu'il
n'étoit. Sa pauvreté le soustrait à toute autre
poursuite; ce n'est guère contre le pauvre qui
emprunte pour vivre, que la contrainte par
corps peut être exercée. Le créancier qui pouvoit réduire son débiteur en esclavage y trouvoit un profit; c'étoit un esclave qu'il acquéroit; mais aujourd'hui le créancier sait qu'en
privant son débiteur de la liberté, il n'y gagnera
autre chose que d'être obligé de le nourrir en
prison; aussi ne s'avise-t-on pas de faire contracter à un homme qui n'a rien et qui est réduit à emprunter pour vivre, des engagemens
qui emportent la contrainte par corps. Elle n'a-
jouteroit rien à la sûreté du prêteur. La seule
sûreté vraiment solide contre l'homme pauvre

est le gage : et l'homme pauvre s'estime heureux
de trouver un secours pour le moment, sans
autre danger que de perdre ce gage. Aussi le
peuple a-t-il plutôt de la reconnoissance que de
la haine pour ces petits usuriers qui le secourent
dans son besoin, quoiqu'ils lui vendent assez
cher ce secours. Je me souviens d'avoir été, à
la Tournelle, Rapporteur d'un procès criminel
pour fait d'usure. Jamais je n'ai été tant sollicité
que je le fus pour le malheureux accusé, et je
fus très-surpris de voir que ceux qui me solli-
citoient avec tant de chaleur étoient ceux-là
même qui avoient essuyé les usures qui faisoient
l'objet du procès. Le contraste d'un homme poursuivi criminellement pour avoir fait à des particuliers un tort dont ceux-ci, non-seulement ne
se plaignoient pas, mais même témoignoient de
la reconnoissance, me parut singulier, et me fit
faire bien des réflexions.

XXXII.

Les usuriers qui font métier de prêter aux
enfans de famille dérangés, sont les seuls
qui soient vraiment nuisibles à la so-
ciété ; leur véritable crime n'est point
l'usure ; en quoi il consiste.

Les seuls usuriers qui soient vraiment nuisibles à la société sont donc, comme je l'ai déjà dit, ceux qui font métier de prêter aux jeunes gens dérangés; mais je n'imagine pas que personne pense que leur crime soit de prêter à intérêt sans aliénation du capital, ce qui, suivant les théologiens et les jurisconsultes, constitue l'usure. Ce n'est pas non plus de prêter à un intérêt plus fort que le taux légal; car, prêtant sans aucune sûreté, ayant à craindre que les pères ne refusent de payer, et que les jeunes gens eux-mêmes ne réclament un jour contre leurs engagemens, il faut bien que leurs profits soient proportionnés à leurs risques. Leur véritable crime est donc, non pas d'être usuriers, mais de faciliter et d'encourager pour un vil intérêt les désordres des jeunes gens, et de les conduire à l'alternative de se ruiner ou de se déshonorer. S'ils doivent être punis, c'est à ce titre, et non à cause de l'usure qu'ils ont commise.

XXXIII.

La défense de l'usure n'est point le remède qu'il faut apporter à ce désordre, et d'autres loix y pourvoient suffisamment.

Les loix contre l'usure, proprement dite, ne sont donc d'aucune utilité pour arrêter ce désordre qui est punissable par lui-même : elles ne sont pas même utiles pour obvier à la dissipation de la fortune des jeunes gens qui ont emprunté de cette manière ruineuse, par la rupture de leurs engagemens : car, sans examiner s'il est vraiment utile que la loi offre, contre des engagemens volontaires, des ressources dont il est honteux de profiter (question très-susceptible de doute), la loi qui déclare les mineurs incapables de s'engager, rend superflue toute autre précaution. Ce ne sont pas ordinairement les personnes d'un âge mûr qui se ruinent de cette manière, et en tout cas, c'est à eux, et non pas à la loi à s'occuper du soin de conserver leur patrimoine. Au reste, le plus sûr rempart contre la dissipation des enfans de famille sera toujours la bonne éducation que les parens doivent leur donner.

XXXIV.

Conséquences de ce qui a été dit sur les vraies causes de la défaveur du prêt à intérêt, et sur les changemens arrivés à cet égard dans les mœurs publiques.

Après avoir prouvé la légitimité du prêt à intérêt par les principes de la matière, et après avoir montré la frivolité des raisons dont on s'est servi pour le condamner, je n'ai pas cru inutile de développer les causes qui ont répandu sur le prêt à intérêt cet odieux et cette défaveur, sans lesquels, ni les Théologiens, ni les Jurisconsultes n'auroient pas songé à le condamner. Mon objet a été d'apprécier exactement les fondemens de cette défaveur, et de reconnoître si en effet le prêt à intérêt produit dans la société des maux que les loix doivent chercher à prévenir, et qui doivent engager à le proscrire. Il résulte, ce me semble, des détails dans lesquels je suis entré, que ce qui rendoit l'usure odieuse dans les anciens tems, tenoit plus au défaut absolu du commerce, à la constitution des anciennes sociétés, et surtout aux loix qui permettoient au créancier de réduire son débiteur en esclavage, qu'à la nature même du prêt à intérêt. Je crois avoir prouvé encore que par les changemens survenus dans le commerce, dans les mœurs et dans la constitution des sociétés, le prêt à intérêt ne produit dans la société aucun mal qu'on puisse imputer à la nature de ce contrat: et que, dans le seul cas où les pratiques usuraires sont accompagnées de quelque danger réel, ce n'est point dans l'usure proprement dite que résident le crime et le danger, et que les loix peuvent y pourvoir sans donner aucune restriction à la liberté du prêt à intérêt.

X X X V.

Conséquence générale : aucun motif ne doit porter à défendre le prêt à intérêt.

Je suis donc en droit de conclure qu'aucun motif solide ne pourroit aujourd'hui déterminer la législation à s'écarter, en proscrivant le prêt à intérêt, des principes du droit naturel qui le permettent. Car tout ce qu'il n'est pas absolument nécessaire de défendre doit être permis.

X X X V I.

L'intérêt est le prix de l'argent dans le commerce, et ce prix doit être abandonné au cours des événemens aux débats du commerce.

Si l'on s'en tient à l'ordre naturel, l'argent doit être regardé comme une marchandise que le propriétaire est en droit de vendre ou de louer; par conséquent la loi ne doit point exiger, pour autoriser la stipulation de l'intérêt, l'aliénation du capital. Il n'y a pas plus de raison pour qu'elle fixe le taux de cet intérêt. Ce taux doit être comme le prix de toutes les choses com-

merçables, fixé par le débat entre les deux contractans et par le rapport de l'offre à la demande.
Il n'est aucune marchandise sur laquelle l'Administration la plus éclairée, la plus minutieuse-
ment prévoyante et la plus juste, puisse se répondre de balancer toutes les circonstances
qui doivent influer sur la fixation du prix,
et d'en établir un qui ne soit pas au désavantage ou du vendeur ou de l'acheteur. Or, le
taux de l'intérêt est encore bien plus difficile
à fixer que le prix de toute espèce de marchandise, parce que ce taux tient à des circonstances
et à des considérations plus délicates encore
et plus variables, qui sont celles du tems où
se fait le prêt, et celle de l'époque à laquelle
le remboursement sera stipulé, et surtout celle
du risque ou de l'opinion du risque que le capital doit courir. Cette opinion varie d'un instant
à l'autre; une alarme momentanée, l'événement
de quelques banqueroutes, des bruits de guerre
peuvent répandre une inquiétude générale qui
enchérit subitement toutes les négociations d'argent. L'opinion et la réalité du risque varient
encore plus d'un homme à l'autre, et augmentent
ou diminuent dans tous les dégrés possibles. Il
doit donc y avoir autant de variations dans le
taux de l'intérêt. Une marchandise a le même

prix

prix pour tout le monde, parce que tout le monde la paie avec la même monnoie, et les marchandises d'un usage général, dont la production et la consommation se proportionnent naturellement l'une à l'autre, ont long-tems à peu près le même prix. Mais l'argent dans le prêt n'a le même prix, ni pour tous les hommes, ni dans tous les tems, parce que dans le prêt l'argent ne se paie qu'avec *une promesse*, et que si l'argent de tous les acheteurs se ressemble, les promesses de tous les emprunteurs ne se ressemblent pas. Fixer par une loi le taux de l'intérêt, c'est priver de la ressource de l'emprunt quiconque ne peut offrir une sûreté proportionnée à la modicité de l'intérêt fixé par la loi; c'est par conséquent rendre impossible une foule d'entreprises de commerce qui ne peuvent se faire sans risque du capital.

XXXVII.

L'intérêt du retard ordonné en Justice peut être réglé par un simple acte de notoriété, sans qu'il soit besoin de fixer le taux de l'intérêt par une loi.

Le seul motif raisonnable qu'on allègue pour justifier l'usage où l'on est de fixer le taux de

l'intérêt par une loi, est la nécessité de donner
aux Juges une règle qui ne soit point arbitraire
pour se conduire dans les cas où ils ont à prononcer
sur les intérêts demandés en justice, en conséquence
de la demeure de payer, ou bien lorsqu'il
s'agit de prescrire à un tuteur à quel denier
il peut placer l'argent de ses pupilles. Mais
tout cela peut se faire sans une loi qui fixe irrévocablement
et universellement le taux de l'intérêt.
Quoique l'intérêt ne puisse être le même
pour tous les cas, cependant il y a un intérêt
qui varie peu, du moins dans un intervalle de
tems peu considérable, c'est l'intérêt de l'argent
placé avec une sûreté à peu près entière, telle que
la donne une hypothèque solide, ou la solvabilité
de certains négocians, dont la fortune, la sagesse
et la probité sont universellement connues. C'est
à cet intérêt que les Juges doivent se conformer
et se conforment en effet, lorsqu'ils prononcent
sur les demandes d'intérêts judiciaires, ou sur
les autorisations des tuteurs. Or, puisque le taux
de cet intérêt varie peu et est le même pour tous,
il ne faut pas une loi pour le fixer; il suffit d'un
acte de notoriété qu'on peut renouveller chaque
année. Quelques Notaires et quelques Négocians
principaux donneroient au Magistrat les lumières
nécessaires pour fixer cette notoriété en connois-

sance de cause. Un acte de cette espèce fait dans
chacune des villes où réside un Parlement, suffiroit pour toute l'étendue du ressort.

XXXVIII.

L'imputation des intérêts prétendus usu-
raires sur le capital, et toutes les pour-
suites criminelles pour fait d'usure, de-
vroient être abrogées.

Une conséquence immédiate de l'adoption
de ces principes, seroit l'abrogation de l'usage
où sont les Tribunaux d'imputer sur le capital,
les intérêts payés, ou sans aliénation du capital,
ou à un taux plus fort que celui de l'Ordonnance.

Une seconde conséquence qu'on en tireroit
à plus forte raison, seroit la suppression de
toute poursuite criminelle sous prétexte d'usure.
Ce crime imaginaire seroit effacé de la liste des
crimes.

XXXIX.

Avantages qui résulteroient pour le com-
merce et la société en général, d'une loi
entièrement conforme aux principes qui
viennent d'être développés.

Le commerce de l'argent seroit libre comme

doit l'être tout commerce. L'effet de cette liberté
seroit la concurrence ; et l'effet de cette concurrence seroit le bas prix de l'intérêt ; non-seulement parce que la honte et les risques attachés au
prêt à intérêt sont une surcharge que l'emprunteur paie toujours , de même que celui qui
achète des marchandises prohibées , paie toujours les risques du contrebandier ; mais encore
parce qu'une très-grande quantité d'argent, qui
reste inutile dans les coffres , entreroit dans la
circulation, lorsque le préjugé, n'étant plus con-
solidé par l'autorité des loix , auroit peu-à-peu
cédé à la raison. L'économie en deviendroit
d'autant plus active à accumuler des capitaux,
lorsque le commerce d'argent seroit un débouché toujours ouvert à l'argent. L'on ne peut
aujourd'hui placer l'argent qu'en grosses parties. Un Artisan est embarrassé de ses petites
épargnes ; elles sont stériles pour lui jusqu'à ce
qu'elles soient devenues assez considérables
pour les placer. Il faut qu'il les garde, toujours
exposé à la tentation de les dissiper au cabaret.
Si le commerce d'argent acquéroit le degré
d'activité que lui donneroit la liberté entière et
l'anéantissement du préjugé, il s'établiroit des
marchands d'argent qui le recueilleroient en petites sommes , qui rassembleroient dans les villes

et dans les campagnes les épargnes du peuple laborieux pour en former des capitaux et les fournir aux places de commerce, comme on voit des marchands ramasser de village en village, jusqu'au fond de la Normandie, le beurre et les œufs qui s'y produisent, et les aller vendre à Paris. Cette facilité ouverte au peuple de faire fructifier ses épargnes, seroit pour lui l'encouragement le plus puissant à l'économie et à la sobriété, et lui offriroit le seul moyen qu'il ait de prévenir la misère où le plongent les moindres accidens, les maladies, ou au moins la vieillesse.

X L.

Si des motifs de prudence peuvent empêcher d'établir, quant à présent par une loi, la liberté entière du prêt à intérêt, cette liberté n'en est pas moins le but auquel l'Administration doit tendre, et auquel il convient de préparer les opinions du public. Nécessité de donner dès-à-présent au commerce une entière sécurité contre l'exécution des loix rigoureuses portées en matière d'usure.

La loi qui établiroit ce nouvel ordre de choses est donc aussi désirable que juste, et plus favorable encore au peuple pauvre qu'au riche pécunieux.

Je ne dis pas cependant qu'il faille la rendre à présent.

J'ai insinué que je sentois tous les ménagemens qui peuvent être dus au préjugé, surtout à un préjugé que tant de personnes croient lié à des principes respectables.

Mais j'ôse dire que cette liberté entière du prêt à intérêt doit être le but plus ou moins éloigné du Gouvernement.

Qu'il faut s'occuper de préparer cette révolution en changeant peu-à-peu les idées du public; en favorisant les écrits des jurisconsultes éclairés et des théologiens sages, qui adopteront une doctrine plus modérée et plus juste sur le prêt à intérêt.

Et qu'en attendant qu'on ait pu atteindre ce but, il faut s'en rapprocher autant qu'il est possible.

Il faut, sans heurter de front le préjugé, cesser de le soutenir, et surtout en éluder l'effet, et garantir le commerce de ses fâcheuses influences.

X L I.

Il paroît convenable d'abroger par une loi
toute poursuite criminelle pour fait d'u-
sure; mais il est du moins indispensable
d'interdire absolument cette accusation
dans tous les prêts faits à l'occasion du
commerce , ou à des commerçans.

La voie la plus directe pour y parvenir, et
celle à laquelle j'avoue que j'inclinerois beaucoup, seroit d'interdire entièrement, par une
loi, toute poursuite criminelle pour fait d'usure.
Je ne crois pas impossible de rédiger cette loi
et le préambule qui doit l'annoncer, de façon
à conserver tous les ménagemens nécessaires
pour les principes reçus.

Si cependant on y trouvoit de la difficulté,
il me paroît au moins indispensable de défendre
d'admettre l'accusation d'usure dans tous les
cas de négociations d'argent faites à l'occasion
du commerce, et dans tous ceux où celui qui
emprunte exerce, soit le commerce, soit toute
autre profession dans laquelle l'argent peut être
employé d'une manière lucrative.

Cette disposition renfermeroit ce qui est absolument nécessaire pour mettre le commerce à l'abri des révolutions que pourroit occasionner la diversité des opinions sous le régime arbitraire de la jurisprudence actuelle.

En même tems elle seroit bornée au pur nécessaire ; et je ne la crois susceptible d'aucune difficulté, lorsque, d'un côté, les principes reçus relativement à l'intérêt de l'argent resteront les mêmes, quant aux affaires civiles ordinaires qui n'ont point de rapport au commerce, et que, de l'autre, on donnera pour motif de la loi la nécessité d'assurer les engagemens du commerce contre les abus de la mauvaise foi, et de ne plus faire dépendre d'une jurisprudence arbitraire le sort des négocians autorisés par l'usage constant de toutes les places, usage qu'on ne peut prohiber sans risquer d'interrompre la circulation et le cours ordinaire du commerce.

Il me semble que les idées du public, et même celles de tous les tribunaux accoutumés à juger des affaires de commerce, ont déjà suffisamment préparé les voies à cette loi ; et j'imagine qu'elle n'éprouveroit aucune résistance, pour peu que l'on employât d'adresse à la rédiger de façon à paroître respecter les principes précédemment reçus.

XLII.

La loi proposée mettra le commerce à l'abri de toute révolution pareille à celle qu'il vient d'éprouver à Angoulême; mais il est juste de pourvoir au sort des particuliers mal-à-propos vexés.

Si cette proposition est adoptée, elle pourvoira suffisamment à l'objet général de la sûreté du commerce, et le mettra pour jamais à l'abri de l'espèce de révolution qu'il vient d'éprouver dans la ville d'Angoulême; mais il ne seroit pas juste sans doute d'abandonner à leur malheureux sort les victimes de la friponnerie de leurs débiteurs et du préjugé des juges d'Angoulême, puisque leur honneur et leur fortune sont actuellement compromis par les dénonciations admises contre eux et les procédures commencées au Sénéchal de cette ville.

XLIII.

Le Sénéchal d'Angoulême n'auroit pas dû admettre l'accusation d'usure pour des prêts faits à des Marchands.

Je pense qu'au fond, et même en partant des principes actuels tels qu'ils sont modifiés par la

jurisprudence de la plus grande partie des tribunaux, et surtout de ceux auxquels la connoissance du commerce est spécialement attribuée,
les dénonciations des prétendus faits d'usure ne
doivent point être admises, et les prêteurs ne
doivent point être exposés à des procédures
criminelles. Il suffit pour cela que les prêts prétendus usuraires, et qui ont donné lieu aux dénonciations, aient été faits à des marchands;
dès-lors, il est constant, par la jurisprudence
universelle de toutes les juridictions consulaires,
qu'on ne peut les regarder comme prohibés par
le défaut d'aliénation du capital; il paroît même
qu'on en est convaincu au Sénéchal d'Angoulême, et que les dénonciateurs eux-mêmes n'o-
sent en disconvenir. Mais ils ont dit en premier
lieu, que plusieurs des capitalistes, accusés d'u-
sure, ne sont ni commerçans, ni banquiers; on
a même produit des actes pour prouver que le
sieur B.... des E...., un des prêteurs attaqués,
a déclaré, il y a quelques années, quitter le commerce. Ils ont dit, en second lieu, que les intérêts n'étoient dans le commerce qu'au taux de
six pour cent; et comme les négociations dé-
noncées comme usuraires sont à un intérêt plus
considérable, et sur le pied de neuf ou dix pour
cent, ils ont conclu qu'on devoit leur appliquer

toute la rigueur des loix contre l'usure. Il faut
avouer même qu'un grand nombre de prêteurs
entraînés par la terreur qui les avoit saisis, ont
en quelque sorte passé condamnation sur ce principe, en offrant imprudemment de restituer les
sommes qu'ils avoient perçues au-dessus de six
pour cent; mais malgré cette espèce d'aveu, je
ne pense pas que ni l'un ni l'autre des deux
motifs allégués par les dénonciateurs, puisse
autoriser la voie criminelle contre les négociations dont il s'agit.

X L I V.

La qualité des prêteurs qui ne seroient pas
Commerçans ne peut servir de fondement
à la voie criminelle.

C'est d'abord une erreur grossière que d'imaginer que le défaut de qualité dans un prêteur,
qui feroit un autre métier que le commerce,
puisse changer en rien la nature de l'engagement
que prend avec lui un négociant qui lui emprunte
des fonds. En effet, ce négociant n'est pas plus
lésé, soit que celui qui lui prête fasse le commerce ou ne le fasse pas; l'engagement de l'emprunteur n'en est pas moins assujetti aux règles
de la bonne foi. Si la tolérance qu'on doit avoir,

et qu'on a pour les stipulations d'intérêt dans
les prêts du commerce, est fondée sur ce que,
d'un côté, les emprunts que fait un négociant
ont pour objet de se procurer des profits en versant l'argent dans son commerce, et sur ce que,
de l'autre, toute entreprise supposant de grosses
avances, il est important d'attirer dans le commerce la plus grande quantité possible de capitaux et d'argent, il est bien évident que ces deux
motifs ont exactement la même force, que le
prêteur soit ou ne soit pas négociant. Dans les
deux cas, son argent n'est pas moins un moyen
pour l'emprunteur de se procurer de gros profits, et cet argent n'est pas moins un capital utile
versé dans le commerce. Pour savoir si la faveur
des négociations du commerce doit être appli-
quée à un prêt d'argent ou non : c'est donc la
personne de l'emprunteur qu'il faut considérer,
et non celle du prêteur. Il importe donc peu que
le sieur B.... des E...., ou tout autre des capitalistes d'Angoulême, fasse ou ne fasse pas actuellement le commerce, et il n'en sauroit résulter, pour les commerçans qui ont emprunté
d'eux, aucun prétexte pour revenir contre leurs
engagemens en les inculpant d'usure, et encore
moins pour les attaquer par la voie criminelle.

XLV.

Le taux de l'intérêt au-dessus de six pour cent n'a pas dû non plus donner ouverture à la voie criminelle.

C'est encore une autre erreur d'imaginer qu'il y ait dans le commerce un taux d'intérêt fixe au-dessus duquel les négociations deviennent usuraires et punissables. — Il n'est aucune espèce de loix qui ait fixé un taux plutôt que l'autre, et l'on peut même dire, qu'à la rigueur, il n'y en a aucun de permis, que celui de l'ordonnance, encore ne l'est-il qu'avec la condition de l'aliénation du capital. L'intérêt, sans aliénation du capital, n'est que toléré en faveur du commerce; mais cette tolérance n'est ni ne peut être limitée à un taux fixe; parce que l'intérêt varie non-seulement à raison des lieux, des tems et des circonstances, en se réglant, comme le prix de toutes les autres marchandises, par le rapport de l'offre à la demande; mais encore dans le même tems et le même lieu, suivant le risque plus ou moins grand que court le capital, par le plus ou le moins de solidité de l'emprunteur. L'intérêt se règle dans le commerce par la seule stipulation; et, s'il y a dans les places considérables de commerce, un taux courant de l'intérêt, ce taux n'a lieu que vis-à-vis des négocians reconnus pour bons et solvables ; toutes les fois que le risque augmente l'intérêt augmente aussi, sans qu'on ait aucun reproche à faire au prêteur. Ainsi, quand même il seroit vrai que le taux de l'intérêt fût à Angoulême, suivant le cours de la place, à six pour cent, il ne s'ensuivroit nullement que ceux auxquels on auroit prêté à neuf et à dix pour cent eussent à se plaindre. Quand il seroit vrai que le taux de l'intérêt dans le commerce fût, dans les principales places du Royaume, établi sur le pied de six pour cent, il ne s'ensuivroit nullement que ce cours fût établi à Angoulême; et dans le fait, il est notoire que, depuis environ quarante ans, il a presque toujours roulé de huit à dix pour cent. J'ai suffisamment expliqué, dans le commencement de ce mémoire, les raisons de ce haut intérêt, et j'ai montré qu'elles étoient fondées sur la nature même du commerce de cette ville.

XLVI.

Motifs qui doivent porter à évoquer cette affaire.

Malheureusement les officiers du Sénéchal,

en recevant des dénonciations, ont prouvé qu'ils n'adoptent point les principes que je viens de développer, et que la vraie jurisprudence sur le prêt en matière de commerce , leur est moins connue que la rigueur des loix anciennes. Il y a donc tout lieu de craindre que le jugement qui interviendra ne soit dicté par cet esprit de rigueur, et que le triomphe de la cabale des dénonciateurs étant complet , le trouble qu'ils ont occasionné dans les fortunes et dans le commerce ne soit encore augmenté.

X L V I I.

Motifs qui doivent détourner d'en attribuer la connoissance à l'Intendant.

Dans ces circonstances, il sembleroit nécessaire d'ôter à ce tribunal la connoissance d'une affaire sur laquelle on peut croire qu'il cède à des préventions, puisque sans ces préventions l'affaire n'auroit aucune existence ; c'est par ce motif que les différens particuliers déjà dénoncés, ou qui craignent de l'être, ont présenté à M. le Contrôleur général un mémoire qui m'a été renvoyé, et dans lequel ils concluent à ce qu'il me soit donné un arrêt d'attribution pour connoître de cette affaire. — Ce seroit, en effet, le moyen

de leur procurer un juge assez favorable; et ce
mémoire, dans lequel j'ai expliqué toute ma
façon de penser, peut le faire présumer. Je ne
pense cependant pas que ce soit une raison pour
me charger de ce jugement. — Indépendamment
de la répugnance que j'ai pour ces sortes d'attri-
butions, j'observe que les esprits se sont échauf-
fés de part et d'autre dans la ville d'Angoulême
à cette occasion, qu'un grand nombre de gens y
ont pris parti contre les capitalistes prêteurs
d'argent, dont la fortune a pu exciter l'envie;
qu'enfin un assez grand nombre des officiers du
Présidial paroissent avoir adopté cette chaleur.
Si c'est un motif pour ôter à ces derniers la connoissance de l'affaire, c'en est un aussi, suivant
moi, de ne la point donner à l'Intendant de la
province; l'on ne manqueroit pas de penser que
l'objet de cette attribution a été de soustraire des
coupables aux peines qu'ils auroient méritées, et
le jugement qui les absoudroit seroit représenté
comme un acte de partialité.

XLVIII.

*Le Conseil d'État est le Tribunal auquel il
paroît le plus convenable de réserver la
décision de cette affaire.*

D'ailleurs le véritable motif qui doit faire
évoquer

évoquer cette affaire, est la liaison qu'elle a avec l'ordre public et l'intérêt général du commerce; et dès-lors, si l'on se détermine à l'évoquer, il semble que ce ne doit pas être pour la renvoyer à un tribunal particulier, et en quelque sorte étranger à l'ordre judiciaire, mais plutôt pour la faire décider avec plus d'autorité par un tribunal auquel il appartienne de fixer en même tems, et de consacrer, par une sanction solennelle, les principes de sa décision. Je pense qu'il n'y en a point de plus convenable que le Conseil lui-même, surtout si, comme je le crois, il doit être question, non-seulement de juger l'affaire particulière des capitalistes d'Angoulême, mais encore de fixer par une loi la jurisprudence sur un point de la plus grande importance pour le commerce général du Royaume.

XLIX.

La procédure criminelle commencée paroît exiger que l'affaire soit renvoyée à une commission particulière du Conseil, chargée en même tems de discuter la convenance de la loi proposée.

Je prendrai la liberté d'observer que si cette proposition est adoptée, il paroît convenable de

former pour cet objet une commission particulière du Conseil. L'affaire ayant été introduite
par la voie criminelle, et poursuivie à la requête
du Procureur du Roi, il est indispensable de
la continuer d'abord sur les mêmes erremens,
et l'on ne peut se passer du concours de la partie
publique. Or, on sait qu'il ne peut y avoir de
Procureur général que dans les commissions
particulières. La même commission paroissant
devoir naturellement être chargée d'examiner
s'il y a lieu de rendre une loi nouvelle sur la
matière et d'en discuter les dispositions, l'intérêt
général du commerce, et l'intérêt particulier des
commerçans d'Angoulême ne pourront manquer d'être envisagés et décidés par les mêmes
principes.

L.

Observation sur la punition que paroissent
mériter les auteurs du trouble arrivé
dans le commerce d'Angoulême.

En venant au secours du commerce d'Angoulême, il seroit bien à souhaiter qu'on pût faire
subir aux auteurs de la cabale qui vient d'y porter
le trouble, la punition qu'ils ont méritée. Mais
je sens qu'on ne peut rien proposer à cet égard
quant à présent; et lors même que le tribunal,

chargé de l'examen de l'affaire, aura pris une connoissance exacte de toutes les manœuvres qui ont été commises, je ne sais s'il sera possible de prononcer une peine juridique contre des gens qui, malgré l'odieux de leurs démarches, semblent cependant y avoir été autorisés par des loix expresses, lesquelles n'ont jamais été révoquées. Je ne crois pas qu'on puisse les punir autrement que par voie d'autorité et d'administration, et ce sera à la sagesse du Conseil à décider, après le jugement de l'affaire, s'il convient de faire intervenir l'autorité directe du Roi pour punir ces perturbateurs du commerce.

L I.

Examen d'une proposition faite par les Juges Consuls d'Angoulême, tendante à l'établissement de Courtiers et Agens de change en titre.

Avant de terminer ce long Mémoire, je crois devoir m'expliquer encore sur une proposition contenue dans la conclusion qui étoit jointe au Mémoire que m'a renvoyé M. le Contrôleur-général, et que je crois avoir fait l'objet d'une demande adressée directement à ce Ministre par les Consuls d'Angoulême. Elle a pour objet de faire établir à Angoulême des Courtiers et des Agens de change en titre. C'est, dit-on, pour pouvoir fixer le taux de la place, et prévenir, par-là, des troubles semblables à ceux que vient d'éprouver le commerce d'Angoulême.

LII.

Inutilité et inconvéniens de l'établissement proposé.

Je suis fort loin de penser qu'un pareil établissement puisse être utile dans aucun cas. Les Commerçans peuvent, le plus souvent, faire leurs négociations sans l'entremise de personnes tierces; et si, dans une place, les opérations de commerce sont assez multipliées pour que les Négocians soient obligés de se servir d'agens interposés ou de courtiers, ils sont toujours libres de le faire. Il est bien plus naturel qu'ils confient leurs affaires à des hommes qu'ils ont choisis et auxquels ils ont une confiance personnelle, qu'à des particuliers qui n'auroient d'autre titre à leur confiance, que d'avoir acheté l'office de Courtier ou d'Agent de change. Il est étonnant que les Juges-Consuls d'Angoulême n'aient pas senti que ces Courtiers privilégiés et exclusifs et les droits qui leur seroient attribués, seroient une surcharge pour leur commerce. L'utilité prétendue dont on veut qu'ils soient pour fixer le cours de la place, me paroît entièrement chimérique. Il n'est point nécessaire, comme le suppose l'Avocat au Conseil, qui a dressé la Consultation en faveur des Capitalistes d'Angoulême, qu'il y ait un taux de la place fixé par des Agens de change, ou par une délibération de tous les Banquiers pour autoriser le taux de l'intérêt, et justifier les négociations du reproche d'usure. L'intérêt doit, comme je l'ai déjà dit, varier à raison du plus ou du moins de solvabilité de l'emprunteur, et il n'en devient pas plus nécessaire, mais plus impossible de le régler.

Le vrai remède aux inconvéniens que vient d'éprouver la place d'Angoulême, est dans l'interdiction de toute accusation d'usure, à l'occasion de négociations faites par des Commerçans.

Il a été un tems où la proposition faite par les Juges-Consuls d'Angoulême auroit pu être accueillie comme un moyen de procurer quelque argent au Roi ; mais outre que cette ressource seroit infiniment modique, le Conseil est sans doute à présent trop éclairé pour ne pas sentir que de tous les moyens de procurer de l'argent au Roi, les plus mauvais sont ceux qui surchargent le commerce de fraix, qui le gênent

par des priviléges exclusifs , et surtout qui l'em-
barrassent par une multitude d'agens et de for-
malités inutiles. Je ne suis donc aucunement
d'avis de créer à Angoulême les charges de
Courtiers et d'Agens de change dont les Consuls
sollicitent l'établissement.

LIII.

Conclusion et Avis.

Pour me résumer sur l'objet principal de ce
Mémoire , mon avis se réduit à proposer d'é-
voquer au Conseil les accusations d'usure pen-
dantes au Sénéchal d'Angoulême , et d'en renvoyer la connoissance à une commission particulière du Conseil , laquelle seroit en même
tems chargée de rédiger une Déclaration pour
fixer la jurisprudence sur l'usage du prêt à intérêt dans le commerce.

L'affaire fut évoquée au Conseil. Les procédures
contre les prêteurs furent abolies , avec défenses
d'en intenter de pareilles à l'avenir. — La loi demandée ne fut pas faite.

———————

Une considération générale peut être ajoutée à
celles que présente cet excellent ouvrage.
Le débit annuel de toute la partie des récoltes qui

n'est pas consommée par leurs cultivateurs, ne peut être opéré qu'au moyen de l'échange qui a lieu, quelquefois directement, mais presque toujours indirectement, entre les productions de différente nature que ces récoltes ont fournies.

Ce sont les diverses récoltes qui servent à se payer mutuellement, par le prix que les derniers consommateurs donnent des matières ou des denrées fournies par les premiers producteurs.

Ces derniers consommateurs ne peuvent l'être que parce qu'ils ont eux-mêmes des productions ou des marchandises, ou la valeur de productions et de marchandises qu'ils ont déjà vendues, à livrer en échange de celles qu'ils veulent consommer; ou parce qu'ils ont reçu, pour prix de leur travail, de ceux qui avaient des productions et des marchandises, *un salaire* avec lequel ils peuvent acheter celles dont ils ont besoin.

Le prix auquel ils les paient en les acquérant embrasse, outre la valeur de la matière première, le remboursement de tous les frais ; c'est à dire de tous les travaux intermédiaires de transport et de fabrication ; c'est-à-dire encore de toutes les consommations qu'ont pû et dû faire les fabricateurs, les commerçans, et leurs agens de toute espèce.

Pour que les récoltes soient complettement payées, il faut donc attendre de toute nécessité que leur dernier échange ait été fait.

Cependant il n'y a point de récolte dont la partie

commerçable, avant d'arriver à la consommation, ne passe par plusieurs mains, et celles qui demandent de grandes préparations, ou qu'il faut conduire à de grandes distances, par une multitude de mains.

Il est impossible qu'à chaque transmission d'une de ces mains à l'autre, la denrée ou la marchandise soit payée comptant.

Pour qu'elle pût l'être, il faudrait que chaque acquéreur intermédiaire eût une somme de numéraire disponible égale à la valeur de son acquisition, et qu'il y eût *en circulation* une quantité de monnoie, ou d'autres valeurs réelles, six fois, dix fois, peut-être vingt fois au-dessus de ce que vaut la partie commerçable des récoltes. Cela ne se peut. Si cela se pouvait, ce serait un mal : car cette masse énorme de numéraire, qui ne serait employée qu'à des transmissions de services et qu'elles absorberaient, ne pourrait pas être en même tems employée à solder des travaux véritablement productifs.

L'expérience montre que chez les Nations riches, une somme de numéraire égale à la moitié du produit net des terres, et chez les nations pauvres à la valeur totale de ce produit net, suffit à tous les besoins de la circulation.

C'est donc un effet de la nature invincible des choses, que la circulation des récoltes se fasse le plus ordinairement, et en général, par une suite de crédits réciproques entre les agens de leur distribution ; aucun d'eux ne fournissant que quelques à-compte, et n'ayant à faire de plus que l'avance de la portion des frais courans pour laquelle il ne peut obtenir lui-même de crédit.

Mais qu'est-ce qu'une vente à crédit? C'est de la part du vendeur *la livraison* d'une valeur réelle qui, si elle était payée comptant, lui procurerait un capital applicable sur-le-champ à un achat de terre de laquelle il tirerait un revenu, ou à tout autre emploi profitable ; et de la part de l'acheteur, ce n'est qu'*une promesse* de payer cette livraison à un terme plus ou moins reculé.

M. *Turgot* a parfaitement démontré, et le plus simple bon sens suffit pour faire comprendre, qu'il n'y a aucune parité de valeur entre un paiement effectif, actuel, et *une promesse de payer* dans un tems futur.

La simple *promesse* faite par l'acheteur au vendeur doit, par sa nature, contenir au moins l'*intérêt*, ou l'équivalent du profit que ce vendeur aurait pu retirer de l'argent comptant, soit en achetant de la terre, soit en l'employant autrement. — Et sans cela le vendeur serait en perte. Pour éviter cette perte, il ne voudrait vendre qu'au comptant. Il faut la lui compenser pour qu'il se détermine à vendre à crédit.

Tout billet qui constate ce crédit, tout billet à terme pour achat de marchandises, emporte donc au moins l'intérêt de la valeur qu'on lui a livrée cumulé avec le capital. Et il le devrait quand le paiement serait aussi indubitable que l'est la valeur qu'il a reçue.

Mais la valeur de cette promesse, de ce billet, n'est jamais aussi indubitable que celle de la marchandise échangée ou abandonnée pour cette promesse de paiement.

Celui qui a fait *la promesse* peut, même sans qu'il y ait aucun tort, aucune mauvaise volonté de sa part, tomber dans l'impuissance de tenir sa promesse, soit par des accidens physiques, des incendies, des inondations, des naufrages, des guerres survenantes, qui auront détruit sa fortune ; soit par le non-paiement des promesses de même nature que lui auront faites les sur-acquéreurs auxquels il aura revendu, et qui seront de nouveaux intermédiaires entre lui et le consommateur, dernier et seul véritable payeur : tous les autres n'étant que des agens utiles et *gagnant* leur *salaire.*

Il faut donc encore que le billet ou la promesse de payer cumule, outre le capital et l'intérêt qu'aurait produit un placement actuel et certain, une *prime d'assurance* contre l'incertitude de l'acquittement définitif.

Et il est évident que cette prime d'assurance doit être plus ou moins forte, selon la nature plus ou moins périssable de la marchandise, selon les hazards plus ou moins grands des moyens de transport, selon la solvabilité, la probité, les relations plus ou moins connues de celui dont on accepte la promesse.

Mais si tout cela est incontestable pour toutes les fournitures en productions et marchandises qui sont nécessaires à la répartition de toutes les subsistances et de toutes les jouissances ; si toutes ces opérations sont licites, raisonnables , justes, protégées en tout pays par toutes les loix ; si toute vente à terme est *un prêt* emportant nécessairement son intérêt et sa prime d'assurance , il n'y a rien de changé, soit que le prêt se fasse en marchandise , ou en argent avec lequel la marchandise peut être achetée. Dès que le prêteur n'y renonce pas formellement par convention amicale ou généreuse, dès qu'il veut l'exiger , l'*intérêt* lui est *dû* ; et quant à la *prime d'assurance* qui doit y être jointe , il en est seul juge , car il est toujours le maître de refuser le crédit ou le prêt. Celui qui en accepte les conditions n'obéit, en les remplissant, qu'à sa propre volonté : et à une volonté qui , non-seulement lui est utile , mais qui l'est aussi à la société entière ; puisque sans les transactions de ce genre , la distribution des récoltes ne serait ni répartie sur un aussi grand nombre d'individus et de besoins, ni à beaucoup près si avantageuse pour les producteurs et pour les consommateurs.

L'ÉDITEUR.

LETTRE CIRCULAIRE

A MM. les Curés de la Généralité de Limoges, sur les pertes de bestiaux, sur les modérations de contributions, sur la forme à suivre pour les obtenir, sur les récompenses pour la destruction des loups.

Nous avons eu plusieurs fois occasion de parler de la correspondance que M. *Turgot* entretenait avec MM. les Curés de sa Généralité, et de la grande utilité qu'il en tirait pour faciliter son administration : tant à raison de leurs lumières locales, que de l'esprit de bienfaisance qui fait une partie de leur ministère.

Il les regardait comme des Subdélégués naturels, et disait qu'on était trop heureux d'avoir dans chaque Paroisse un homme qui eût reçu quelque éducation, et dont les fonctions dûssent par elles-mêmes lui inspirer des idées de justice et de charité.

Cette considération particulière qu'il leur témoignait ; l'importance qu'il attachait à leurs recherches, à leurs certificats, à leurs avis, excitaient aussi leur zèle ; et le genre de travail qu'il leur demandait augmentait encore leurs lumières. — Les Curés en étaient meilleurs ; les peuples plus heureux et mieux administrés, tant au spirituel qu'au temporel.

La pluspart de ces Lettres sont perdues. Leurs minutes ont été dispersées ou lacérées dans les bureaux de l'Intendance lors de la révolution. — Nous en retrouvons une qui en rappelle deux autres. Elle donnera une idée des objets que cette correspondance embrassait, du soin et des égards que M. *Turgot* se plaisait à y apporter.

A Limoges, le 14 janvier 1770.

PERSUADÉ, Monsieur, que MM. les Curés ne se porteront pas cette année avec moins de zèle que les dernières à me faciliter les moyens de soulager ceux de leurs Paroissiens qui essuieront des pertes de bestiaux, conformément à l'invitation que je leur en ai faite par ma lettre du 3 mai 1762 (1), je ne répéterai point les détails que contenoit cette lettre; quoique plusieurs d'entre eux ne l'aient pas reçue, n'ayant été nommés que depuis cette époque. Les plus importans se retrouveront dans celle-ci, et la forme des états imprimés pour y inscrire les pertes de bestiaux est si claire, qu'il suffit de jetter les yeux sur l'intitulé des colonnes pour

_____

(1) Cette lettre du 3 mai 1762, est une de celles que nous n'avons pu recouvrer. (*Note de l'Éditeur.*)

ne pouvoir se tromper sur la manière de les remplir. Il n'y a rien de changé à ceux de cette année, et je vous prie d'en user à cet égard comme l'année dernière.

Je joins à cette lettre quatre états, chacun servira pour trois mois. Les noms des mois auxquels chacun de ces états est destiné sont imprimés en tête, et je vous serai obligé d'y faire attention pour ne les pas confondre.

Quoique vous n'ayiez à m'envoyer chaque état qu'à la fin des trois mois, je vous prie d'avoir toujours soin d'inscrire sur votre état les pertes à mesure qu'elles arriveront : cette attention est importante, parce qu'il est plus aisé de constater ces sortes d'accidens sur-le-champ qu'après quelque retard ; et je ne puis trop vous recommander de prendre toutes sortes de précautions pour n'être point trompé. J'ai lieu de croire que quelques-uns de MM. les Curés ont eu un peu trop de facilité à s'en rapporter à la simple déclaration de ceux qui prétendoient avoir perdu des bestiaux ; je suis bien persuadé qu'aucun d'eux ne voudroit faire servir la confiance que je leur donne à favoriser qui que ce soit injustement, et à procurer des modérations à ceux dont la perte n'auroit pas été réelle. Quoique les modérations que j'accorde sur la capitation

ne retombent pas immédiatement sur la paroisse,
il est cependant vrai que l'imposition faite sur la
province doit remplir le montant de ces diminutions, et qu'ainsi la charge des autres contributions en est toujours augmentée, quoique d'une
manière peu sensible. Cette raison seule suffit
pour vous engager à redoubler de précautions
afin qu'on ne vous en impôse pas. La meilleure
de toutes est celle que je vous ai déjà proposée,
et qui consiste à lire publiquement ces états à
l'issue de la messe paroissiale, en avertissant vos
paroissiens que s'ils ont connoissance de la supposition de quelques-unes des pertes énoncées
dans votre état, ils sont intéressés à vous en faire
leur déclaration, au moyen de laquelle vous
pourrez effacer de l'état les pertes qui seroient
reconnues fausses.

La seconde colonne de ces états est destinée
à marquer à côté du nom de chaque particulier
l'article du rôle sous lequel il est taxé. Je vous
serai obligé de la remplir exactement; sans cette
précaution l'on perdroit beaucoup de tems dans
mes bureaux à feuilleter les rôles pour y trouver
les noms de ceux qui se trouveront compris dans
les états, et l'expédition des modérations que je
leur accorde seroit nécessairement fort retardée.
Avec l'attention que je vous demande et celle

d'écrire les noms bien lisiblement, j'espère que les modérations suivront d'assez près la réception de vos états.

Vous savez que les bêtes à laine ne doivent point être comprises dans ces états. La gratification pour la perte des brebis a été supprimée en même tems que la taxe qu'on avoit autrefois l'usage d'impôser sur les propriétaires de cette espèce de bétail (2).

J'ai souvent regretté de ne pouvoir proportionner exactement les modérations aux pertes. J'accorde, par exemple, toujours la même diminution pour la perte d'un bœuf, cependant deux bœufs peuvent être d'une valeur très-inégale. Ce seroit entrer dans un détail très-minutieux et impossible à remplir exactement que de spécifier la valeur des bestiaux perdus. Il suffira de distinguer les bœufs d'engrais des bœufs de labour, et je vous serai obligé de marquer désormais cette différence dans les états que vous m'adresserez.

Lorsque vous recevrez les ordonnances de modération, je vous prie de continuer à faire marquer les *solvits* sur le rôle en votre pré-

_____

(2) Cette suppression de la taxe sur les bêtes à laine étoit un des bienfaits de M. *Turgot*. (Note de l'*Éditeur*.)

sence,

sence, soit par des croix suivant l'usage des collecteurs, soit en écrivant à la marge du rôle le
montant des modérations. Je sais que plusieurs
des collecteurs sont dans l'usage de n'écrire les
reçus à compte qu'à la fin du rôle ; mais il vaut
beaucoup mieux qu'ils soient écrits à la marge
de la cotte du contribuable, et j'ai fait laisser exprès une très-grande marge dans les rôles. Les
collecteurs ne doivent faire aucune difficulté de
prendre pour comptant mes ordonnances de
modération et de rembourser ceux qui auroient
déjà payé toutes leurs impositions. J'ai pris des
arrangemens pour que MM. les Receveurs des
tailles leur en tiennent compte exactement.

J'espère que vous voudrez bien aussi vous
charger, comme par le passé, de m'envoyer les
requêtes de ceux de vos paroissiens qui auront
quelque chose à demander, et de les détourner
de me les apporter eux-mêmes, ce qui perd
inutilement leur tems. Je vous serai obligé de
faire attention à ce que dans toutes celles où il
s'agira des impositions l'article du rôle soit toujours indiqué. Je tâcherai d'y répondre le plus
promptement qu'il me sera possible ; mais il
arrive souvent que je suis obligé de les renvoyer
aux Commissaires des tailles, ou aux Subdélégués, ou à d'autres personnes, pour me procurer

Tome V.   24

des éclaircissemens. Il ne faut pas pour cela imaginer que je ne les aie pas reçues ou qu'elles
aient été oubliées.

Par rapport à celles qui concernent le vingtième en particulier, quelque diligence que je
désirasse apporter à les expédier, les éclaircissemens que je suis obligé de prendre me for-
cent à les garder beaucoup plus long-tems que
je ne voudrois. Il y en a plusieurs, telles que les
demandes en modération qui ont pour motif des
accidens, comme grêle, incendies, etc. qu'il faut
vérifier ; et les demandes en déduction pour les
rentes dues à des gens de main-morte, qu'il est
d'usage d'envoyer au Conseil, lorsqu'elles sont
présentées pour la première fois : ce qui retarde
nécessairement la décision. Je fais cette observation pour prévenir la juste impatience qu'on a
ordinairement de recevoir une réponse à ses demandes, et en même tems pour engager à se pourvoir très-promptement, et, s'il est possible,
aussitôt après qu'on a connoissance de sa cotte ;
car je n'accorde point de modération sur les
années dont les comptes sont une fois rendus.

Plusieurs personnes, faute d'être instruites
des principes, me présentent des requêtes inutiles ; ou omettent de joindre à celles qui sont
justes les pièces nécessaires pour me mettre à

portée de leur rendre la justice qui leur est due, ce qui oblige à répondre par des interlocutoires qui retardent beaucoup la satisfaction qu'elles attendent. Cette observation regarde surtout les requêtes par lesquelles on me demande des déductions pour différentes rentes qu'on est chargé de payer sur son bien. Je crois utile, pour prévenir ces inconvéniens, d'entrer ici dans quelque détail sur les cas où l'on peut se pourvoir pour obtenir des déductions sur ses vingtièmes, et sur les pièces qu'il est nécessaire de joindre.

L'on n'accorde jamais aucune déduction pour rentes dues à des particuliers. Si ce sont des rentes seigneuriales, elles ont dû diminuer l'appréciation du fonds faite par les contrôleurs, et elles ne sont imposées que sur la tête de ceux qui ont droit de les percevoir. Si ce sont des rentes constituées on est en droit de retenir les vingtièmes par ses mains, et dès-lors il n'est dû aucune déduction. Les conventions particulières par lesquelles on auroit renoncé au droit de retenir les vingtièmes ne changent rien à cette règle, parce que, si un particulier a renoncé volontairement au droit que la loi lui donnoit, le Roi n'est pas obligé de l'en dédommager.

On déduit le vingtième pour les rentes constituées dues aux maisons religieuses et aux gens

de main-morte ; mais il est nécessaire que ces
rentes soient constituées avant l'édit du mois
d'août 1749, ou que la constitution ait été autorisée par des lettres-patentes, parce que toute
nouvelle acquisition étant interdite aux communautés par cet édit, elles n'ont aucune exemption
de vingtième pour les rentes qu'elles auroient
acquises depuis l'interdiction ; par conséquent
les débiteurs sont en droit de retenir le vingtième, sauf leurs conventions particulières que
la loi ne connoît pas.

Les constitutions pour les dots de religieuses,
les pensions viagères dues aux religieux ou religieuses, ne sont point comprises dans cette limi-
tation, et ceux qui doivent ces rentes ou pensions obtiennent une déduction proportionnée
sur leurs vingtièmes.

La première fois qu'on se pourvoit, il est nécessaire de joindre le titre constitutif de la rente
ou pension, ou bien une copie en forme ou col-
lationnée par un Subdélégué, le Conseil exigeant
cette pièce pour accorder la déduction. Dans la
suite, et lorsqu'une fois on a obtenu cette déduction, il suffit de joindre chaque année à sa
requête une quittance de l'année pour laquelle
on demande la déduction, ou à défaut de quit-

tance un certificat qui constate que la rente est toujours due et n'a point été remboursée.

Vous me ferez plaisir d'instruire de ces règles ceux qui auroient de semblables requêtes à me présenter, et qui s'adresseroient à vous.

Il me parvient un grand nombre de requêtes qui ne sont signées ni des supplians, ni de personne pour eux. J'ai eu assez souvent la facilité d'y répondre ; mais j'ai observé qu'il en est résulté des abus, en ce qu'on m'a présenté non-seulement des requêtes sous de faux noms, et qui n'avoient point d'objet, mais encore des requêtes sous le nom de personnes qui n'en avoient aucune connoissance, et qui les désavouoient ensuite. Ces abus m'ont fait prendre la résolution de ne plus répondre qu'à des requêtes signées ou par les supplians, ou lorsqu'ils ne savent pas écrire, par quelque personne connue, dont la signature m'atteste que la requête est de celui dont elle porte le nom. Je vous serai obligé, en conséquence, de signer celles que vous m'enverrez, et qui n'auroient pu l'être par les demandeurs. Mais en ce cas il faudra qu'à la suite de votre signature vous fassiez mention que c'est pour *un tel* suppliant.

Quelques-uns de MM. les Curés m'ont fait part de différentes levées de droits qui se font dans les campagnes à différens titres, et qui ne regardent point les impositions ordinaires. Il se peut qu'il y en ait quelques-unes d'autorisées, mais il se peut aussi que quelques particuliers abusent de la simplicité des paysans pour leur extorquer de l'argent qu'ils ne doivent pas, ou pour s'en faire payer plus qu'il ne leur est dû. Le vrai moyen de découvrir ces sortes d'exactions et d'en arrêter le cours, est de bien avertir les paysans de ne jamais donner d'argent à ces sortes de gens sans se faire donner une quittance. Si celui qui exige cet argent ne veut pas donner de quittance, c'est une preuve qu'il demande ce qui ne lui est pas dû. S'il donne quittance, il vous sera aisé de m'en envoyer une copie, en me rendant compte du fait, et j'aurai soin de vérifier si les droits qu'on veut lever sont légitimes ou non.

On m'a aussi fait beaucoup de plaintes sur la multiplicité des fraix que font dans les paroisses les collecteurs et les huissiers qu'ils emploient à poursuivre les contribuables. Il n'a pas encore été possible de mettre la dernière main au réglement projeté depuis long-tems pour prévenir les abus trop multipliés dans cette partie; mais il y a une vexation de ce genre dont il est aisé aux contribuables de se garantir. Les collecteurs ont la liberté pour leurs poursuites particuliè-

res, de se servir ou des huissiers aux tailles,
ou des huissiers des justices ordinaires ; il est
arrivé de là que les huissiers des justices royales
ont exigé pour leurs salaires cent sols par jour,
ainsi qu'ils y sont autorisés dans les affaires des
particuliers, au lieu que, suivant les réglemens,
il ne devroit leur être payé que trois livres,
comme aux huissiers des tailles.

Il s'est encore glissé à ce sujet un abus, c'est
que ces huissiers exigent des collecteurs, et ceux-
ci des contribuables, leurs salaires sans qu'ils
aient été taxés régulièrement ; au moyen de quoi
personne n'est à portée de connoître ni d'empêcher les exactions arbitraires qu'ils peuvent
commettre.

Pour remédier à ces abus, j'ai fait insérer dans
le Mandement des tailles, article 46 pour les
paroisses abonnées, et article 49 pour les paroisses tarifées, la défense aux collecteurs de rien
exiger ni recevoir des contribuables à titre de
fraix, que ces fraix n'aient été taxés et repartis
sur ceux qui doivent les supporter.

Je les ai avertis en conséquence que pour ne
point risquer de perdre les fraix qu'ils auroient
pu payer aux huissiers des justices ordinaires, il
falloit avoir attention de ne les jamais payer à
eux-mêmes, et de les adresser toujours, ainsi

qu'il est d'usage pour les huissiers des tailles, au Receveur des tailles, qui seul doit les payer et en fournir les quittances aux collecteurs lorsque ceux-ci lui remettent les sommes qu'ils ont reçues des contribuables, conformément à la taxe.

Ainsi les salaires des huissiers des justices ordinaires, doivent être taxés comme ceux des huissiers aux tailles, et sur le même pied de trois livres par jour ; cette taxe doit être faite par un Officier de l'Election, lorsqu'il s'agit de la taille et des impositions accessoires, et lorsqu'il s'agit du vingtième par le Subdélégué de la ville principale de chaque Election. Les collecteurs ne doivent point les payer eux-mêmes, mais les envoyer au Receveur des tailles, qui se chargera de faire régler leur taxe et de la faire répartir sur les contribuables, et ceux-ci ne peuvent être obligés de les payer que sur l'état de répartition signé d'un Officier de l'Election pour la taille, et de mon Subdélégué pour le vingtième. En ne payant que de cette manière, ils seront assurés de ne payer d'autres fraix que ceux qu'ils doivent véritablement.

Mais comme ils pourroient, par ignorance, se laisser entraîner à payer aux huissiers ou aux collecteurs l'argent que ceux-ci exigeroient, vous

leur rendrez service en les instruisant sur cela
de la règle, et en les avertissant qu'ils ne peuvent jamais être obligés à rien payer à titre de
fraix que sur la représentation de la taxe faite
par l'Officier de l'Election ou par mon Subdélégué. J'ai déjà répété plusieurs fois cet avertisse-
ment, et je vois avec peine qu'il a été presque
entièrement inutile, et que le même abus n'en a
pas moins subsisté. Il n'y a que l'attention de
MM. les Curés à faire connoître l'article 46 ou 49
du Mandement des tailles et l'avis contenu dans
cette lettre qui puisse arrêter le cours de cette
source de vexations.

Un autre avis qu'il me paroît encore fort utile
de donner aux habitans des campagnes, concerne les erreurs qui peuvent s'être glissées dans
la formation de leurs cottes de taille, et la manière dont ils doivent s'y prendre pour les faire
réformer et obtenir des rejets en conséquence.
Il arrive souvent qu'ils demandent conseil à un
procureur, qui les engage à se pourvoir à l'Election, et qu'ils dépensent beaucoup d'argent pour
obtenir une justice qu'ils pouvoient obtenir sans
qu'il leur en eût rien coûté. Il n'y a pas long-
tems qu'un Curé ayant affermé les dixmes de sa
cure, son fermier fut taxé en conséquence dans
les rôles. Quelque tems après, le Curé étant

décédé, son successeur fit lever les dixmes à sa main; mais le Commissaire n'ayant pas été averti sur-le-champ de ce changement, continua de taxer le fermier au rôle suivant. Il suffisoit que le Curé m'écrivît, ou seulement avertît le Commissaire de cette erreur, elle eût été corrigée sans difficulté et le rejet ordonné. Au lieu de prendre cette voie simple, on a fait assigner à l'Election les collecteurs, qui n'avoient aucune part au rôle, et qui, aussi mal conseillés que le Curé, ont soutenu le procès. Il s'agissoit d'une cotte de trente-six livres de toutes impositions, il y a eu deux cent vingt-une livres trois sols neuf deniers de fraix inutiles, puisqu'on auroit eu la même justice pour rien. Il est encore nécessaire que les habitans de la campagne sachent que, même dans le cas où ils se pourvoient à l'Election pour former opposition à leurs cottes, cette opposition doit être formée par simple mémoire, et même, si l'on veut, sans ministère de procureur; que ce mémoire doit être remis au Procureur du Roi de l'Election, et qu'il y doit être statué sans fraix. Ce sont les dispositions précises des articles VI et VII de la déclaration du 13 avril 1761; mais comme la plus grande partie de ceux qui veulent se pourvoir à l'Election les ignore, il est très-facile aux procureurs d'abuser de cette ignorance pour éluder les dispositions de la loi, en faisant assigner les collecteurs dans les formes ordinaires beaucoup plus longues et plus dispendieuses.

Vous rendrez un vrai service à vos paroissiens, si vous prenez soin de les instruire des moyens qu'ils ont de se faire rendre justice à moins de fraix.

Je vous ai prié, en 1767 (3), de répandre parmi eux la connoissance des récompenses que j'accorde depuis plusieurs années, et à l'exemple de plusieurs Généralités voisines, à ceux qui tuent des loups : je n'ai rien changé à cet égard; mais je crois utile de répéter ici le même avis.

Voici le tarif de ces récompenses :

Pour un loup................ 12 liv.
Pour une louve... .... 15.
Pour une louve pleine........ 18.
Pour chaque louveteau........ 3.
Pour un loup reconnu enragé... 48.

Cette gratification sera payée par mes Subdélégués sur la représentation qui leur sera faite de la tête de l'animal, et afin d'empêcher qu'on ne puisse représenter une seconde fois la même tête pour se procurer une seconde fois la récompense

(3) Nous n'avons pas cette lettre de l'année 1767.

promise, le Subdélégué aura l'attention d'en couper une oreille avant de la rendre au porteur.

Il pourroit se faire que quelques paysans n'ap-
portassent au Subdélégué que la tête de l'animal
qu'ils auroient tué, et prétendissent que c'est une
louve ; le Subdélégué auroit à craindre qu'ils ne
le trompassent pour obtenir une récompense
plus forte. Pour obvier à cet inconvénient, j'ai
prescrit, lorsqu'on ne pourroit pas apporter la
peau entière de la louve, de ne donner l'augmentation de récompense que sur le certificat
de MM. les Curés ou Notables de la paroisse. Je
compte que vous voudrez bien donner ces certificats au besoin, et prendre les précautions
nécessaires pour n'être point trompé.

Je vous serai obligé de donner connoissance
de cet arrangement aux habitans de votre paroisse.

Je suis très-parfaitement, Monsieur, votre
très-humble et très-obéissant serviteur,

TURGOT.

P. S. Je vous serai obligé de continuer à
mettre sur l'enveloppe des lettres et des états
que vous m'adresserez, le mot *Bureau ,* et de
prévenir vos Paroissiens d'en faire autant, à
moins que ces lettres ne contiennent quelque
chose de secret.

TRAVAUX

Relatifs à la DISETTE de l'année 1770.

———

M. TURGOT n'avait que trop prévu l'état malheureux où les intempéries de l'année 1769 réduiraient la province montagneuse et peu fertile qui lui était confiée. — Il l'avait annoncé au Ministre et au Conseil d'État, comme nous l'avons vu plus haut (pages 284 à 361 de ce volume) dans son Avis relatif à la taille de l'année 1770, sur laquelle il réclamait une diminution de *cinq cent mille francs* au moins, dont il n'obtint d'abord qu'une partie, mais à laquelle le Gouvernement suppléa d'une manière encore plus rapide, en permettant de prendre chez les Receveurs des tailles *deux cent mille francs* applicables à des achats de riz et de grains. Tout cela se faisait avec beaucoup de secret, pour ne pas augmenter et précipiter le mal par les alarmes.

Malgré les efforts de cette prudence, les besoins réels, la cherté, la terreur se manifestèrent à la fin de l'année 1769, et troublèrent l'arrivée des approvisionnemens que la sagesse de M. Turgot, et la confiance qu'on avait en lui, avaient engagé plusieurs Négocians à tirer du dehors, même avant que l'on sçût quels secours accorderait le Gouvernement. Car lorsque les circonstances devenaient pressantes et l'utilité de l'action manifeste, M. Turgot n'hésitait jamais à se mettre en avant. Il ne s'arrêtait plus aux longueurs d'une discussion ou d'une consultation, et se chargeait des événemens : se fiant à l'évidence de la nécessité, et à la force de la raison, pour justifier ensuite son courage.

Le Parlement de Bordeaux avait accru le danger, et contribué sans le vouloir à exciter des mouvemens populaires contre les Propriétaires, les Décimateurs, les Fermiers, les Magasiniers, les Marchands de grains, en leur ordonnant, par un Arrêt du 17 janvier 1770, de *garnir les marchés* d'une quantité *suffisante* de grains, quand la quantité suffisante n'y était pas pour les besoins journaliers, et bien moins encore pour les achats supérieurs aux besoins que la peur engage toujours à faire.

Dans cette conjoncture, trois soins étaient à prendre, procurer du travail aux indigens, et M. Turgot demanda si vivement qu'il obtint des fonds pour ce noble usage; empêcher qu'on interceptât, qu'on gênât la distribution des subsistances; arrêter ou affaiblir l'effet de la fausse mesure adoptée par le Parlement de Bordeaux. L'autorité d'un Intendant ne pouvant suffire à ce dernier point, M. Turgot se hâta de proposer au Gouvernement l'Arrêt du Conseil qui fut en effet rendu le 19 février, pour ordonner, sans s'arrêter à celui du Parlement de Bordeaux, l'exécution des loix de liberté, à la faveur desquelles seulement le riz et les autres grains qu'on avait achetés pouvaient parvenir, et être répartis, dans les lieux où la plus grande nécessité se faisait sentir et était constatée par le plus haut prix.

Voici la teneur de cet Arrêt :

ARRÊT DU CONSEIL D'ÉTAT DU ROI

Qui ordonne que, sans s'arrêter à l'Arrêt du Parlement de Bordeaux du 17 janvier 1770, il sera libre à toutes personnes de vendre leurs grains dans les provinces du Limousin et du Périgord, tant dans les greniers que dans les marchés, en exécution de la Déclaration du 25 mai 1763, et de l'Édit du mois de juillet 1754.

Du 19 février 1770.

EXTRAIT DES REGISTRES DU CONSEIL D'ÉTAT.

Le Roi s'étant fait représenter l'Arrêt rendu par son Parlement de Bordeaux, le 17 janvier 1770, par lequel ce Parlement a non-seulement ordonné que tous Marchands de bled, Fermiers, Régisseurs, Propriétaires et Décimateurs des provinces du Limousin et du Périgord, sans exception d'état, qualité ou condition, feront porter d'ici au 15 juillet prochain, successivement et chaque semaine, dans les marchés des lieux, quantité suffisante de bleds de toute espèce pour l'approvisionnement desdits marchés, eu égard à celles qu'ils ont en leur pouvoir, et

sur icelles préalablement prise la provision nécessaire pour eux, leur famille et leur maison ;
mais a fait inhibitions et défenses à toutes sortes
de personnes, de quelque état et condition
qu'elles soient, de vendre en gros, ou en détail,
lesdits grains dans leurs greniers, ni ailleurs que
dans lesdits marchés. Sa Majesté a reconnu que
les moyens pris par son Parlement de Bordeaux,
pour soulager le peuple et lui procurer l'abondance nécessaire, sont contraires aux vues du
bien public dont ce Parlement est animé : que
la nécessité imposée à toutes personnes de
porter aux marchés les grains qui leur appartiennent, et sur lesquels ils ne pourroient pré-
lever que leur provision, en répandant l'alarme
et la terreur, détermineroit les propriétaires de
grains à employer tous les moyens et détours possibles pour cacher leurs grains et éluder l'exécution de l'arrêt, et produiroit nécessairement le
resserrement que cette Cour a voulu prévenir :
que d'ailleurs la rareté de la denrée, occasionnée dans ces provinces par la médiocrité des
dernières récoltes, est suffisamment réparée par
l'activité du commerce qui y fait importer les
grains dont elles peuvent avoir besoin : et que
si les frais indispensables de transport en augmentent le prix, Sa Majesté a fait verser dans

le

le Limousin des fonds de son Trésor royal, pour occuper le peuple, suivant les différens âges et métiers, à des ouvrages publics, assurer par ce moyen et multiplier ses salaires, et le mettre dans la possibilité d'acheter les grains au prix où les fraix nécessaires pour les faire arriver jusqu'à lui les auroient fait monter : mais que les défenses de vendre ailleurs qu'aux marchés, détourneroient les commerçans par lesquels ces importations utiles de grains sont faites, et qui ne cherchent que le prompt débit dans la vente, et l'épargne des fraix de magasin et de manutention auxquels ils seroient sujets, s'ils étoient obligés à porter en détail et par parcelles dans les marchés, et feroient enfin tomber nécessairement le peuple de ces provinces dans la disette dont le Parlement de Bordeaux a voulu le garantir. A quoi étant nécessaire de pourvoir, ouï le rapport du sieur Abbé Terray, etc. le Roi étant en son Conseil, ordonne que, sans s'arrêter à l'Arrêt du Parlement de Bordeaux, du 17 janvier dernier, la Déclaration du 25 mai 1763, et l'Édit du mois de juillet 1764, et notamment les articles Ier. et II de ladite Déclaration, seront exécutés suivant leur forme et teneur ; en conséquence qu'il sera libre à toutes personnes de vendre leurs grains dans le Limousin et le

Tome V. 25

Périgord, tant dans les greniers que dans les marchés, lors et ainsi que bon leur semblera, conformément et aux termes dudit article Ier. de la Déclaration du 25 mai 1763. Fait très-expresses inhibitions et défenses à tous ses Juges et à ceux des Seigneurs d'exécuter ledit Arrêt du Parlement de Bordeaux N'entend néanmoins Sa Majesté, par le présent Arrêt, rien changer aux réglemens de police et usages anciennement observés, tendant uniquement à entretenir l'ordre, la tranquillité et la sûreté dans les marchés. Enjoint aux sieurs Intendans et Commissaires départis dans les Généralités de Bordeaux et de Limoges, de tenir la main à l'exécution du présent Arrêt, qui sera lu, publié et affiché partout où besoin sera.

Fait au Conseil d'État du Roi, Sa Majesté y étant, tenu à Versailles, le 19e. jour de février 1770. *Signé* BERTIN.

Il ne faut pas blâmer en tout le Parlement de Bordeaux. S'il s'était permis un Arrêt imprudent, il en avait aussi rendu un autre très-raisonnable pour autoriser et même ordonner en chaque Paroisse des assemblées qui se tiendraient les dimanches, de quinzaine en quinzaine, et où seraient invités les Ecclésiastiques, les Seigneurs, les Bourgeois les plus distingués, afin d'aviser aux moyens de soulager les pauvres, de leur procurer du travail, de les nourrir jusqu'à la récolte, par des contributions dont aucun ordre de citoyens ne serait exempt.

Dans le réquisitoire du Procureur-général (M. *Dudon*), qui motiva et détermina cet Arrêt, on trouve ces paroles :

« Il n'est point d'éloges que ne mérite sur-
» tout la conduite éclairée, sage et prévoyante
» de M. *Turgot*, Commissaire départi dans la
» Généralité de Limoges, au zèle et à l'activité
» duquel cette Paroisse doit les secours qu'elle
» a déjà reçus de la bonté du Roi. »

La première assemblée eut lieu à Limoges, le 11 février. On y fit lecture de l'Instruction que M. Turgot avait rédigée pour être distribuée dans toute la Généralité, et que nous allons transcrire.

AVIS ET INSTRUCTION

Sur les moyens les plus convenables de sou-
lager les pauvres ; et sur le projet d'établir,
dans chaque Paroisse, des Bureaux de
charité.

La misère qu'occasionne parmi les peuples de cette province la rareté des subsistances n'est que trop connue. Il seroit superflu d'en tracer le tableau, puisqu'elle frappe de tous côtés les yeux ;

et l'on est persuadé que tous ceux qui, par leurs moyens, sont à portée de soulager les pauvres, n'ont besoin que de consulter leur propre cœur pour se porter avec empressement à remplir un devoir que la religion et l'humanité prescrivent. Mais dans une circonstance où les besoins sont aussi considérables, il importe beaucoup que les secours ne soient point distribués au hazard et sans précaution. Il importe que tous les vrais besoins soient soulagés et que la fainéantise ou l'avidité de ceux qui auroient d'ailleurs des ressources, n'usurpent pas des dons qui doivent être d'autant plus soigneusement réservés à la misère et au défaut absolu de ressources, qu'ils suffiront peut-être à peine à l'étendue des maux à soulager. C'est dans cette vue qu'on a rédigé le plan qui fait l'objet de cette instruction.

Il n'est pas possible d'établir dans la distribution des charités cet ordre qui seul peut en étendre l'utilité, si les personnes qui donnent ne se concertent entre elles pour connoître l'étendue des besoins, convenir de la quantité et de la nature des secours, prendre les mesures nécessaires pour les assurer en fixant la proportion dans laquelle chacun devra y contribuer; enfin pour prescrire l'ordre qui doit être observé dans la distribution, et choisir celles d'entre elles qui se chargeront spécialement d'y veiller. Il est donc avant tout indispensable que les personnes aisées et charitables, dans chaque ville, paroisse ou communauté, se réunissent pour former des *Assemblées* ou *Bureaux de charité*, dont tous les membres conviendront de ce qu'ils voudront donner, et mettant en commun leurs aumônes pour en faire l'emploi le plus avantageux aux pauvres.

On va proposer quelques réflexions :

1°. Sur la manière de composer ces *bureaux,* et sur la forme de leur administration.

2°. Sur les mesures à prendre pour connoître exactement les besoins des pauvres, afin d'appliquer à propos les secours qui leur sont destinés.

3°. Sur la manière la plus avantageuse de soulager la misère des peuples, en procurant de l'ouvrage à ceux qui sont en état de travailler, et restreignant les secours gratuits à ceux que l'âge et les infirmités mettent hors d'état de gagner aucun salaire.

Ce troisième article se subdivisera naturellement en deux parties, dont l'une aura pour objet d'indiquer les différens travaux auxquels on peut occuper les pauvres, et l'autre de proposer les moyens de subvenir à la nourriture de ceux à

qui l'on ne peut se dispenser de donner des secours gratuits.

ARTICLE PREMIER.

*De la composition des Bureaux de charité,
et de la forme de leur administration.*

§. I.

Le soulagement des hommes qui souffrent est
le devoir de tous et l'affaire de tous; ainsi tous
les ordres et toutes les autorités se réuniront
sans doute avec empressement pour y concourir.
Tous les habitans notables et distingués par leur
état, et tous ceux qui jouissent de quelque aisance doivent être invités à la première assemblée qui doit se tenir le premier jour de dimanche ou de fête qui suivra la réception de la présente instruction.

Il est naturel que l'invitation se fasse dans les
lieux considérables au nom des Officiers de justice et de police et des Officiers municipaux, et
dans ceux qui le sont moins au nom des Curés et
des Seigneurs. Elle doit se tenir dans le lieu où se
tiennent ordinairement les assemblées de la communauté.

A l'égard de l'ordre dans la séance et dans les
délibérations, il convient de suivre l'usage qui

est dans toutes les villes que le premier Officier de justice préside.

L'objet particulier de celle-ci paroît cependant exiger que cet honneur soit déféré aux Evêques dans les villes de leur résidence. Il s'agit d'une œuvre de charité, c'est la partie de leur ministère qui est la plus précieuse ; ils doivent sans doute y avoir la principale influence, et l'on doit se faire une loi de déférer à leurs conseils, et de ne rien faire qui ne soit concerté avec eux. MM. les Curés doivent, par la même raison, trouver dans les membres des assemblées la plus grande déférence pour leur zèle et leur expérience. Ils doivent même y présider dans les campagnes où il n'y a aucun Juge de juridiction.

§. I I.

L'assemblée formée aura pour premier objet de délibération de convenir de la manière dont sera fixée la contribution de chacun des particuliers. Il y a deux manières de parvenir à cette fixation. Une est que chacun se taxe lui-même et s'engage à donner la somme qu'il croira devoir donner en ne considérant que sa générosité et ses moyens.

On écrit sur une feuille de papier le nom de celui qui fait son offre et la somme qu'il s'en-

gage de donner. — Lorsque les personnes charitables sont en assez grand nombre, et leur générosité assez étendue pour que ces souscrip-
tions volontaires paroissent suffire à l'étendue des
besoins, il est naturel de s'en tenir à ce moyen
qui est tout à-la-fois le plus noble et le plus doux.
Il est vraisemblable que l'exemple des principaux membres excitera une émulation universelle, et qu'il n'y en aura point qui ne veuille
donner.

S'il arrivoit que quelqu'un s'y refusât, il se
mettroit dans le cas d'être taxé par l'assemblée
suivant ses moyens et facultés, et d'être obligé de
faire d'une manière moins honorable ce qu'il
n'auroit pas voulu faire par le seul mouvement
de sa générosité et de sa charité.

§. I I I.

L'autre manière de régler la contribution de
chacun est de taxer tous les cottisés à proportion
de leurs facultés, et d'en former une espèce de
rôle ; or, comme il n'est pas possible qu'une
assemblée nombreuse discute et compare les
facultés de chaque particulier, on est obligé de
charger, ou les Officiers municipaux de la communauté, ou quelques députés choisis à la plu-

ralîté des voix, de faire ce rôle au nom de l'assemblée.

§. I V.

Comme le mal auquel il s'agit de remédier
doit naturellement durer jusqu'à la prochaine
récolte, et par conséquent jusqu'au mois de
juillet, il sera très-avantageux que la contribution, ou purement volontaire, ou répartie par
un rôle, soit divisée en cinq paiemens, dont le
premier se fera immédiatement après l'assemblée, et les autres de mois en mois d'ici au mois
de juillet.

Il n'est pas possible de connoître dès le premier moment l'étendue des besoins à soulager.
Si la contribution fixée lors de la première assemblée ne suffisoit pas pour les besoins, il seroit
nécessaire, d'après le compte qui auroit été rendu
à l'assemblée suivante, d'augmenter proportion-
nellement la contribution des autres mois, et de
la porter au point où elle doit être pour corres-
pondre à l'étendue des besoins.

§. V.

Il est assez ordinaire que dans les campagnes
une partie des propriétaires ne résident pas dans
les paroisses où ils possèdent des biens; et il est

surtout très-commun que la résidence des propriétaires des rentes en grains et dixmes soit très-
éloignée. Il est cependant naturel et juste qu'ils
contribuent comme les autres au soulagement
des pauvres cultivateurs, de qui le travail seul
a produit le revenu dont ils jouissent. On doit
sans doute appeller aux assemblées les fermiers,
régisseurs ou baillistes, qui perçoivent ces revenus ; et en cas qu'ils ne se croient pas suffisamment autorisés pour convenir de la contribution
des propriétaires qu'ils représentent, l'assemblée alors sera obligée de recourir à la voie du
rôle dont il a été parlé ci-dessus (§ 3), pour régler la contribution des propriétaires absens
dans la même proportion que celle des propriétaires présens, et de se pourvoir pour faire contraindre les régisseurs ou fermiers à payer à la
décharge des propriétaires.

§. VI.

Le second objet de la délibération des Assemblées est l'ordre qu'elles établiront pour que les
secours destinés aux pauvres leur soient distribués de la manière la plus utile pour eux et la
moins dispendieuse.

Il ne seroit pas possible qu'une Assemblée
nombreuse suivît par elle-même les détails

compliqués d'une pareille opération, et il est indispensable de nommer des Administrateurs ou Députés pour remplir les différentes fonctions qu'elle exige ; pour se charger en recettes des secours qui seront fournis par chaque membre de l'Assemblée, pour en faire l'emploi conformément au plan qui aura été adopté, et pour rendre compte de tout au Bureau assemblé.

Il est nécessaire que, pour recevoir ce compte, l'assemblée détermine les jours où elle se réunira de nouveau, soit tous les mois, soit tous les quinze jours, ou une fois par semaine, suivant que les détails de l'opération plus ou moins multipliés l'exigeront.

Du moins est-il indispensable que, s'il paroît trop difficile de réunir si souvent un aussi grand nombre de personnes, on y supplée en choisissant dans l'assemblée un certain nombre de membres chargés de la représenter, et qui composeront proprement *le bureau* auquel les *députés* chargés de la recette et de la dépense, rendront compte régulièrement.

§. VII.

Il est convenable qu'une seule personne soit chargée de tout le maniement des fonds destinés aux pauvres, et remplisse ainsi les fonctions de

Trésorier du Bureau. Cette fonction, qui demande de l'assiduité, et de l'exactitude à tenir des registres de recette et de dépense, n'a rien de commun avec celle de *régler la disposition des fonds* de la manière la plus avantageuse.

Ce sera cette dernière qui exigera le plus de mouvement et d'activité de la part de ceux qui en seront chargés.

§. VIII.

MM. les Curés sont, par leur état, membres et députés nécessaires des *bureaux de charité* pour l'emploi et la distribution des aumônes : non-seulement parce que le soin de soulager les pauvres est une des principales fonctions de leur ministère, mais encore parce que la connoissance détaillée que leur expérience et la confiance de leurs paroissiens leur donnent des vrais besoins de chacun d'eux, les rendent les personnes les plus éclairées sur l'emploi qu'on peut faire des charités.

Il ne s'en suit pas néanmoins qu'ils puissent exiger qu'on les charge seuls de cet emploi.

Outre qu'ils ont d'autres fonctions qui prennent une partie de leur tems, ils sont trop raisonnables pour ne pas sentir que les aumônes étant fournies *par tous les membres* des Bureaux de charité, il est naturel que ceux-ci con-servent quelque inspection sur la distribution qui en sera faite.

Il convient donc de joindre à MM. les Curés quelques personnes considérées par leur place, par leur caractère, par la confiance du public, et auxquelles leur fortune et leurs affaires permet-tent de s'occuper avec l'activité et l'assiduité né-cessaires au détail de l'administration des au-mônes.

On trouvera certainement dans les villes, parmi les différens ordres de Citoyens, des personnes capables de remplir ces vues avec autant de zèle que d'intelligence, et qui se feront un plaisir de s'y livrer. — Il est même vraisemblable que dans la plupart des campagnes, il se trouvera quel-ques Gentilhommes et quelques Bourgeois chari-tables qui pourront se charger, conjointement aux Curés, du soin de soulager les pauvres.

§. I X.

Celui qui sera choisi pour *Receveur* ou *Tré-sorier du Bureau* doit avoir, comme il a été dit, un registre de recette et de dépense dans lequel ces deux articles soient séparés.

Dans le premier il inscrira régulièrement tout ce qu'il recevra en argent, en grains, ou en autres effets propres au soulagement des pauvres.

Dans la colonne de dépense, il écrira tout ce qu'il délivrera des fonds qu'il aura entre les mains; et il ne devra rien délivrer que sur des billets signés d'un ou plusieurs *Députés*, ainsi qu'il aura été réglé par le bureau.

Ces billets formeront les pièces justificatives de son compte.

§. X.

Il est important que le Receveur et les Députés chargés de l'emploi des fonds, en rendent un compte exact à chaque fois que l'*Assemblée générale* ou *le Bureau* se tiendra; et il est important, que leurs séances soient régulières, tant pour cet objet, que pour s'occuper de tous les arrangemens que les circonstances peuvent mettre dans la nécessité de prendre de nouveau ou de changer.

§. X I.

Il ne paroît pas possible que dans les grandes villes un seul bureau puisse suivre tous les détails qu'exigera le soulagement des pauvres. Mais on peut, à la première assemblée, convenir d'en former de particuliers à chaque paroisse; ou bien l'on peut, dans les paroisses trop étendues, former *plusieurs bureaux* dont chacun ne s'occupera que des détails relatifs au canton de la paroisse qui lui aura été assignée. Peut-être encore trouvera - t - on plus simple et plus praticable de former différens départemens, et d'assigner chaque paroisse ou chaque canton à *un* ou *deux Députés du Bureau général.*

ARTICLE SECOND.

Des mesures à prendre pour connoître l'étendue des besoins que les Bureaux de charité auront à soulager.

§. Iᵉʳ.

Donner indistinctement à tous les malheureux qui se présenteroient pour obtenir des secours, ce seroit entreprendre plus qu'on ne peut, puisque les fonds ne sont pas inépuisables, et que l'affluence des pauvres qui accourroient de tous côtés pour profiter des dons offerts sans mesure, les auroient bientôt épuisés. Ce seroit de plus s'exposer à être souvent trompé, et à prodiguer aux fainéans les secours qui doivent être réservés aux véritables pauvres. Il faut éviter ces deux inconvéniens.

§. II.

Le remède au premier est de limiter les soins

des Bureaux de charité aux pauvres du lieu; c'est-à-dire, dans les campagnes à ceux de la paroisse, dans les villes à ceux de la ville et de la banlieue : non pas uniquement cependant à ceux qui sont nés dans le lieu même, il est juste d'y comprendre aussi tous ceux qui sont fixés, depuis quelque tems, dans le lieu, y travaillent habituellement, y ont établi leur domicile ordinaire, y sont connus et regardés comme habitans. Ceux qu'on doit exclure sont les étrangers qui ne viendroient dans le lieu que pour y chercher des secours dûs par préférence aux pauvres du lieu même. Ces étrangers doivent être renfermés s'ils sont vagabonds ; et s'ils ont un domicile, c'est là qu'ils doivent recevoir des secours de la part de leurs concitoyens, qui seuls peuvent connoître s'il en ont un besoin réel, et si leur pauvreté n'est pas uniquement l'effet de leur fainéantise.

§. III.

L'humanité ne permet cependant pas de renvoyer ces pauvres étrangers chez eux sans leur donner de quoi subsister en chemin. Voici le moyen d'y pourvoir qui a paru le moins compliqué et le moins sujet à inconvénient. La personne préposée par le bureau de charité pour ce détail,

tail, fournira au mendiant étranger sa subsistance en nature ou à raison d'un sol par lieue,
jusques chez lui, si la distance n'est que d'une
journée. Elle y joindra un passeport ou certificat
portant le nom du mendiant, le nom du lieu d'où
on le renvoie et du lieu dont il se dit originaire
et où il doit se rendre, le jour de son départ, et
mention du secours qu'il aura reçu. Le mendiant
arrivé chez lui, doit présenter son certificat à
l'Officier de police, ou municipal, ou au Curé,
ou à celui qui sera préposé pour ce soin par le
Bureau de charité du lieu ; et ce sera à ces personnes à s'occuper de lui procurer des secours ou
du travail. Si cet étranger avoit plus d'une journée à faire pour se rendre chez lui, l'on se con-
tenteroit de lui fournir sa subsistance jusqu'à la
résidence du Subdélégué le plus prochain, lequel,
sur la représentation de son certificat, lui donneroit une route pareille à celle qu'on délivre
aux hommes renvoyés des dépôts de mendicité,
avec laquelle il se rendroit chez lui, en recevant
à chaque résidence de Subdélégué le secours d'un
sol par lieue.

§. I V.

Si cependant cet étranger étoit attaqué d'une
maladie qui le mît hors d'état de se rendre chez
lui, il faudroit le faire conduire dans un hôpital

à portée, pour y recevoir les mêmes secours que les pauvres du lieu. A défaut d'hôpital, les secours doivent lui être fournis par le Bureau de charité comme aux pauvres même du lieu jusqu'à ce qu'il soit rétabli et qu'on puisse le faire partir.

§. V.

En excluant ainsi les étrangers, il deviendra plus facile de n'appliquer les secours qu'à propos, et de les proportionner aux vrais besoins. Il faudra cependant du soin et de l'attention afin d'en connoître exactement l'étendue.

Le moyen le plus simple pour y parvenir, est de dresser un état, maison par maison, de toutes les familles qui ont besoin de secours, dans lequel on marquera le nombre de personnes dont est composée chaque famille, le sexe, l'âge et l'état de validité ou d'invalidité de chacune de ces personnes, en spécifiant les moyens qu'ils peuvent avoir pour gagner de quoi subsister; car il y a tel pauvre qui peut, en travaillant, gagner la moitié de sa subsistance et de celle de sa famille : il n'a besoin que du surplus. S'il ne manque, que d'occasion de travail, le Bureau s'occupera de lui en procurer, et non de lui fournir des secours gratuits. Ces états ne peuvent donc être trop détaillés. Personne n'est autant à portée que Messieurs les Curés de donner les connoissances nécessaires pour les former ; et lorsqu'ils n'en seront pas chargés seuls, les Commissaires nommés par le Bureau doivent toujours se concerter avec eux.

§. VI.

Dans les très-grandes paroisses de ville qu'on aura jugé à propos de subdiviser en plusieurs cantons soumis chacun à l'inspection d'un Bureau particulier, il sera nécessaire de former l'état des pauvres de chaque canton séparément.

§. VII.

La formation de ces états des pauvres est indispensable, non-seulement pour connoître l'étendue des vrais besoins et n'être pas trompé dans l'emploi des charités, mais encore pour mettre quelque ordre dans les distributions. Il ne faut pas cependant se disssimuler un inconvénient de ces états, si l'on vouloit y comprendre sans exception toutes les personnes qui ont besoin de secours. Il est certain qu'il y en a parmi celles-ci qui n'ont que des besoins momentanés, occasionnés par des circonstances extraordinaires, et dont la misère n'est point connue. Des charités publiques les dégraderoient en quelque sorte au-dessous de l'état dont ils jouissent, et la pluspart d'entre eux aimeroient mieux souffrir la plus affreuse misère que d'être soulagés par cette voie : ce genre de pauvres est très-commun dans les grandes villes. Leur juste délicatesse doit être ménagée, et il n'est pas possible de les comprendre dans les états des pauvres : cependant il est à désirer qu'on puisse aussi les soulager. Il ne paroît pas qu'il y ait d'autre moyen d'obvier à cette difficulté que de destiner sur la masse totale des fonds du Bureau, un fonds particulier pour le soulagement des pauvres honteux, et d'en confier la distribution à Messieurs les Curés, ou avec eux à un ou deux membres du Bureau engagés au même secret qu'eux.

§. VIII.

Il est quelquefois arrivé que dans des tems difficiles, où les Métayers n'avoient point assez récolté pour leur subsistance, des Propriétaires, pour se dispenser de les nourrir les ont mis dehors, sans doute dans l'espérance que ces malheureux trouveroient des ressources dans les charités publiques. Si ces cultivateurs abandonnés par leurs maîtres étoient compris dans les états de ceux dont les Bureaux de charité se chargeront, ce seul article absorberoit une grande partie des fonds qui pourroient être consacrés à cet objet dans les campagnes : rien ne seroit plus injuste. Les Cultivateurs doivent trouver des ressoùrces dans les avances ou les dons de leurs Maîtres, qui leur doivent ce secours moins encore à titre de charité qu'à titre de justice, et même à ne consulter que leur seul intérêt bien entendu. Ces Métayers ne doivent donc point être mis dans l'état des pauvres, et c'est aux Maîtres à pourvoir à leur subsistance.

ARTICLE TROISIÈME.

De la nature des soulagemens que les Bureaux de charité doivent procurer aux pauvres.

Il ne faut pas que les Bureaux de charité perdent de vue que les secours destinés à la pauvreté réelle, ne doivent jamais être un encouragement à l'oisiveté. Les pauvres se divisent en deux classes, qui doivent être secourues de deux manières différentes. Il y en a que l'âge, le sexe, les maladies mettent hors d'état de gagner leur vie par eux-mêmes ; il y en a d'autres à qui leurs forces permettent de travailler. Les premiers seuls doivent recevoir des secours gratuits ; les

autres ont besoin de salaires, et l'aumône la
mieux placée et la plus utile consiste à leur procurer les moyens d'en gagner. Il sera donc nécessaire que d'après l'état qui aura été formé de
ceux qui sont dans le besoin, l'on fasse la distinction des pauvres qui peuvent travailler et de
ceux qui ne le peuvent pas, afin de pouvoir fixer
la partie des fonds du bureau qu'il faudra destiner aux divers genres de soulagement qui doivent
être appliqués aux uns et aux autres. Ces deux
objets du travail à procurer aux uns, et des
secours gratuits à fournir aux autres, présentent la subdivision naturelle de cet article, et
nous allons en traiter successivement.

Ire. Partie de l'Article troisième.

Des différens travaux auxquels on peut employer les pauvres.

§. Ier.

Il semble que tous les propriétaires aisés pourroient exercer une charité très-utile et qui ne
leur seroit aucunement onéreuse, en prenant ce
moment de calamité pour entreprendre dans
leurs biens tous les travaux d'amélioration ou
même d'embellissement dont ils sont susceptibles. S'ils se chargent d'occuper ainsi une partie

des pauvres compris dans les états, ils diminue-
ront d'autant le fardeau dont les Bureaux de
charité sont chargés ; et il y a lieu de penser
qu'on pourroit de cette manière employer un
grand nombre des pauvres de la campagne. Les
propriétaires , en leur procurant ce secours ,
n'auroient fait qu'une avance dont ils tireroient
un profit réel par l'amélioration de leurs biens.

§. I I.

Si les travaux que peuvent faire exécuter les
particuliers ne suffisent pas pour occuper tous
les pauvres, il faut chercher quelques ouvrages
publics où l'on puisse employer beaucoup de
bras : les plus simples et les plus faciles à entreprendre partout, sont ceux qui consistent à re-
muer des terres. Le Roi ayant bien voulu accorder au soulagement de la province des fonds
dont la plus grande partie est destinée, suivant
les intentions de M. le Contrôleur-général, aux
travaux publics, et en particulier aux grands
chemins, les entrepreneurs ont reçu ordre en
conséquence de doubler le nombre des ouvriers
sur les différens atteliers des routes, et ils en ont
ouvert, ou en ouvriront incessamment plusieurs
nouveaux. Mais outre que ces entrepreneurs
faisant travailler pour leur compte, ne peuvent,

sans risque de perdre , employer toutes sortes
d'ouvriers , quelque nombre d'atteliers qu'on
puisse ouvrir sur les grandes routes , il y aura
toujours beaucoup de paroisses hors de portée
d'en profiter, et les fonds accordés par le Roi
ne suffiront pas pour en établir partout où il
seroit nécessaire. Il est donc à désirer que
l'on destine partout une partie des contributions
de charité à faire quelques ouvrages utiles , tels
que l'arrangement de quelques places publiques,
et surtout la réparation de quelques chemins
qui facilitent le commerce des habitans.

§. III.

Ces travaux, peu considérables , peuvent être
conduits par économie et suivis par quelque personne de bonne volonté qui se charge d'y donner
ses soins. Mais il est essentiel qu'ils soient suivis
avec la plus grande attention, pour prévenir les
abus qui peuvent aisément s'y glisser. Il faut
s'attendre que plusieurs des travailleurs cher-
cheront à gagner leur salaire en faisant le moins
d'ouvrage possible, et que surtout ceux qui se
sont quelquefois livrés à la mendicité , travail-
leront fort mal. D'ailleurs dans un ouvrage dont
le principal objet est d'occuper les pauvres, on
est obligé d'employer des ouvriers foibles, des

enfans, et quelquefois jusqu'à des femmes, qui ne peuvent pas travailler beaucoup. On est donc obligé de partager les ouvriers en différentes classes, à raison de l'inégalité des forces, et de fixer des prix différens pour chacune de ces classes. Il seroit encore mieux de payer tous les ouvriers à la tâche, et de prescrire différentes tâches proportionnées aux différens degrés de force ; car il y a des travaux qui ne peuvent être exécutés que par des hommes robustes, d'autres exigent moins de force : par exemple, des enfans et des femmes peuvent facilement ramasser des cailloux pour racommoder un chemin et porter de la terre dans des paniers ; mais quelque parti que l'on prenne de payer à la tâche, ou de varier les prix suivant l'âge et la force, la conduite de pareils atteliers exigera toujours beaucoup d'intelligence et d'assiduité.

§. I V.

On a eu occasion de remarquer un abus qui peut facilement avoir lieu dans les travaux de cette espèce. C'est que des gens, qui d'ailleurs avoient un métier, quittoient leur travail ordinaire pour se rendre sur les atteliers où l'on payoit à la journée. Cependant ces atteliers de charité doivent être réservés pour ceux qui manquent d'ailleurs d'occupation. L'on n'a trouvé d'autre remède à cet inconvénient que de diminuer le prix des journées et de les tenir toujours au-dessous du prix ordinaire.

§. V.

Si les ouvrages qu'on entreprendra ne sont pas de ces ouvrages simples que tout le monde peut conduire, il deviendra nécessaire d'employer et de payer quelque ouvrier principal intelligent, qui servira de piqueur et de conducteur. On trouvera vraisemblablement partout de bons Maçons propres à cette fonction. Si la nature de l'ouvrage exigeoit un homme au-dessus de cet ordre, et qui sçût lever des plans et diriger des travaux plus difficiles, il faudroit, en cas qu'il n'y en ait pas dans le canton, s'adresser à M. l'Intendant, qui tâchera d'en procurer.

§. V I.

Il y a des ouvrages utiles qui ne peuvent guères se bien faire que par entreprise, et qui exigent que des gens de l'art en aient auparavant dressé les plans et les devis. Tels sont des chaussées, des adoucissemens de pentes et autres réparations considérables aux abords des villes, et quelques chemins avantageux pour le commerce, mais trop difficiles dans l'exécution pour pouvoir être faits par de simples atteliers de charité. De pareils travaux ne peuvent se faire que sur les fonds d'une impôsition autorisée par un Arrêt du Conseil.

Il y a eu quelques projets de ce genre faits à la requête de plusieurs villes ou communautés. Il y en a beaucoup d'autres qu'on pourroit faire si les communautés qu'ils intéressent vouloient en faire la dépense. Il seroit fort à souhaiter qu'elles s'y déterminassent dans ce moment : ce seroit encore un moyen de plus d'occuper un grand nombre de travailleurs, et de répandre de l'argent parmi le peuple. Indépendamment de la diminution qu'il est d'usage d'accorder lors du département aux communautés qui ont entrepris de faire à leurs fraix ces travaux utiles, et qui réduit presque leur dépense à moitié, M. l'Intendant se propose encore pour procurer plus de facilité de faire l'avance d'une partie de l'argent nécessaire, afin qu'on puisse travailler dès à présent, quoique les fonds qui seront imposés en vertu des délibérations ne doivent rentrer que long-tems après, et lorsque les rôles seront mis en recouvrement.

§. VII.

Ce qu'il y a de plus difficile est d'occuper les femmes et les filles, qui pour la plus grande partie ne peuvent travailler à la terre. Il n'y a guères d'autre travail à leur portée que la filature, soit de la laine, soit du lin, soit du coton. Il seroit fort à désirer que les Bureaux de charité pussent s'occuper d'étendre ce genre de travail en avançant des rouets aux pauvres femmes des villes et des campagnes, et en payant dans chaque lieu une fileuse pour instruire celles qui ne savent point encore filer. Il faudroit encore se pourvoir des matières destinées à être filées, et s'arranger à cet effet avec des fabriques ou avec des Négocians qui fourniroient ces matières, et emploieroient ou vendroient le fil à leur profit. Pour faciliter l'introduction de cette industrie dans les cantons où elle est peu connue, M. l'Intendant se propose d'envoyer chez ses Subdélégués quelques modèles de rouets d'après lesquels on pourra en faire. Il destinera aussi volontiers à cet objet une partie des fonds que le Roi a bien voulu accorder pour faire travailler les pauvres. Au surplus, les personnes qui se chargeront de ce détail dans les villes ou dans les campagnes, sont

invitées à informer des difficultés qu'elles pourroient rencontrer et des secours qu'elles croi-
roient nécessaires pour assurer le succès de
cette opération, M. *Desmarest,* Inspecteur des
Manufactures de la Généralité, qui se fera un
plaisir de leur faire passer directement, ou par
la voie de MM. les Subdélégués, les éclaircissemens qui lui seront demandés. Il faudra que
les lettres lui soient adressées sous le couvert
de M. l'Intendant.

IIe. PARTIE DE L'ARTICLE TROISIÈME.

De la nature et de la distribution des secours.

§. Ier.

On peut pourvoir de deux manières à la subsistance des pauvres : ou par une contribution
dont les fonds soient remis au Bureau de charité pour être employés de la manière qu'il jugera la plus avantageuse, ou par une distribution des pauvres entre les personnes aisées, dont
chacune se chargeroit d'en nourrir un certain
nombre, ainsi qu'il a été pratiqué plusieurs
fois dans cette province.

§. II.

Cette dernière méthode a quelques inconvé-

viens. Un des plus grands paroît être le désagrément auquel s'exposent les personnes qui se
chargent de nourrir ainsi les pauvres, d'avoir à
essuyer les murmures de ces sortes de gens,
qui sont quelquefois très-difficiles à contenter.
Un Bureau de charité leur en impôseroit vraisemblablement davantage, et personne ne seroit
importuné de leurs plaintes, dont le peu de fondement seroit connu. D'ailleurs cette méthode
de rassembler ainsi les pauvres pour ainsi-dire
à chaque porte, ressemble trop à une espèce de
mendicité autorisée. Il est plus avantageux que
les secours leur soient donnés dans l'intérieur
de chaque famille. Il paroît même qu'on ne peut
guères soulager autrement ceux qui n'ont besoin
que d'un supplément de secours, et qui sont en
état de gagner une partie de la subsistance de
leurs familles ; car comment feroit-on pour mesurer les alimens qu'on leur donneroit et les
proportionner à leurs besoins? Vraisemblablement les personnes qui se seroient chargées d'eux
ne penseroient qu'à leur ôter tout prétexte de
murmurer, en leur donnant autant de nourriture qu'ils en voudroient, sans pouvoir, ou
même sans vouloir exiger d'eux aucun travail,
ce qui leur feroit contracter l'habitude de l'oisiveté.

§. III.

Cependant cette méthode peut avoir quelques avantages dans la campagne, où peut-être quelques propriétaires trouveroient moins dispendieux de nourrir quelques personnes de plus avec leurs métayers ou leurs valets, que de donner de l'argent ou du grain pour faire le fonds du Bureau de charité. Si quelques paroisses préfèrent cette méthode, il sera toujours nécessaire d'arrêter, d'après l'état des pauvres, un rôle pour fixer le nombre que chaque propriétaire devra nourrir.

§. IV.

Dans le cas qui paroît devoir être le plus général, où l'on choisira de mettre des fonds en commun pour être employés à la disposition des Bureaux de charité, les offres pourront être faites ou en argent ou en grain, ou même en autres denrées propres au soulagement des pauvres. Il est vraisemblable que, surtout dans les campagnes, la plus grande partie des contributions se feront en grains.

§. V. *

Quand même la plus grande partie des contributions se feroient en argent, il y auroit beaucoup d'inconvénient à distribuer de cette manière les secours destinés à chaque famille. Il n'est arrivé que trop souvent que des pauvres, auxquels on avoit donné de l'argent pour leur subsistance et celle de leur famille, l'ont dissipé au cabaret, et ont laissé leurs familles et leurs enfans languir dans la misère. Il est plus avantageux de donner à chaque famille les denrées dont elle a besoin ; il s'y trouve même une espèce d'économie, en ce que ces denrées peuvent être à meilleur marché pour le Bureau de charité, qu'elles ne le seroient pour les pauvres mêmes qui seroient obligés de les acheter en détail chez les marchands, et de supporter par conséquent le profit que ceux-ci devroient y faire.

§. V I.

On ne pense pas cependant qu'il convienne d'assembler les pauvres pour leur faire des distributions de soupe ou de pain, ou d'autres alimens : ces distributions ont l'inconvénient qu'on a déjà remarqué, de les accoutumer à la mendicité. Il est d'ailleurs très-difficile d'y mettre l'ordre et d'éviter l'abus des doubles emplois, et des pauvres inconnus peuvent se glisser dans la foule.

§. VII.

§. VII.

La voie la moins sujette à inconvénient paroît être que les personnes chargées de veiller à la distribution journalière, soit les Curés, soit d'autres députés du Bureau, aient un boulanger attitré pour les secours qui devront être donnés en pain;

Qu'ils désignent quelque personne intelligente et capable de détail, lorsque l'on jugera plus à propos de faire préparer quelque autre aliment, comme pourroient être du riz ou des légumes;

Et qu'ils remettent à chaque chef de famille un billet d'après lequel le boulanger, ou les personnes chargées de la distribution des autres alimens, donneront au porteur la quantité qu'il aura été trouvé convenable de lui fournir, soit en pain, soit en autres alimens, soit tous les jours, soit un certain nombre de fois par se- maine, ainsi qu'il aura été réglé.

Cette méthode aura l'avantage de pouvoir fixer, sans aucun embarras, la quantité de se- cours qu'on voudra donner à chaque famille. Il deviendra aussi facile de régler la portion de celui qui sera en état de gagner les trois quarts de sa subsistance, que celle du misérable qui ne peut absolument vivre que de charité.

§. VIII.

Le pain étant, par les malheureuses circonstances où se trouve la Province, une des denrées
les plus chères, il seroit à souhaiter qu'on pût
en diminuer la consommation en procurant aux
pauvres d'autres subsistances aussi saines et
moins dispendieuses. Vraisemblablement, dans
plusieurs campagnes, on pourra faire usage du
bled noir. Le Roi ayant eu la bonté d'autoriser
M. l'Intendant à employer des fonds en achat de
riz, il en a fait venir une certaine quantité de
Bordeaux, et il doit en arriver dans quelque
tems encore davantage. Ce grain est susceptible
d'être préparé de différentes manières peu dispendieuses ; elles sont expliquées dans un Avis
imprimé, dont il sera joint quelques exemplaires
à la présente Instruction. Il est à désirer que
dans chaque lieu quelque personne charitable
se charge de faire exécuter celle de ces préparations qui se trouvera être la moins dispendieuse, ou la plus au goût du peuple : les
Communautés religieuses seroient plus à portée
que personne de prendre ce soin. On distri-
bueroit ce riz de la même manière que le pain,
sur des billets du Curé ou du député du Bureau.
Il y auroit beaucoup de désavantage à distribuer

le riz en nature, et sans l'avoir fait préparer ; la plus grande partie de ceux à qui l'on en donneroit de cette manière ne sauroient pas en tirer parti, et vraisemblablement ils s'en déferoient à vil prix. On a vu, dans des occasions semblables, des paysans donner une livre de riz pour une livre de pain : cependant une livre de riz nourrit au moins quatre à cinq fois autant qu'une livre de pain, parce qu'il se renfle prodigieusement à la cuisson.

§. IX.

Il ne paroît guère possible de payer autrement qu'en argent les ouvriers employés dans les atteliers de charité ; cependant il leur sera vraisemblablement avantageux de profiter de la facilité que donnera la préparation du riz, pour se nourrir à bon marché : il seroit par conséquent utile de leur en procurer les moyens. Cela peut se faire de deux manières ; ou en chargeant quelque personne de leur vendre du riz préparé au prix courant, ou en leur donnant des billets pour en recevoir de la même manière que les pauvres : mais, dans ce cas, on auroit l'attention de retenir sur leurs salaires la valeur de ce riz.

§. X.

Le besoin de la subsistance n'est pas le seul

qui se fasse sentir : le chauffage dans les villes, le vêtement dans les villes et dans les campagnes, sont encore deux objets dont les Bureaux de charité pourront avoir à s'occuper ; mais on croit inutile d'entrer à ce sujet dans aucun détail.

§. X I.

Il n'est pas possible de s'occuper, quant à présent, de répartir le riz que le Roi a bien voulu destiner au secours des pauvres ; la répartition ne peut être faite que d'après l'état connu des pauvres de chaque paroisse. Il est donc nécessaire avant tout que chaque Bureau de charité adresse à M. l'Intendant, le plus promptement qu'il sera possible, l'état qui aura été dressé des pauvres de chaque paroisse, et de la quantité de secours à fournir à chacun. Cet état doit être accompagné d'une copie de la délibération par laquelle on se sera fixé aux arrangemens qu'on aura cru devoir adopter dans chaque ville ou dans chaque communauté. C'est d'après cet envoi que M. l'Intendant déterminera, en connoissance de cause, la répartition des secours dont il peut disposer.

§. X I I.

Il y a quelques paroisses dans lesquelles il a

été fait des fondations pour distribuer , chaque année, aux pauvres une certaine quantité de grains. Différens arrêts du Conseil ont réuni quelques-unes de ces fondations aux hôpitaux voisins , mais elles subsistent encore dans plusieurs paroisses. Le meilleur usage qu'on en puisse faire est de les employer avec les contributions qui seront fournies, de la même manière et suivant les arrangemens qui seront pris par le Bureau de charité. Ce seroit peut-être même un moyen d'engager le Conseil à laisser subsister ces fondations au lieu de les réunir aux hôpitaux , que de charger un Bureau de charité établi à demeure dans la paroisse, d'en faire la distribution d'après les règles qui auront été établies dans l'occasion présente. La protection du Gouvernement seroit d'autant plus assurée à ces Bureaux de charité permanens , que leur concours seroit infiniment utile au succès des vues qu'a le Conseil pour la suppression totale de la mendicité, lesquelles ne peuvent être remplies qu'autant que les pauvres seront assurés de trouver les secours nécessaires dans la Paroisse.

§. XIII.

Dès à présent l'établissement des Bureaux de

charité, quoiqu'ils ne doivent avoir lieu que
jusqu'à la récolte prochaine, mettra du moins
en état de délivrer la Province des vagabonds
qui l'infestoient ; car , au moyen de ce que les
Bureaux assureront la subsistance à tous les
pauvres connus , il ne pourra rester d'autres
mendians que des étrangers sans domicile ou des
vagabonds volontaires , et la Maréchaussée aura
ordre de les arrêter partout où ils se trouveront.

Cette Instruction générale était accompagnée d'une
Instruction particulière *sur différentes manières peu
coûteuses de préparer le riz*, contenant :

1°. *La préparation générale du riz*, ou la manière de le laver, de le faire cuire et renfler sur le
feu, quelque préparation ultérieure qu'on veuille
lui donner.

2°. Celle du *riz au lait.*

3°. Celle du *riz au beurre ou à la graisse.*

4°. Celle du *riz au bouillon.*

5°. Celle de *la crême de riz* pour les malades.

6°. Celle du *riz à la viande.*

7°. Celle de *la soupe au riz et au pain*, préparée
à la graisse ou *au beurre.*

8°. Celle de *la soupe au riz et au pain*, préparée
avec *le lait.*

9°. Celle du *riz économique*, telle qu'elle était

établie dès l'année 1768 à la paroisse St. Roch à Paris, par les soins du Docteur *Sallin*.

C'était une soupe au riz, au pain, aux pommes de terre et aux légumes, de la nature de celles que fait distribuer aujourd'hui la Société Philanthropique de Paris, et qui ne revenait pas plus cher alors.

Cette espèce de soupe n'a pu être améliorée pour la qualité, qui était excellente. Mais les lumières d'un Savant étranger, qui s'en est spécialement occupé depuis, et qui en les adoptant leur a donné son nom, ont procuré pour leur confection de l'économie dans le combustible.

10°. Celle *du riz pour les petits enfans*, telle qu'on la faisait aussi sur la paroisse St. Roch.

11°. Celle de *la bouillie au riz*.

Toutes ces Instructions étaient suivies de l'indication des divers Marchands ou Négocians chez lesquels on pouvait trouver du riz dans les principales villes de la province.

M. *Turgot* joignit à l'Instruction sur ces préparations du riz une autre instruction sur la culture des pommes de terre, à la manière irlandaise, et suivant les deux méthodes usitées en France. Il détaillait et développait, dans cette Instruction, les différens usages de cette racine bulbeuse, et les avantages de sa culture. Il indiquait aussi les dépôts où l'on en trouverait, tant pour la consommation, que pour la plantation que l'on avait encore tout le tems de faire.

On voit combien de précautions avaient été prises

avec une très-sage prévoyance et une prodigieuse activité, sans tourmenter le Gouvernement, sans effrayer la province.

Un grand nombre d'exemplaires des trois Instructions furent adressés à tous les Curés et à tous les Subdélégués. Nous allons transcrire les circulaires dont elles étaient accompagnées, et dont la date montre qu'elles étaient prêtes avant l'Assemblée qui en ordonna la distribution.

LETTRE CIRCULAIRE

A MM. LES CURÉS.

A Limoges, le 10 février 1770.

Vous trouverez, Monsieur, joint à cette lettre, un Arrêt du Parlement de Bordeaux, qui ordonne qu'il sera tenu, dans chaque Paroisse ou Communauté, une Assemblée pour délibérer sur les moyens de parvenir au soulagement des pauvres, et que tous les particuliers aisés, habitant, ou possédant des revenus, dans les paroisses, seront tenus d'y contribuer à raison de leurs biens et facultés, sans distinction de privilégiés ou non privilégiés. Il ordonne aussi que la contribution des absens sera payée par leurs Fermiers, Régisseurs ou Baillistes.

Les mêmes vues qui ont déterminé le Parle-

lement de Bordeaux à rendre cet Arrêt, m'a-
voient engagé à concerter avec M. l'Évêque de
Limoges, un plan d'*Assemblée de Charité* et
de contribution volontaire en faveur des pauvres
dans chaque paroisse. Ce plan peut être suivi
dans les lieux où la bonne volonté et la charité
offriront des secours assez abondans pour subvenir aux besoins des pauvres. Je suis même
assuré, par la correspondance que j'ai eue à ce
sujet avec M. le Procureur-général, et par les
instructions qu'il a données à MM. les Officiers
des Sénéchaussées, que cette voie de contribution volontaire, lorsqu'elle sera suffisante, rem-
plira entièrement les intentions du Parlement.

Je vous adresse en conséquence une Instruction imprimée, sur les moyens de former ces
Assemblées ou *Bureaux de Charité*, et de
remplir leur objet. J'ai dû embrasser dans cette
Instruction différens moyens qui peuvent être
pris pour soulager les pauvres; et quoique ces
moyens ne puissent pas être également appliqués dans tous les lieux, j'ai dû les développer
tous en rédigeant une Instruction destinée à être
répandue dans toutes les parties de la province.
Mais je sens que c'est principalement dans les
villes et dans les lieux considérables que le plan
proposé pourra être exécuté dans toute son

étendue ; et je m'attends qu'il faudra le simpli-
fier et le restreindre au pur nécessaire dans
plusieurs paroisses de campagne trop peu
considérables, et où il seroit trop difficile de
trouver des personnes capables de suivre avec
exactitude les détails d'une opération compliquée. C'est dans cette vue que je destine une
partie de cette lettre à présenter une espèce
d'extrait de cette Instruction, réduit à l'exposition la plus simple des points essentiels qu'on
doit exécuter partout, et même dans les communes de la campagne. Il sera cependant utile
d'y joindre la lecture de l'Inscription même,
qui fera mieux connoître l'ensemble de l'opération et les vues qui doivent diriger les personnes chargées de l'exécution.

EXTRAIT DE L'INSTRUCTION.

1°. Il est partout indispensable, ou d'exécuter littéralement l'Arrêt du Parlement, du 17
janvier dernier, en formant un rôle de contribution sur tous les habitans aisés et propriétaires, tant présens qu'absens ; ou de remplir
d'une autre manière les intentions du Parlement et les devoirs de la charité, en se cotti-
sant volontairement pour subvenir aux besoins
des pauvres.

2°. La première démarche qu'on doit faire est de tenir l'Assemblée prescrite par l'Arrêt du Parlement pour prendre le parti qui sera jugé le plus convenable. L'Assemblée doit être tenue le premier jour de fête ou dimanche qui suivra la réception de l'Arrêt dans chaque paroisse.

3°. Dans les villes et lieux où il y a des Officiers de Justice et de Police, ce sont eux qui doivent convoquer l'Assemblée. Dans les autres lieux ce sont les Curés. Tous les Seigneurs, Gentilshommes et Bourgeois notables doivent y être invités.

4°. La voie des offres purement volontaires paroît devoir être préférée dans les villes, où le plus grand nombre de ceux qui doivent contribuer sont présens, et où il est plus facile de composer les Bureaux de Charité. L'Instruction renferme tous les détails relatifs à ces offres volontaires et à l'établissement de ces Bureaux. Il suffit d'y renvoyer ici.

5°. Le grand nombre de Propriétaires absens peut, dans les campagnes, faire préférer la voie d'une répartition proportionnelle sur tous les aisés.

6°. Ces contributions peuvent se faire de deux façons, ou par une taxe sur chacun des Propriétaires présens et absens, ou en distribuant les pauvres entre les aisés, de façon que chacun se charge d'en nourrir un certain nombre.

7°. Le parti de la taxe sur les Propriétaires est sujet à quelques embarras dans les campagnes, par la difficulté de former les rôles de cette taxe, surtout quand les Assemblées ne sont composées que de simples paysans, qui ne savent ni écrire, ni compter.

8°. Il est quelquefois difficile aussi de trouver des gens qui puissent se charger de la recette et de la distribution des aumônes, et à qui les autres habitans veuillent les confier ; et il se peut que le Curé ne veuille pas en être chargé seul.

Règles à suivre pour la formation des rôles de contribution dans les campagnes.

9°. Dans les paroisses où il se trouve assez de personnes intelligentes et qui méritent la confiance publique, pour qu'on puisse faire un rôle des contributions d'aumône, il est important que ces rôles ne soient pas faits d'une manière arbitraire, qui deviendroit une source de contestations. Voici les règles qu'il est à propos de suivre.

10°. Tous les Propriétaires de fonds ne doivent pas être taxés. Il y a des possessions si

petites que leur produit ne suffit pas à la subsistance du Propriétaire qui est obligé de vivre
de son travail, on ne peut pas regarder ceux
qui les possèdent comme aisés. On doit donc
taxer seulement les Propriétaires qui possèdent
des corps de domaines et ceux qui jouissent de
dixmes et de rentes dans la paroisse. Quant aux
Propriétaires de domaines, il est naturel qu'on
se règle par l'estimation de leur revenu porté au
rôle des tailles ; sauf à exempter de la taxe les
domaines qu'on sauroit être incultes et sans
valeur. A l'égard des rentes et dixmes, il est
juste de leur faire supporter une contribution
double de celle des domaines, attendu que les
Propriétaires de ceux-ci sont déjà chargés d'impositions beaucoup plus considérables, et en
outre de la nourriture de leurs Métayers.

11°. Il faudra que l'Assemblée de la paroisse
charge quelqu'un de faire ce rôle, d'après la
règle qui vient d'être donnée. Le rôle doit être
signé par le Curé et par les principaux membres
de l'Assemblée qui savent signer.

12°. Ce rôle doit être remis au Receveur que
la paroisse aura choisi, lequel sera tenu de marquer en marge de chaque article tous les paiemens qui seront faits.

13°. Comme il y a cinq mois d'ici à la récolte,

et comme il seroit peut-être onéreux à plusieurs
de payer à la fois la totalité de leur contribution, il convient de la partager en cinq paiemens égaux, dont le montant sera remis, de
mois en mois, entre les mains du Receveur,
qui croisera chaque paiement en marge du
rôle. Le premier paiement doit se faire immédiatement après que le rôle aura été arrêté.

14°. Si quelqu'un refusoit de contribuer, il
faudroit s'adresser au Juge du lieu, qui est autorisé par l'Arrêt du Parlement à rendre une
Ordonnance pour l'y contraindre. Cette Ordonnance doit être délivrée gratuitement et sans
fraix. Si les contribuables jugent à propos d'appeller sous prétexte d'excès dans la taxe, l'appel
sera porté en la Sénéchaussée du lieu pour y
y être jugé sommairement et sans fraix. Cet
appel ne sera point reçu que l'appellant n'ait
justifié préalablement qu'il a payé la taxe.

15°. Les fonds provenant de cette taxe, soit
en argent, soit en grains, seront employés par
les personnes que la paroisse en aura chargées,
partie à faire travailler les pauvres, et partie à
procurer du pain ou d'autres secours à ceux
qui en ont besoin, ainsi qu'il est expliqué plus
au long dans l'Instruction.

Règles à observer dans les Paroisses où l'on distribuera les pauvres.

16°. Dans les paroisses où il ne se trouvera point assez de personnes capables d'entrer dans ces détails, on pourra s'en tenir au parti de distribuer les pauvres entre les différens Propriétaires de domaines, de rentes et de dixmes, qui seront tenus de leur fournir la subsistance, en faisant néanmoins travailler ceux auxquels leurs forces permettent de le faire.

17°. Dans le cas où ces Propriétaires feroient travailler les pauvres, ils seroient obligés de leur donner, outre la subsistance, un léger salaire en forme de supplément, lequel seroit réglé par l'Assemblée.

18°. Les Propriétaires absens seront tenus de passer en compte à leurs Métayers le grain nécessaire à la nourriture des pauvres qui leur auront été distribués ; il en sera de même des Propriétaires de dixmes et de rentes absens, lesquels seront tenus de passer en compte à leurs Fermiers ou Régisseurs la dépense que ceux-ci auront faite pour nourrir les pauvres. Ceux qui refuseroient seront contraints en vertu de l'Ordonnance du Juge, ainsi qu'il a été dit ci-dessus.

19. Il est juste de faire supporter une charge

double aux Propriétaires des rentes et dixmes, attendu qu'ils n'ont point de Métayers à nourrir, ainsi qu'il a déjà été observé.

20°. Si le nombre des pauvres étoit assez petit pour qu'on ne pût pas en donner à tous les Propriétaires en état de les nourrir, les Propriétaires qui les recevroient d'abord ne s'en chargeroient que pour quelque tems, après lequel les autres Propriétaires les recevroient à leur tour.

États à former des familles pauvres.

21°. Soit qu'on prenne le parti de former un rôle de contribution en argent ou en grains, soit qu'on préfère de distribuer les pauvres entre les Propriétaires, il n'est pas possible de fixer la quantité de contribution à répartir, ou la quantité de pauvres que chacun doit nourrir, si l'on n'a préalablement fait un dénombrement exact des pauvres qui se trouvent dans la Paroisse. Il est donc nécessaire d'en dresser un état, famille par famille, dans lequel on marquera le nombre des personnes dont chaque famille est composée, le sexe, l'âge et l'état de validité ou d'invalidité de chacune de ces personnes, en faisant mention des moyens qu'ils peuvent avoir pour gagner de quoi subsister.

Messieurs

Messieurs les Curés trouveront joints à cette lettre des états imprimés en blanc dont ils n'auront qu'à remplir les colonnes. Il sera nécessaire de former ces états doubles, pour m'en envoyer un, afin que je puisse connoître l'étendue des besoins de chaque paroisse, et me décider sur l'envoi des secours dont je puis disposer.

22°. Comme il est plus aisé de connoître exactement le nombre des pauvres dans les campagnes que dans les villes, je ne présume pas qu'il faille beaucoup de tems pour former ces états, et je crois que Messieurs les Curés pourront les avoir remplis dans l'intervalle entre la réception de cette lettre et la tenue de la première Assemblée. Il est à souhaiter qu'ils puissent y présenter ces états tout faits, afin que l'on sache précisément la quantité de secours nécessaires, et qu'on puisse s'occuper sur-le-champ des moyens d'y subvenir ; sans cela il deviendroit nécessaire de rassembler une seconde fois la Paroisse, et l'opération en seroit d'autant retardée.

Du Renvoi des mendians étrangers.

23°. Comme, par les moyens qui viennent d'être expliqués, il doit être pourvu dans chaque paroisse à la subsistance des pauvres, il sera expressément défendu à toutes personnes de mendier passé le 15 Mars prochain, même dans le lieu de leur domicile, à peine d'être arrêtés et conduits dans les Maisons de force.

24°. Les mendians étrangers seront renvoyés dans les paroisses dont ils sont originaires ; à cet effet, il leur sera donné de quoi subsister pendant la route. Si la paroisse dont ils sont originaires n'est éloignée que d'une journée, ils y seront renvoyés directement, et leur subsistance leur sera donnée en nature ou à raison d'un sol par lieue, sur les contributions de charité fournies par les Propriétaires ; et dans le cas où il n'auroit été fait aucune contribution, mais où l'on auroit distribué les pauvres, il faudroit charger du soin de fournir cette subsistance aux mendians étrangers quelqu'un des Propriétaires, auquel on donneroit pour le dédommager un ou deux pauvres de moins à nourrir.

Le Curé, ou la personne qui aura été chargée de ce soin, donnera au mendiant étranger un certificat contenant son nom, les noms de la paroisse d'où on le renvoie et de celle dont il s'est dit originaire, et où il doit se rendre, le jour de son départ, et la mention du secours qu'il aura reçu. J'ai fait imprimer des modèles de ces certificats en blanc, et je vous en envoie quelques-uns que vous pourrez remplir. S'ils ne suffisent pas, vous en ferez aisément de pareils à la main.

25°. Si la paroisse dont le mendiant s'est dit originaire est éloignée de plus d'une journée, on l'adressera au Subdélégué le plus prochain, en lui fournissant sa subsistance pour se rendre chez ce Subdélégué, et on lui donnera un certificat dans lequel il sera fait mention de cette dernière circonstance, et sur le vû duquel le Subdélégué lui donnera le sol par lieue nécessaire pour qu'il puisse se rendre chez lui. Les modèles de ces certificats sont pareillement imprimés en blanc, et joints à cette lettre.

26°. Les mendians, arrivés dans leur paroisse, doivent se présenter à l'Officier de police ou au Curé, pour lui présenter leur certificat. Si des mendians de votre Paroisse vous sont ainsi renvoyés, il faudra pourvoir à leur subsistance de la même manière qu'à celle des autres pauvres, ou leur procurer du travail s'ils sont en état de travailler.

Il est superflu d'observer que les Assemblées de Paroisses doivent se tenir de tems en tems, pour se faire rendre compte de l'exécution et du succès des mesures prises pour le soulage-

ment des pauvres, et pour remédier aux inconvéniens ou aux nouveaux besoins qui auroient
pu se présenter.

Je vous prie, Monsieur, de me faire part, le
plus promptement qu'il sera possible, du parti
qui aura été pris dans votre Paroisse, et de
m'envoyer en même tems un des doubles de
l'état des pauvres. Si je puis disposer en faveur
de votre Paroisse de quelques secours particuliers, j'aurai soin de vous en instruire. Dans le
cas où vous rencontreriez quelques obstacles à
l'exécution du plan proposé pour le soulagement
des pauvres, vous pourrez vous adresser à mes
Subdélégués, auxquels j'ai mandé de se concerter
avec vous pour lever, autant qu'il sera possible,
toutes les difficultés.

Je vous serai obligé de communiquer cette
lettre, ainsi que l'Instruction et l'Arrêt dont elle
est accompagnée, aux Seigneurs, aux Gentilshommes et aux personnes notables de votre Paroisse, afin qu'ils connoissent tous les détails d'un
plan dont je ne doute pas qu'ils ne se fassent
un plaisir d'assurer le succès, en y donnant tous
leurs soins.

Je suis très-parfaitement, Monsieur, votre
très-humble et très-obéissant serviteur

TURGOT.

P. S. J'ai parlé à la fin de l'Instruction des fondations qui ont été faites dans quelques paroisses pour distribuer aux pauvres de l'argent, des grains ou d'autres aumônes, et j'ai observé que ces aumônes ne pouvoient être mieux employées cette année, qu'en les joignant aux fonds des aumônes des Bureaux de charité, à la décharge de ceux qui doivent contribuer pour soulager les pauvres, et dont la contribution seroit d'autant diminuée. Je vous prie de me mander, en m'informant du parti qui aura été pris par vos habitans et en m'envoyant l'état de vos pauvres, s'il y a dans votre paroisse quelque aumône annuelle de ce genre : vous voudrez bien me marquer en quoi elle consiste, quelles personnes sont chargées de la payer, si elle est exactement acquittée, et dans le cas où elle ne le seroit point, depuis combien d'années le paiement en est interrompu ; enfin, par qui et dans quelle forme se fait la distribution de cette aumône. Il y en a quelques-unes qui ont été réunies par le Conseil à des hôpitaux ; il ne faut pas omettre d'en faire mention, et je vous prie en ce cas de me mander si vous pensez qu'on puisse les employer dans votre Paroisse de façon à les rendre plus utiles qu'elles ne le sont, étant réunies aux hôpitaux.

LETTRE CIRCULAIRE
AUX SUBDÉLÉGUÉS.

A Limoges, le 16 février 1770.

Je vous envoie, Monsieur, un exemplaire de l'arrêt du Parlement de Bordeaux, du 17 janvier dernier, par lequel il est ordonné de tenir, dans chaque Paroisse ou Communauté, une assemblée pour délibérer sur les moyens de parvenir au soulagement des pauvres. — J'y joins l'Instruction que j'ai rédigée sur les moyens qu'il m'a paru le plus convenable de prendre, et sur le projet d'établir dans chaque Paroisse des Bureaux de charité. Mais comme les détails dans lesquels je suis entré sont assez compliqués, et sont principalement relatifs au systême des offres purement volontaires, j'ai pensé que dans la plus grande partie des paroisses de campagne on seroit forcé de prendre des moyens plus simples pour remplir les vues que s'est proposé le Parlement. C'est dans cette idée que j'ai cru devoir écrire aux Curés une lettre en date du 10 février, dont vous trouverez aussi un exemplaire ci-joint, et qui forme comme une espèce d'instruction plus sommaire que la première. Enfin, je vous envoie encore un exemplaire de la délibération prise dans l'assemblée de la ville de Limoges (1), parce que

---

(1) *Nous placerons ici cette délibération qui n'est pas l'ouvrage de M.* Turgot, *mais à laquelle il a eu part, qui a été prise dans l'Assemblée où l'Instruction générale qu'il avait rédigée fut lue, et qui entre dans l'Instruction particulière qu'il adressa circulairement à ses Subdélégués.*

Aujourd'hui onze fevrier mil sept cent soixante-dix, dans la grande salle de l'Intendance, à l'Assemblée de charité convoquée par Mgr. l'Évêque de Limoges, et M. l'Intendant.

Après qu'il a été unanimement convenu par l'Assemblée de n'observer aucun rang dans l'ordre de la séance et des opinions, Mgr. l'Évêque a fait une courte exposition des circonstances où la province se trouve réduite, et particulièrement la ville de Limoges, par la rareté et par la cherté des subsistances en tout genre; et il a dit que cette situation, connue du Parlement, a déterminé cette Cour à rendre, le 17 du mois de janvier dernier, un arrêt enregistré le 23 du même mois en la Sénéchaussée de Limoges, à l'effet de subvenir aux besoins pressans des pauvres de la province : après lequel exposé, la lecture de l'Arrêt a été faite par M. *Juge,* Avocat du Roi, et a été suivie de celle d'une *Instruction en forme d'Avis* pour toute la Généralité, par M. l'Intendant.

Ensuite Mgr. l'Évêque a fait des observations sur l'exécution de l'Arrêt relativement à la ville de Limoges, et il a proposé d'en remplir les vues par la voie des offres

j'ai pensé que dans les autres villes principales elle pourroit servir d'exemple, et suggérer des idées utiles.

---

volontaires comme plus honorable, et non moins fructueuse que celle de l'imposition.

La chose mise en délibération, il a été arrêté que la voie des offres volontaires seroit préférée à tout autre moyen.

Pour y parvenir, Mgr. l'Évêque a proposé de former un régistre sur lequel seront inscrites toutes les offres particulières, payables tant par mois, à commencer le 20 du courant, et à continuer, ainsi, jusqu'au 20 juin prochain; en sorte qu'il y aura cinq paiemens pour cinq mois de subsistance jusqu'à la récolte; ce qui a été adopté par l'Assemblée.

Il a été aussi convenu que ces offres volontaires seront faites, à l'instant, en pleine Assemblée, par ceux des membres qui le jugeront à propos, et qu'elles seront enrégistrées sur-le-champ; à l'égard des absens, et de ceux qui présens croiront devoir différer, MM. les Députés de chaque Corps et Compagnie formant l'Assemblée actuelle, y ont été priés d'avoir un petit régistre sur lequel ils recevront, et feront signer les soumissions particulières de chacun des Corps qu'ils représentent; lequel régistre, lorsqu'il sera complet, sera remis par lesdits Députés à M. l'Intendant, pour être joint au régistre des offres générales.

Quant aux habitans qui n'appartiennent à aucun Corps ou Compagnie, il sera indiqué par MM. les Curés, de concert avec M. le Lieutenant général et avec M. le Juge de la Cité pour ce qui le concerne, une Assemblée

La lecture de ces différentes pièces vous mettra parfaitement au fait du plan général

---

dans laquelle lesdits sieurs Curés recevront aussi sur un régistre les offres particulières qui leur seront faites.

Comme il n'est pas d'usage que les Dames se trouvent aux Assemblées de paroisse, MM. les Curés pourront, chacun dans la leur, indiquer une Assemblée particulière, à laquelle seront invitées les Dames qui n'ont ni mari, ni représentant dans aucune des Assemblées générales ou particulières, et qui y feront leurs offres et soumissions à la suite sur le même régistre.

MM. les Curés ont été aussi priés de se donner la peine de passer chez toutes les personnes aisées de leurs paroisses, qui, à raison de leurs infirmités ou autres empêchemens, n'auroient pu se trouver à quelqu'une desdites Assemblées; d'y recevoir pareillement, et y faire signer leurs soumissions, en faisant une note de ceux qui auroient été refusans; et lorsque leur régistre sera complet, ils voudront bien le remettre à Mgr. l'Évêque pour être joint aux soumissions générales. Au surplus on les a invités à convoquer par billets, sous trois jours au plus tard, les personnes qui, conformément aux dispositions ci-dessus, doivent former leur Assemblée : en sorte qu'ils soient en état de remettre, samedi matin, pour le plus tard, leur régistre à Mgr. l'Évêque, le premier Bureau devant se tenir le même jour à deux heures de relevée. M. l'Intendant a fait une pareille invitation aux Députés des Corps et Compagnies. Quant aux Communautés religieuses, Mgr.

auquel je me suis arrêté, et des différentes formes d'opérer dont il peut être susceptible pour parvenir au même but.

---

l'Évêque s'est chargé de rapporter leurs offres pour le même jour.

Ensuite Mgr. l'Évêque a proposé de nommer un Trésorier, qui recevra et enrégistrera les sommes provenant des offres, et un Secrétaire qui rédigera les délibérations dans le *Bureau subsistant* dont on va parler ; ce qui ayant été jugé nécessaire, l'Assemblée a nommé pour Trésorier M. *François Ardent,* et pour Secrétaire M. *Poujaud de Nanclas.*

Après quoi, sur la proposition faite par Mgr. l'Évêque, l'Assemblée a formé pour l'Administration un *Bureau subsistant,* auquel elle a donné tout pouvoir en son nom, et qui sera composé des personnes spécialement chargées, par leur état et leur place, de procurer le bien et l'utilité publique ; d'un député de chaque Corps ou Compagnie nombreuse ; et d'un Député de plusieurs Corps réunis ensemble lorsqu'ils seront moins mombreux.

MM. les Curés ont été invités à se rendre au Bureau toutes les fois qu'ils auront quelques lumières à communiquer, ou quelques représentations à faire relativement aux besoins de leurs paroisses.

Il a été aussi délibéré que *le Bureau* ainsi formé, s'assemblera chez Mgr. l'Évêque régulièrement tous les samedis à deux heures après midi ; et, dans le cas d'absence ou d'empêchement, chez M. l'Intendant ; et, en

Il ne me reste qu'à y ajouter quelques détails sur ce que vous avez à faire pour y coopérer.

Comme l'arrêt du Parlement charge spécia-

---

cas d'absence ou d'empêchement de l'un et de l'autre, chez M. le Lieutenant général.

Et pour que le Bureau de charité soit en état de proportionner la distribution de ses fonds au nombre des pauvres, l'Assemblée a prié MM. les Curés de former trois états, dont le premier contiendra, avec le plus grand détail, le dénombrement des pauvres natifs ou domiciliés depuis six mois dans la ville, faubourgs et banlieue, maison par maison, feu par feu, en observant de distinguer l'âge, le sexe, l'état de validité ou d'invalidité desdits pauvres, et ce, en se conformant au modèle qui leur sera délivré en blanc, et dont ils rempliront les colonnes.

Le second sera composé des familles honnêtes et indigentes, dont par ménagement les noms n'y seront pas portés, mais seulement le nombre des personnes, avec une estimation que MM. les Curés y joindront, des secours qu'ils croient devoir être distribués à chaque famille.

Le troisième contiendra le nom des pauvres étrangers qui sont dans le cas d'être renvoyés, et MM. les Curés sont priés d'user de la plus grande diligence pour former lesdits états, sans lesquels le Bureau de charité ne peut agir.

Pour faciliter leur opération, il sera nommé par les Assemblées de leurs paroisses, dans chacune de celles de St. Pierre et de St. Michel, comme les plus considé-

lement les Officiers des Sénéchaussées et les autres Juges ordinaires de la convocation des Assemblées et des ordonnances à rendre dans les

---

rables, quatre personnes notables, autres que les membres du Bureau de charité, pour servir à MM. les Curés, de Conseils et d'Adjoints, tant pour la confection des états et dénombrement des pauvres de la première et de la troisième classe, que pour la distribution des fonds provenant de la caisse de charité destinés pour la première et la seconde classe. A l'égard des autres paroisses moins nombreuses, deux adjoints suffiront.

Mais dans toutes, MM. les Curés et leurs Adjoints s'assembleront chaque semaine, à l'heure la plus commode pour eux, la veille, ou l'avant-veille du jour fixé ci-dessus pour la tenue du Bureau général, afin de pouvoir faire entre eux, de concert, les observations nécessaires au soulagement de leurs pauvres, et d'en référer, s'il est besoin, au Bureau général.

Afin d'engager tous les citoyens à faire les plus grands efforts pour le soulagement général des pauvres, il a été convenu qu'il ne seroit point fait à Pâques prochain de quête pour l'hôpital ; mais qu'attendu le préjudice qui résulteroit de la suppression de ce secours pour une maison dont la conservation et la subsistance sont si intéressantes pour le public, il sera pris sur les fonds de la caisse de charité une somme égale au produit de la dernière quête, pour être délivrée au Receveur de l'hôpital.

Clos et arrêté la présente Délibération, les jour, mois et an susdits, et ont signé.

cas où l'on prendra le parti de former un rôle
pour obliger les particuliers à payer leur cotte-
part, vous serez dispensé de ce soin ; mais vous
aurez à distribuer les différens avis et instructions , tant dans les villes que dans les campagnes de votre Arrondissement ; et sur cette
distribution il est nécessaire que vous vous con-
certiez avec les Officiers des justices ordinaires,
afin que vos démarches et les leurs concourent
au même but sans se croiser.

Les différens détails dans lesquels il a fallu
entrer ayant exigé plus de tems que je ne l'avois
compté , j'ai été forcé de différer l'envoi des instructions que je vous adresse. Je prévois que
dans plusieurs villes et campagnes, l'on aura
déjà commencé à former des Assemblées pour
pourvoir au soulagement des pauvres en exécution de l'Arrêt du Parlement. Je pense que
cela ne doit pas vous dispenser de communiquer aux personnes qui doivent ou convoquer,
ou composer les assemblées , les différentes Instructions que je leur ai destinées : non-seulement
parce que ces Instructions, à l'exemple de ce
qui s'est fait à Limoges, peuvent leur présenter
des idées auxquelles on n'a pas pensé; mais surtout parce qu'il est très-important que l'opération soit suivie dans toute la Généralité sur un

même plan. D'ailleurs, il est abolument nécessaire, pour me mettre à portée de décider de
l'étendue des secours que je pourrai procurer
aux lieux qui en auront le plus besoin, que je
reçoive des états exacts de la quantité de pauvres que les Assemblées se seront chargées de
nourrir, et que je sache le résultat des délibérations qui auront été prises dans l'Assemblée
de chaque Communauté.

De plus, vous verrez dans les Instructions
qu'un des moyens qui me paroît le plus avantageux pour soulager les pauvres, est de procurer de l'occupation à ceux qui ont la force de
travailler. Je propose différens genres d'occupations, tant pour les hommes que pour les
femmes. Cet article exige encore une correspondance de chaque paroisse avec moi, laquelle
doit passer par vous.

Enfin, comme le renvoi des mendians étrangers dans leurs paroisses fait partie du projet,
qui se lie par-là au plan adopté depuis quelque
tems par le Conseil sur la suppression de la
mendicité, il est encore nécessaire par cette
raison, que l'ensemble des opérations passe
continuellement sous vos yeux et sous les miens.

Il est donc indispensable que dens les paroisses même où l'on auroit déjà commencé à

opérer en vertu des ordres donnés par les Officiers de justice, l'on s'occupe de répondre aux
différens objets que je demande, soit par mon
Instruction, soit par ma lettre du 10 février.

Le premier soin dont vous ayez à vous occuper est, après être convenu de toutes vos
démarches avec les Officiers de justice, de
distribuer les différens paquets que je vous
adresse, soit pour les Officiers municipaux des
villes, soit pour les Curés de votre subdélégation. La circonstance est trop pressante et les
envois ont déjà été trop retardés pour attendre
les occasions ordinaires, et je vous prie de distribuer les paquets par des exprès. Tâchez de
choisir des personnes sûres, et mettez-y d'ailleurs toute l'économie que vous pourrez. Je
vous ferai rembourser sur-le-champ de la dépense que vous aurez faite à cette occasion.

Outre les paquets destinés aux Curés, j'ai
cru devoir vous envoyer un assez grand nombre
d'exemplaires des Instructions et de la Lettre,
afin que vous puissiez en distribuer aux principaux Seigneurs et Gentilshommes de votre subdélégation, qui résident dans les paroisses de la
campagne, et que vous croirez disposés à concourir par leurs soins au succès de l'opération.
Cette attention sera surtout nécessaire dans les

paroisses où vous sauriez que le Curé, soit par
défaut de capacité, soit par quelque vice de caractère, ou seulement parce qu'il n'auroit pas
la confiance de ses habitans, ne peut seul conduire l'opération et la faire réussir. C'est à votre
prudence que je m'en rapporte pour vous assurer de ces circonstances, et pour juger des personnes auxquelles il convient de vous adresser
afin de suppléer au défaut de capacité ou de volonté des Curés. Dans le cas même où le Curé
mérite toute confiance, il est toujours utile que
les principaux Seigneurs ou Gentilshommes
soient instruits du plan ; mais sans doute que
les Curés leur communiqueront mes Instructions, ainsi que je les en ai prié par ma lettre
du 10 février.

Dans les villes, il est nécessaire de donner
aussi mes Instructions aux principaux Officiers
du Corps de Ville et des Jurisdictions, qui tous
doivent coopérer à l'exécution du plan ; vous
voudrez donc bien leur en faire part. A l'égard
de la délibération de la ville de Limoges, elle
ne peut guères être imitée que dans les villes
les plus considérables, et je n'ai pas cru par
cette raison devoir vous en envoyer un grand
nombre d'exemplaires.

J'ai joint à la Lettre destinée aux Curés de
campagne

campagne des états à colonnes en blanc, qui serviront à former les états des pauvres de leur paroisse. Vous en trouverez aussi d'autres pour dresser les états des pauvres des villes. La forme en est un peu plus compliquée que celle des états relatifs aux pauvres de la campagne, parce que j'ai cru ce détail nécessaire dans les villes : vous voudrez bien remettre ou faire remettre aux Assemblées ou Bureaux de charité la quantité nécessaire pour en distribuer aux Curés de chaque paroisse, afin qu'ils puissent en les remplissant présenter un état exact de leurs pauvres. Je vous prie de me rendre compte de ce qui aura été fait, et de veiller à ce qu'un double de ces états me soit renvoyé. Il m'a paru avantageux de faire remplir fictivement quelques-uns de ces états, afin de donner à Messieurs les Curés une idée plus précise de la façon dont ils doivent être remplis. Vous trouverez quelques-uns de ces états fictifs dans votre paquet.

L'article du plan qui concerne le renvoi des mendians étrangers vous occasionnera une légère augmentation de travail. Vous avez pu voir dans mes Instructions que, lorsque ces mendians sont originaires d'un lieu éloigné de plus d'une journée de celui d'où l'on a jugé à propos de les renvoyer, on ne leur fournira la subsistance que jusqu'à la résidence du Subdélégué le plus pro-chain. Pour qu'ils puissent de là se conduire jusque chez eux, il faudra que vous leur donniez des routes pareilles à celles qu'on donne aux mendians mis en liberté, et renvoyés chez eux avec le secours d'un sol par lieue. Vous ne leur donnerez ce sol par lieue que jusqu'au premier endroit où ils trouveront un Subdélégué, et vous vous conformerez à cet égard à ce que je vous ai prescrit par ma *Lettre du* 25 *octobre* 1768 en vous envoyant mon *Instruction* du premier août de cette même année, relative à la suppression de la mendicité (2). Vous trouverez dans votre paquet un certain nombre de routes en blanc, que vous expédierez à ceux qui vous seront renvoyés des paroisses sur la présentation qu'ils vous feront du certificat prescrit par le paragraphe 25 de ma Lettre du 10 février, et par le paragraphe 5 de l'article second de l'Instruction.

Je dois vous prévenir encore que, conformément à ce que j'annonce dans ma Lettre du 10 février, paragraphe 23, j'ai fait passer à M. de Gilibert les ordres que M. le Chancelier et M.

---

(2) Nous n'avons pu retrouver ni cette Lettre du 25 octobre 1768, ni l'Instruction qu'elle accompagnait.

de Choiseul m'avoient adressés l'automne dernier, pour étendre la capture des mendians à ceux même qui sont domiciliés. Comme j'étois autorisé à suspendre l'envoi de ces ordres, j'avois différé cet envoi à cause de la misère générale ; mais dès qu'il aura été pourvu dans chaque paroisse à la subsistance des pauvres du lieu, et que les pauvres étrangers auront été renvoyés chacun chez eux, il n'y aura plus aucun prétexte pour mendier, et ce moment est le plus favorable qu'on puisse prendre pour exécuter complettement les vues du Conseil.

Cependant je n'ai pas pensé qu'on dût emprisonner indistinctement toutes les personnes qu'on auroit trouvées mendiant : j'ai au contraire mandé à M. le Prévôt qu'il convenoit de relâcher ceux qui, n'étant point notés comme de mauvais sujets ou des vagabonds incorrigibles, promettroient de ne plus mendier ; et la nouvelle *Instruction* que je me propose d'envoyer sur ce point à toutes les Brigades de Maréchaussée, leur prescrit de n'emprisonner les domiciliés arrêtés en mendiant dans l'étendue de leur paroisse, qu'après s'être assurés du commencement de l'exécution du plan projetté pour procurer la subsistance aux pauvres, et après s'être concertés avec les Curés dans les campagnes, et dans les villes avec les Subdélégués ou les Officiers de police. Vous recevrez par le prochain courrier cette Instruction particulière, qu'il n'a pas encore été possible d'imprimer (3).

Si les besoins des Paroisses qui auront été reconnus lors des Assemblées de charité, et qui seront constatés par les états des pauvres que je demande à chaque Curé, me déterminent à leur faire passer quelques portions des secours en riz que M. le Contrôleur-Général m'a autorisé à faire acheter, vous serez chargé de la distribution de ce riz aux paroisses de votre Subdélégation, conformément à l'état que je vous en enverrai, et vous recevrez en même tems un avis imprimé sur les différentes manières d'employer le riz.

Vous verrez dans la première partie de l'article troisième de mes Instructions, quelles sont mes idées sur les différentes manières d'occuper les pauvres. Si vous avez connoissance de quelque ouvrage utile et qu'on puisse entreprendre promptement dans quelques lieux de votre Subdélégation, vous me ferez plaisir de me l'indiquer, et de me faire part en même tems des

---

(3) Nous n'avons pas cette Instruction particulière.

moyens que vous imaginez qu'on pourroit prendre pour trouver des fonds suffisans. Je sais
qu'il y a dans plusieurs petites villes des revenus,
assez modiques à la vérité, mais dont les arrérages accumulés depuis long-tems et laissés entre
les mains ou des fermiers ou des anciens Officiers municipaux auxquels on a négligé d'en
faire rendre compte, forment une somme assez
considérable qu'on pourroit employer à des
ouvrages utiles et propres à occuper les pauvres;
faites-moi part de ce que vous savez à cet égard.
Indépendamment de cette ressource, je vous répète que je me porterai volontiers à aider, ainsi
que je l'ai dit dans l'Instruction, les Communautés qui voudront entreprendre quelque ouvrage utile à leurs frais, soit en leur avançant
de quoi travailler dès ce moment sans attendre
le recouvrement des sommes qui seront impô-
sées en vertu de leur délibération, soit même
en leur accordant quelque secours lorsque l'ouvrage paroîtra devoir être avantageux au commerce de la Province.

L'occupation des femmes est un objet non
moins digne d'attention. J'ai parlé dans l'Instruction de ce qu'il y auroit à faire pour étendre
les filatures dans les campagnes et dans les petites
villes. Afin d'y réussir, il est absolument néces-

saire de trouver quelque Négociant qui fasse filer
pour son propre compte, et qui se charge de
fournir les matières et même les rouets, ce détail
étant trop compliqué pour que je puisse le suivre
ni même le faire suivre de Limoges. Je fourni-
rai cependant volontiers quelques secours pour
cette opération, si je puis être assuré qu'ils seront
employés utilement. Vous m'obligerez de vous
occuper très-sérieusement de cet objet, et de
vous concerter soit avec les Négocians ou Fabricans que vous saurez être à portée de faire
filer, soit avec les Curés ou autres personnes
intelligentes des paroisses où la filature peut
s'étendre avec avantage. Vous voudrez bien en
même tems me mander l'espèce et la quantité
des secours qu'il vous paroîtroit convenable
d'accorder ; vous pourrez suivre cette correspondance avec M. *Desmarets* , ainsi que je
l'indique dans l'Instruction.

Je ne m'éloignerai même pas de faciliter encore
par quelques secours, l'introduction des fabriques
de siamoises et autres petites étoffes dans les
campagnes ou dans les petites villes, si par la
connoissance que vous avez du local ou par
les lumières que vous donneront les Négocians
auxquels vous vous adresserez, vous vous aper-
cevez que cette idée soit praticable. Je vous

prie de me le mander, et d'entrer en même tems dans le détail des moyens que vous jugerez propres à en assurer le succès.

Le *Post-scriptum* qui est à la fin de ma lettre du 10 février mérite une attention particulière de votre part, et je vous prie de faire dresser de votre côté un état des paroisses de votre Subdélégation dans lesquelles il y a des aumônes régulières et fondées, soit en argent, soit en grains, et de vous mettre, par tous les moyens que vous pourrez imaginer les plus sûrs, en état de remplir ce que je demande aux Curés dans ce *Post-scriptum*.

Je ne pense pas avoir rien de plus à vous marquer quant à présent sur l'opération du soulagement des pauvres : je ne puis trop vous recommander d'y donner tous vos soins, et de m'instruire exactement du succès qu'elle aura dans les différentes parties de votre Subdélégation.

J'ai l'honneur d'être très-parfaitement, Monsieur, votre très-humble serviteur

TURGOT.

Fin du cinquième Volume.

Imprimé en France
FROC031132230120
23250FR00016B/225/P

9 782329 363967